大案昭示

前行的中国刑事法治

Enlightenment from Influential Cases:
Criminal justice in Process

时延安　刘计划◎主编

中国言实出版社

图书在版编目（CIP）数据

大案昭示：前行的中国刑事法治 / 时延安，刘计划
主编 . -- 北京：中国言实出版社，2022.1
  ISBN 978-7-5171-4023-8

Ⅰ . ①大… Ⅱ . ①时… ②刘… Ⅲ . ①刑事诉讼—案
例—中国 Ⅳ . ① D925.205

中国版本图书馆 CIP 数据核字（2022）第 013135 号

大案昭示：前行的中国刑事法治

责任编辑：宫媛媛
责任校对：郭江妮

出版发行：中国言实出版社
　　　　地　　址：北京市朝阳区北苑路 180 号加利大厦 5 号楼 105 室
　　　　邮　　编：100101
　　　　编辑部：北京市海淀区花园路 6 号院 B 座 6 层
　　　　邮　　编：100088
　　　　电　　话：010-64924853（总编室） 010-64924716（发行部）
　　　　网　　址：www.zgyscbs.cn　E-mail：zgyscbs@263.net

经　　销：新华书店
印　　刷：北京温林源印刷有限公司
版　　次：2022 年 9 月第 1 版　　2022 年 9 月第 1 次印刷
规　　格：710 毫米 ×1000 毫米　　1/16　　14.75 印张
字　　数：230 千字

定　　价：49.00 元
书　　号：ISBN 978-7-5171-4023-8

主 编

时延安　刘计划

副主编

孟　珊

撰稿人（以汉语拼音排序）

安　娜　罗鸿燊　马若飞　马振华

欧书沁　王　汀　徐　黎　赵家祥

郑平心　朱金阳

（本书出版获得中国人民大学科学研究基金的支持）

刑事法治的积极进取

——《大案昭示：前行的中国刑事法治》序

2020 年，无疑是人类历史上一个无法被忘却的年份。新冠肺炎疫情突然而至，令全世界人民陷入恐慌之中，疫情危机引发各种社会危机，在世界各个角落蔓延。中国向自己的国人，也向世界人民，再次展示了社会主义制度的优越性，再次证明了谁才是人民权利的真正捍卫者，再次说明"风景这边独好"的原因所在。国民经济受疫情影响一度呈现下滑趋势，但由于各种举措有力到位，各项经济指标很快重新企稳，党中央确定的 2020 年全面建成小康社会的目标顺利实现。回顾 2020 年，让我们对自己的制度更为自信，也更加认识到维护国家和社会安全稳定的重大意义。在世界风云波诡云谲的年代，如何充分发挥我国社会主义刑事法治的优越性，服务于国家和社会治理，服务于民生，服务于社会发展，始终是刑事法律工作者的基本使命。

一

疫情年代的犯罪，肯定会有疫情的影子。本书收录的两个涉及实体法的案件，就涉及疫情防控问题。"康佰馨卖假口罩案"，是一个典型的"发灾难财"的案件。犯罪人通过销售伪劣口罩牟利，置国法于不顾，置消费者安危于不顾，这类行为也侵犯了社会的伦理道德情感，因而应依法予以严厉的刑事制裁。疫情期间，为防控疫情，政府出台了各种防控措施，包括较为严格的隔离措施，这是能够快速控制疫情的重要手段，而一些人为了自己的私利，公然违反疫情防控措施，甚至导致疫情在一定范围内蔓延，"尹某某妨害传染病防治案"就是其中典型一例。事实证明，严格有序的疫情防控措施快速有效地控制了疫情，这与一些国家采取散漫无序的防控方式形成鲜明对比。在严重疫情面前，公共利益是应当首先维护的价值，以维护个人行动自由为名漠视公共利益，漠视他人的健康，就应当受到法律的制裁，情节严重的，就应当追究刑事责任。

扫黑除恶专项斗争，是过去几年刑事法治建设中一项重要内容。2018 年初，中共中央、国务院《关于开展扫黑除恶专项斗争的通知》指出，为深入贯彻落实党的十九大部署和习近平总书记重要指示精神，保障人民安居乐业、社会安定有序、国家长治久安，进一步巩固党的执政基础，党中央、国务院决定，在全国开展扫黑除恶专项斗争。为期三年的专项斗争，有力震慑、打击了各类黑恶势力，为人民幸福、地方安定提供了良好的社会环境。"黄鸿发特大涉黑案"是黑恶势力刑事案件中的一个典型案件，从该案中可以看出黑恶势力的社会危害性。为保持对黑恶势力的高压态势，第十三届全国人大常委会第三十二次会议审议通过了《反有组织犯罪法》，藉此可以依法综合运用各种手段，对黑恶势力犯罪进行有效的预防和控制。

党的十八大以来，在党中央的坚强领导下，通过各种制度和机制建设，遏制腐败问题的有利态势已经形成，形象地讲，腐败增量已经得到有效控制，而腐败存量也在不断被清除。"赵正永受贿案"的查处，再次显现了党中央对腐败问题坚决惩治的态度。同时，从最近几年发生的腐败案件来看，我们也应充分认识到反腐败斗争的艰巨性和长期性。

非法吸收公众存款案，是这些年来多发且危害严重的一种经济犯罪案件。"泛亚有色"案就是众多"非吸"案件中的典型一例。"非吸"案件不仅严重干扰了地方经济秩序，也会直接影响到一方安定和群众福祉。随着国家不断收紧对"非吸"行为的规制，一些不法分子也不断转换方式、手段，其宣传方式、组织方式更具迷惑性。"非吸"现象的形成，其原因比较复杂，因而可以预见，在今后一段时期，"非吸"案件仍会时有发生，只有对这类案件进行严格整治，才能有效控制其蔓延态势，从而全面解决这一难题。

二

本书中五个偏重程序的刑事个案的审理，集中体现了我国刑事司法实践和理论研究中的"守正"与"革新"，不仅验证了当前司法改革方向的正确性，也表明我国刑事司法规则和理论迎来重构契机。

"守正"，是指坚持以审判为中心的改革方向，坚守程序正义、人权保障等符合司法规律的现代法治理念。20世纪80年代以来，我国就开始以程序正义理念改造司法系统，不断提高人权保障水平。得益于证据裁判原则的贯彻，张玉环、张志超、聂树斌最终平冤，杀人恶魔王书金也已伏法，这在一定程度上体现了"疑罪从无"理念逐渐深入人心，显示出我国司法改革方向的正确性。然而，这些案件的审理也显示出我国法治建设还存在诸多历史"欠账"，相关人员平白无故地失去美好青春，申诉等待程序尤显漫长，至今仍令人感叹唏嘘。因此，"以审判为中心"是一场未完成的讨论，也是一场未完成的改革，只有坚持程序正义的改革方向，坚持贯彻人权保障理念，公安司法人员在行使"生杀予夺"的权力时才会怀着谨慎、敬畏之心。也只有继续推进以审判为中心的诉讼制度改革，发挥各个诉讼阶段在防止冤假错案方面的过滤作用，落实司法责任制，办案人员才有可能做到"以至公无私之心，行光明正大之事"。

"革新"，是指在新的历史起点上，解放思想，直面问题，进一步革除法治化进程中的障碍，坚持在法治轨道上推进国家治理体系和治理能力现代化。正所谓"苟利于民，不必法古；苟周于事，不必循旧"。2020年，不少个案也引发了关于上诉不加刑原则、告诉才处理等传统诉讼制度和理论的深入讨论，带来了我国诉讼理论和制度的革新契机。例如，在针对"余金平案"的讨论中，不少评论者批评二审法院的裁判违背上诉不加刑原则，但这种观点忽视了我国的立法实际、诉讼理论、司法现实，法院的判决无疑是对立法的"忠实"遵守。尽管如此，我们也希望能借助此案推动理论研究，对相关理论进行系统地反思与检讨，探索革新的必要性与可行性。而"杭州女子取快递被造谣出轨案"则凸显了我国刑事司法在网络空间治理中的短板。近年来，人性的窥私欲在网络上被轻松满足，公众的不安全感也在急剧上升，人民检察院介入自诉案件正是回应公众需求的体现。然而，个案的处理难以实现真正的"法治"，对一系列网络犯罪的治理还有赖于前后一致、可普遍适用的规则构建。此外，该案也显示出，关于自诉与公诉的关系问题、"告诉才处理"案件的程序选择问题等，均有诸多讨论空间。

总之，2020年的典型个案体现了多年来的司法改革成果，启示我们不仅应当坚持正确的改革方向，还应在此基础上直面问题，勇于革新，以宽广的视野、长远的眼光把握刑事司法的前进之路。

三

当前，各种新型安全风险不断出现，由社会风险引发的各种矛盾也带来诸多不确定性因素，相应地，刑事法治所面临的新问题也层出不穷。虽然总体而言，现有刑事法律制度、机制以及刑事法理论，可以解决这类新问题中的绝大部分，但解决方案存有效率低、相对滞后的缺陷。随着公众对安全诉求的不断提升，对刑事法治的期待也随之上升，刑事法治的发展也在诉求不断提升的前提下持续推进，一些刑事司法领域的改革采取了积极应对风险、防控风险的思路，这些也成为刑事法治进步的发力点和增长点。

2020年初，最高人民检察院在一些地方检察机关开始试点"合规不起诉"。这一举措在国内刑事法律界迅速成为一个热点，得到各界的关注和支持。这项改革毫无疑问具有重大意义，因为它抓住了当前社会治理当中的一个重点，就是将刑事法治和公司治理相结合，促使公司企业这一主要的且数量庞大的市场经济主体能够合法经营，进而提升社会整体的守法水平，同时避免重大经济风险和社会风险发生。这一制度的构建，充分体现了针对单位犯罪的宽严相济刑事政策的运用，对保护民营经济具有重要意义。与此同时，一些政府主管部门也出台相应的政策，鼓励并规制民营企业守法经营。应当说，这类举措很好地抓住了当前社会治理的关键环节，通过积极的、预防性的治理手段引导、规制民营企业成为社会中的守法模范，同时也充分发挥了企业在预防风险乃至预防犯罪中的积极性。

最近的立法也表现出积极预防犯罪风险的走向。《反有组织犯罪法》《反电信网络诈骗法》都明显带有积极预防犯罪的特点，而从这些法律规制的方式看，就是通过对重点、关键部门和行业的规制，强化达到防范犯罪风险、及时发现重大犯罪隐患的目标。这些法律一经出台，就为这类主体确立了相应的法律义务，要求它们在内部治理中融入这些法律的要求。从这个角度看，犯罪治理模式就呈现出"行政规制—企业合规—法律制裁"三重特点，即政府通过制定法律、行政法规等要求企业承担防范社会风险的义务，企业必须在内部管理和日常经营中落实这类义务，当企业不能有效履行这类义务时，则可能受到法律制裁，如果企业不履行义务造成严重后果，将会承担相应的刑事责任。

当然，任何制度、机制的推进，都可能面临一些挑战，甚至挫折，但只要目标明确、方法得当，能够凝聚各方共识，就会实现既定目标。

四

由衷地感谢本书的各位作者！你们饱含对法治的深情却又理性地写下每一段话，你们总是希望能够引起读者的共鸣，希望能够将自己所思所想与更多的人分享。

诚挚地感谢每个关注刑事法治进步的人！

时延安　刘计划
2021 年 12 月

目录

给岁月以文明，新冠病毒下的安全与自由

——尹某某妨害传染病防治案

2020 年初，一场突如其来的新型冠状肺炎病毒疫情暴发。面对疫情的汹汹来势，每一位公民都成了前线的一员，以不同方式为抗疫贡献力量。然而，有英雄们高举火把，也有不少人拒绝隔离治疗等防控措施，致使疫情扩散或者有扩散危险。对此，刑法有介入的必要性。[①] 否则，得之不易的防疫战果便会付之一炬。

一、案情及后续

尹某某从事私人客运业务，长期驾驶客车往返于嘉鱼、武汉。1 月 23 日 0 时至 20 时，被告人尹某某在武汉市已经采取"封城管理"措施之后，在无运营许可证的情况下，先后两次驾车接送乘客往返于武汉、嘉鱼两地。2 月 4 日，尹某某被确诊为新型冠状病毒感染的肺炎病例。截至 2 月 7 日，与尹某某密切接触的 20 人被集中隔离。

2020 年 2 月 12 日，嘉鱼县人民检察院对尹某某以妨害传染病防治罪提起公诉，当日嘉鱼县人民法院受理该案。2 月 14 日，嘉鱼县人民法院适用速裁程序开庭审理并当庭宣判。鉴于尹某某具有自首情节，认罪认罚，遂以妨害传染病防治罪判处其有期徒刑一年。宣判后，尹某某服判，不上诉。[②]

[①] 黎宏：《助力抗击疫情，刑法当仁不让》，载《人民法院报》2020 年 2 月 7 日 002 版。

[②]《湖北法院发布四个涉疫情防控犯罪典型案例之一：尹某某妨害传染病防治案——严惩抗拒疫情防控措施犯罪》，北大法宝，2020 年 2 月 21 日发布，https://www.pkulaw.com/pfnl/a6bdb3332ec0adc4233c0a031902356209010144da0477a4bdfb.html，2021 年 11 月 14 日访问。

2020 年 2 月 19 日，该案被最高人民检察院列入第二批妨害新冠肺炎疫情防控犯罪的典型案例，并予以公布。①

2021 年 8 月 8 日，最高人民检察院将该典型案例作为对前期典型案例的后续跟踪案例之一，充实法院审判后的判决结果并予以公布。最高人民检察院第一检察厅厅长苗生明进一步指出这些典型案例的特殊意义：最高人民检察院打破了以往只发已有生效判决案例的惯例，选择在办的典型案件及时发布——有的案子处于侦查阶段，有的是在批准逮捕以后，有的处于审查起诉阶段，大多属于尚未经法院审判的未决案件。这些典型案例的发布，引导了各级检察机关树立整体国家安全观，通过案件办理维护社会安全稳定，取得了良好的政治效果；指导了各级检察机关充分履行了法律监督职能，规范了司法行为，保证了案件办理效果，实现了依法防疫的初衷，取得了良好的法律效果；督促了各级检察机关将党中央和最高人民检察院的各项部署贯彻到各项工作中，为经济社会发展提供检察保障，取得了良好的社会效果。②

然而，只有正确适用了法律的司法判决才有可能真正取得良好的政治效果和社会效果。如果司法未能真正实现"应然之法"向"实然之法"的转变，而是单纯为了在疫情防控期间起到威慑众人"杀一儆百"的效果，当下来看或许立竿见影，但在不久的将来，其必然使国民对法律权威的信任摇摇欲坠，最终不利于与疫情的持久作战。由此，透过本案的结论深入法院判决背后的论证，厘清尹某某得以最终被定罪的深刻法理，防疫举动方得以规范，战疫信念才得以凝合，才可能为赢取抗疫的最后胜利孕育不竭力量。本文接下来将辨析与论证该案得以被定罪的法律适用根据。

二、适用与论证

从法院的判决可以看出，尹某某最终适用的罪名为《刑法》第 330 条规

---

① 《最高检发布第二批妨害新冠肺炎疫情防控犯罪典型案例》，环球网，2020 年 2 月 19 日公布，https://china.huanqiu.com/article/9CaKrnKpt4a，2021 年 11 月 14 日访问。

② 《最高检跟踪发布 5 件全国检察机关依法惩治妨害疫情防控秩序犯罪典型案例》，中华人民共和国最高人民检察院，2021 年 8 月 8 日发布，https://www.spp.gov.cn/xwfbh/wsfbt/202108/t20210808_526043.shtml#1，2021 年 11 月 15 日访问。

定的"妨害传染病防治罪"。在 1979 年的《刑法》中未见该罪名的踪影，而 1997 年的《刑法》则新设了该罪名。[①]第十三届全国人大常委会第二十四次会议于 2020 年 12 月 26 日通过了《刑法修正案（十一）》（以下简称《刑修（十一）》），其第 37 条规定对该罪名的罪状中的行为类型、行为对象、行为后果等作了较大的调整。鉴于法律的修改会影响尹某某的行为是否构成犯罪，本文对于本案可能存在的法律适用问题发表以下看法。

（一）对尹某某应适用《刑修（十一）》生效前的《刑法》

根据我国《刑法》第 12 条规定，对于新法施行以前的行为，如果当时的法律不认为是犯罪的，适用当时的法律；如果当时的法律认为是犯罪的，依照本法总则第四章第八节的规定应当追诉的，按照当时的法律追究刑事责任。但是，如果本法不认为是犯罪，或者处刑较轻的，适用本法。本法施行以前，依照当时的法律已经作出的生效判决，继续有效。

一方面，尹某某的行为虽然发生在《刑修（十一）》通过并生效以前，但对其行为事实，已经根据当时未作修改的《刑法》作出了生效判决，因此不可能适用《刑修（十一）》这一新法。

另一方面，即便假设，其行为在新法生效后仍未被作出生效判决，也应该适用行为时的旧法。原因在于，只有根据旧法构成犯罪但根据新法不构成犯罪，或者根据旧法论处处刑较重的情况下，才应该依据从旧兼从轻的原则适用新法。但根据新法，其行为明显构成犯罪。《刑修（十一）》第 37 条规定，"引起甲类传染病以及依法确定采取甲类传染病预防、控制措施的传染病传播或者有传播严重危险的"构成本罪。而根据现行《传染病防治法》第 3 条和第 4 条规定，国务院卫生行政管理部门可以决定增加或减少乙类病种

---

① 1997 年《刑法》关于该罪的表述为："违反传染病防治法的规定，有下列情形之一，引起甲类传染病的传播或者有传播严重危险的，处三年以下有期徒刑或者拘役；后果特别严重的，处三年以上七年以下有期徒刑：（一）供水单位供应的饮用水不符合国家规定的卫生标准的；（二）拒绝按照卫生防疫机构提供的卫生要求，对传染病病原体污染的污水、污物、粪便进行消毒处理的；（三）准许或者纵容传染病病人、病原携带者和疑似传染病病人从事国务院卫生行政部门规定禁止从事的易使该传染病扩散的工作的；（四）拒绝执行卫生防疫机构依照传染病防治法提出的预防、控制措施的。单位犯前款罪的，对单位判处罚金，并对其直接负责的主管人员和其他直接责任人员，依照前款的规定处罚。甲类传染病的范围，依照《中华人民共和国传染病防治法》和国务院有关规定确定。"

并公布，而且及时报经国务院批准后可以对该乙类传染病采取甲类传染病的预防、控制措施并予以公布和实施。而在 2020 年 1 月 20 日，国家卫健委已经发布公告将新型冠状病毒感染的肺炎纳入法定的乙类传染病，并经国务院批准对其采取甲类传染病的预防、控制措施。故尹某某引起新冠病毒感染的肺炎传播或者传播严重危险的行为符合《刑修（十一）》第 37 条的构成要件描述。而且新法没有降低其法定刑，故无论按照旧法是否构成犯罪，均不可用新法。

（二）尹某某根据旧法应构成妨害传染病防治罪

1. 尹某某具有妨害传染病防治的客观行为

为了防控疫情，武汉市在 1 月 21 日就成立了新型冠状病毒感染的肺炎疫情防控指挥部，统一领导、指挥全市疫情防控工作。① 同时，根据现行《传染病防治法》第 43 条规定，"甲类、乙类传染病暴发、流行时，县级以上地方人民政府报经上一级人民政府决定，可以宣布本行政区域部分或者全部为疫区""封锁大、中城市的疫区或者封锁跨省、自治区、直辖市的疫区，以及封锁疫区导致中断干线交通或者封锁国境的，由国务院决定"，同时，"县级以上地方人民政府可以在疫区内采取本法第四十二条规定的紧急措施，并可以对出入疫区的人员、物资和交通工具实施卫生检疫"。

故可以确定的是，尹某某在 1 月 23 日武汉市新冠肺炎疫情防控指挥部发布《指挥部通告》，决定于当日 10 时实施封城管理，并对进出疫区的交通进行管制的情况下，未经批准私自运客来往于武汉和嘉鱼两地之间，已经明显违反了"卫生防疫机构依照传染病防治法提出的预防、控制措施"，具有妨害传染病防治的客观行为。

2. 尹某某的行为引起了新冠肺炎病毒传播的严重危险

根据《刑修（十一）》之前的《刑法》第 330 条，只有引起了"甲类传染病的传播或者有传播严重危险的"妨害传染病防治的行为才能构成该罪。而根据《传染病防治法》第 3 条的规定，只有"鼠疫"和"霍乱"两种传染

---

① 《武汉成立疫情防控指挥部》，搜狐网，2020 年 1 月 21 日报道，https://www.sohu.com/a/368176695_100028127，2021 年 11 月 14 日访问。

病才属于"甲类传染病"，而由于新冠病毒完全属于新型病毒，不但不是甲类传染病，而且没有明文规定其为乙类传染病。所以尹某某的行为虽然造成了自己被感染，以及20人被集中隔离的结果，但不必然属于"甲类传染病的传播和传播严重危险"。因此，从形式上看，引起新冠肺炎传播的行为不符合《刑法》第330条的规定，不应该构成犯罪[①]，给尹某某以该罪论处，似乎有违"法律没有明文规定为犯罪不得定罪处罚"的罪刑法定原则。

这一问题，在2003年"非典"肆虐之时，就已见端倪。由于"非典"也并非甲类传染病，因此，对于有的行为人拒绝采取"非典"防治、隔离措施，造成"非典"传播、流行或者对社会公众健康造成其他严重后果"，难以适用《刑法》第330条妨害传染病防治罪的规定。[②] 为了解决这一问题，即便按照2003年最高人民法院和最高人民检察院颁布的《关于办理妨害预防、控制突发传染病疫情等灾害的刑事案件具体应用法律若干问题的解释》（以下简称2003年《解释》）对之按照第115条第2款过失以危险方法危害公共安全论处，也会造成过失传播甲类传染病和过失传播乙类传染病以"妨害传染病防治罪"和"过失以危险方法危害公共安全罪"不同罪名论之的分别处置，造成轻行为反按重罪论处的罪刑不均。[③]并且由于过失以危险方法危害公共安全罪入罪门槛较高，依然可能造成处罚漏洞。[④]

为了填补这一处罚漏洞，2008年最高人民检察院、公安部联合颁布了《关于公安机关管辖的刑事案件立案追诉标准的规定（一）》（以下简称2008年《规定（一）》），其第49条规定："违反传染病防治法的规定，引起甲类或者按照甲类管理的传染病传播或者有传播严重危险，涉嫌下列情形之一的，应予立案追诉。"因此，司法性文件以这种方式使得引起非甲类但按甲类管理的传染病传播或者传播危险的行为，也被纳入了妨害传染病防治罪规

---

① 欧阳本祺：《妨害传染病防治罪客观要件的教义学分析》，载《东方法学》2020年第3期，第5页。

② 参见卢勤忠《论传染病防治罪的立法完善》，载《政治与法律》2004年第4期，第84页。

③ 参见曲新久《"非典"时期的"典型"反应》，载《政法论坛》2003年第3期，第78页。

④ 参见卢勤忠《论传染病防治罪的立法完善》，载《政治与法律》2004年第4期，第85页。

制的范围中。由此，按照该解释，由于尹某某实施违反防疫措施行为时，新冠肺炎已经由国家卫生健康委员会列为按照甲类传染病进行管控的乙类传染病，可以认为其行为符合了《刑法》第 330 条关于行为后果即"引起甲类传染病传播或者传播严重危险"的规定。

但问题只是被司法性解释文件拦在了视野之外，其背后对于刑法基本原则冲击的质疑还是没有彻底回答：其一，这类司法文件无"法释"编号，不是司法解释，是就法律适用中出现的疑难问题进行解释，属于司法解释性文件。因此不能将该解释视作《刑法》的规定，甚至不具有当然的法律效力；其二，按照甲类管理的乙类传染病仍然是乙类传染病，而不是甲类传染病。像 2008 年《规定（一）》那样将"引起甲类传染病传播或者有传播严重危险"解释为"引起甲类或者按照甲类管理的传染病传播或者有传播严重危险"，有类推适用刑法的嫌疑，不符合罪刑法定原则。① 故此，虽然当下已经通过正式修法将该法律漏洞予以填补，从而能够严密针对未来行为的法网，然而对于修法前的行为入罪的合理性，仍有必要从实质和文义两方面进行论证。

首先，从保护公众健康和维护公共卫生管理秩序的目的来看，并非只有引起甲类传染病的传播及传播危险的行为才具有处罚的必要性。目的解释是极为重要的解释方法。欠缺目的指导的解释注定是空洞且不可靠的。发现条文的规范目的，是正确解释该条文的必要条件。② 如有学者所说："甲类传染病在我国发病率非常低，而本属于乙类传染病但按甲类传染病管理的传染性非典型肺炎、炭疽和人感染高致病性禽流感及乙类传染病中的脊髓灰质炎（小儿麻痹症）、流行性脑脊髓膜炎、淋病、梅毒、艾滋病等发病更普遍，对人民群众的身体健康危害更大。"③ 故可以看出，对于引起特定乙类传染病传播及传播危险的行为进行处罚甚至更为符合该罪的规范目的，也唯有此才能

---

① 参见冯军《危害公共卫生行为的刑法防治——以刑法修正案（十一）的相关规定为中心》，载《法学》第 2 期，第 24 页。

② 参见［德］汉斯·海因里希·耶赛克、［德］托马斯·魏根特《德国刑法教科书》（上），徐久生译，中国法制出版社 2017 年版，第 215 页。

③ 参见康均心、李娜《妨害传染病防治罪的立法缺陷及其补救》，载《中国地质大学学报》（社会科学版）2006 年第 3 期，第 77–81 页。

更为切实地保障公众的身心健康。否则，妨害传染病防治罪只会被束之高阁，成为名副其实的"休眠条款"，也根本不可能实现刑法在风险社会中稳定社会秩序、维持规范效力的任务。

其次，可以对旧法中的"引起甲类传染病传播或者有传播严重危险"重新解释，其可能的方向有：1."甲类传染病"作为定语只修饰"传播"，不是对"传播的严重危险"的修饰。因此，导致乙类传染病传播的严重危险的，也可以构成本罪。但这样解释的弊端在于：导致乙类传染病直接传播的依然不构成犯罪，而且会形成"导致乙类传染病传播"和"导致乙类传染病传播的严重危险"中前者不构成本罪、后者反而构成本罪的失衡；2.第二种方向在于，"甲类传染病的传播"和"乙类传染病的传播"虽然是非此即彼的互斥关系，不可共容。但是"甲类传染病传播的严重危险"和"乙类（包括其他传染病）传染病的传播或者传播的严重危险"在"危险程度"的意义上而言，未必是对立关系，而是位阶关系。换言之，完全可以认为"乙类传染病的传播及传播造成的严重危险"包含于"甲类传染病传播的严重危险"，即"非典"传播及其传播造成的危险程度可以评价为鼠疫一旦传播造成的严重危险。一如完全也可以认为"决水的危险"和"放火的危险"在危险程度或者危险层级的意义上具有等同性，哪怕仅从文字上看，"决水"和"放火"是对立关系。如果现行的法律规范没有通过修法对该问题作出修正，为了贯彻罪刑法定原则，唯有对刑法条文作出弊病较小的后一种解释。

3.尹某某具有对违反防疫措施行为之故意及违法性认识

虽然对于该罪名总体而言是故意犯罪还是过失犯罪尚有争议，但基本形成共识的是，行为人对于该罪的妨害传染病防治行为本身只能是故意，而对于引起传播及传播的严重危险则是过失。[1] 即便坚持行为引起之结果属于"客观的超过要素"的学者也认为，对于该结果也至少要有过失罪过的那种"预见可能性"[2]。

回到本案，尹某某显然明知道自己未经批准，用客车运送人员往来武汉

---

[1] 参见王作富《刑法分则实务研究》（下）（第5版），方正出版社2013年版，第1343页。

[2] 参见张明楷《刑法学》（下）（第5版），法律出版社2016年版，第1120页。

和嘉鱼这一构成要件事实，显然具有妨害传染病防治行为的故意。同时，其也不可能不具有违法性认识：首先，当时武汉已经通过公告的形式对所有的交通方式进行管制，这一公告无论是在武汉市人民政府的网站上还是在各大新闻媒体发布的报道中都能查阅，不存在行为人不知道这一公告的可能性。故其有形式违法性的认识。其次，在 2020 年 1 月 23 日，新冠肺炎的出现和肆虐已经引起了举国的关注，作为久居武汉的行为人更不可能没有认识到自己的非法运输行为可能造成新冠肺炎进一步扩散的恶果。所以尹某某也有实质违法性的认识。综上，如有的学者所言：此时按照疫情防治要求行事，既是对公众的适法性期待，也是公民按照防控措施要求自觉遵纪守法的体现。行为人通过自己的妨害行为已经说明其对公共卫生安全危害结果的希望或者放任态度。① 尹某某既具有对妨害传染病防治行为的构成要件故意，也具有违法性认识。

另外，尹某某对于引起"新冠肺炎的传播或者传播的严重危险"这一结果仅具有过失的心态。首先，尹某某不明知自己的行为必然会造成这一结果。虽然武汉疫情严重，但届时也并非人人身上都携带病毒，更合理地讲，没有感染病毒的人群仍然是绝大多数。所以在未经确诊的情况下，尹某某自然不明知自己必然是病毒的携带者，也不明知其运送的旅客是病毒的携带者，其不会认识到自己私下载客的行为"必然"会导致相关传染病的传播及传播的严重危险。而且，尹某某也是出于私利和谋生才实施了相关的行为，如果他知道自己或者其乘客已经患上了新冠肺炎，他当然不会为了并不丰厚的运费而赌上自己的健康和性命，而是立刻就医。故可以认为尹某某不具有对于结果的直接故意，否则的话应该构成其他犯罪。其次，尹某某对于引起这一结果具有预见可能性并且已经预见，但轻信结果可以发生，属于过于自信的过失。显然，尹某某虽然没有故意，但鉴于当时疫情在武汉城内愈演愈烈，无法确保到底有多少人已经感染；况且尹某某不是仅仅载客一次，而是在武汉和嘉鱼之间来往了两次，这进一步增加了其能将携带的病毒感染给他

---

① 参见陈伟《妨害传染病防治罪的主观罪过及其适用》，载《安徽师范大学学报》（人文社会科学版），2020 年第 48 卷第 3 期，第 111 页。

人的可能性。其无法否认对于引起相关的传播及传播危险是具有预见可能性并且完全已经预见该可能性。但是尹某某基于对情势的误判而轻信自己不会感染病毒也不会在运输过程中造成不特定、多数人员感染的危险，因而应该认为具有过于自信的过失。

4. 尹某某的行为不构成以危险方法危害公共安全罪及相关犯罪

妨害传染病防治罪和以危险方法危害公共安全罪及过失以危险方法危害公共安全罪之间的关系向来是学术争鸣的难点，对此，相关的司法文件也存在矛盾。

针对"非典"时期违反疫情防治措施的行为，2003年《解释》第一条规定，故意传播突发传染病病原体，危害公共安全的，依照《刑法》第114条、第115条第1款的规定，按照以危险方法危害公共安全罪定罪处罚。患有突发传染病或者疑似突发传染病而拒绝接受检疫、强制隔离或者治疗，过失造成传染病传播，情节严重，危害公共安全的，依照《刑法》第115条第2款的规定，按照过失以危险方法危害公共安全罪定罪处罚。但如前文所述，这仍会造成处罚漏洞和处罚不均。

新型冠状病毒感染的肺炎疫情发生以后，最高人民法院、最高人民检察院、公安部和司法部于2020年2月6日联合颁布了《关于依法惩治妨害新型冠状病毒感染肺炎疫情防控违法犯罪的意见》（以下简称2020年《意见》），其认为，只有两种违反疫情防治措施的行为才可按照以危险方法危害公共安全罪论处：（1）已经确诊的新型冠状病毒感染肺炎病人、病原携带者，拒绝隔离治疗或者隔离期未满擅自脱离隔离治疗，并进入公共场所或者公共交通工具的；（2）新型冠状病毒感染肺炎疑似病人拒绝隔离治疗或者隔离期未满擅自脱离隔离治疗，并进入公共场所或者公共交通工具，造成新型冠状病毒传播的。所以，除此之外的其他拒绝执行卫生防疫机构依照传染病防治法提出的防控措施，引起新型冠状病毒传播或者有传播严重危险的，依照《刑法》第330条的规定，以妨害传染病防治罪定罪处罚。据此，不论是从司法性解释文件的时间优先性而言，还是从定性的实质合理性而言，判断尹某某是否构成以危险方法危害公共安全罪，以及是否构成过失以危险方法危害公共安全罪，都应该以 2020 年《意见》作为法律依据。

反观本案事实，尹某某不属于 2020 年《意见》所规定的两种情形：（1）"已经确诊的病人、携带者"和"疑似病人"是指实施妨害防治行为时已经确定的事实，而不包括行为时尚未确诊也并非疑似，只是在行为后确诊的或者被认定为疑似的主体。一方面，从行为与故意同时存在的原则出发，如果实施行为时被告人不知道自己已经是新冠肺炎病人，也不知道自己是疑似病人，则显然不具有传播传染病进而危害不特定或多数人身体健康的故意。所以有观点指出：行为时并未被确诊，是否携带病毒还是未知状态，不能逆向推理行为人实施行为时具有传播病毒的犯罪故意[①]；另一方面，如果实施行为时未被确诊，只是事后被确诊也属于 2020 年《意见》规定的两种情形进而构成以《刑法》第 114 条以危险方法危害公共安全罪的话，那么相当于变相排除了《刑法》第 330 条妨害传染病防治罪的适用。因为这条罪名最主要针对的是行为人没有传播传染病的故意，仅仅具有违反防治措施故意的情形，若这种情形也要由第 114 条进行规处，则第 330 条便无立锥之地。（2）尹某某的私自载客行为对公共安全的危险也不可能达到与第 114 条所规定的"放火、爆炸、决水和投放危险物质"相当的程度。根据刑法理论的通说，"其他危险方法"应该与放火等行为一样，具备一经实施就能引起多数不特定人的身体健康遭受重大危险的相当程度。[②]但是即便载客时尹某某已经感染了病毒，又或者其车上的其他乘客感染了新冠病毒，但该种病毒的传播与对人体造成实质伤害结果并不像放火等行为具有直接性，而是需要经过潜伏期和较长时间的病变过程；同时，放火、爆炸等行为给人体的伤害不仅直接，而且往往具有超出目前医疗能力极限的极强杀伤力。然而，新冠肺炎虽然具有比"非典"较强的感染性，但其患者在适当的治疗之下仍有相当大痊愈的概率，其相对较弱的杀伤力众所周知。从事后的角度来看，尹某某所造成的是

---

① 范雪珂：《妨害传染病防治罪适用之探讨——以刑法修正案（十一）第 37 条之规定为视角》，载《法律适用》2020 年第 7 期，第 65 页。

② 参见高铭暄、马克昌主编《刑法学》（第 8 版），北京大学出版社、高等教育出版社 2017 年版，第 338 页。

自己被感染，和20名相关人员作为密切接触者被隔离，无论如何也称不上是熊熊烈火或汹汹洪水所致之恶果。综上所述，很显然，尹某某不能够以危险方法危害公共安全罪加以论处。

尹某某的行为也不应该以过失以危险方法危害公共安全罪论处。原因如下：（1）既然尹某某的客观行为本来就没有达到和"其他危险方法"相当的危险程度，那么也不会符合过失以危险方法危害公共安全犯罪的客观构成要件。（2）从2020年《意见》的原意来看，对于违反防疫措施的行为，要么构成以危险方法危害公共安全罪，要么构成妨害传染病防治罪，其有意地限缩甚至排除过失以危险方法危害公共安全罪的适用；（3）即便认为妨害传染病防治罪和过失以危险方法危害公共安全罪是竞合的关系，也应该认为二者是法条竞合的关系。根据刑法理论的通说，对于法条竞合应该适用特殊法条，即《刑法》第330条的妨害传染病防治罪。

（三）对尹某某的量刑合乎法理与情理

从本案中可以发现，由于尹某某具有自首的情节和认罪认罚的情节，故法院对其判处一年有期徒刑。这不仅具有坚实的法律基础，也贯彻了宽严相济的刑事政策。

第一，根据《刑法》第67条规定："犯罪以后自动投案，如实供述自己的罪行的，是自首。对于自首的犯罪分子，可以从轻或者减轻处罚。"而所谓"从轻处罚"，根据《刑法》第62条规定："犯罪分子具有本法规定的从重处罚、从轻处罚情节的，应当在法定刑的限度以内判处刑罚。"故可以对尹某某在妨害传染病防治罪的基本法定刑"三年以下有期徒刑"选择较轻的刑度。

第二，根据《刑事诉讼法》第15条规定："犯罪嫌疑人、被告人自愿如实供述自己的罪行，承认指控的犯罪事实，愿意接受处罚的，可以依法从宽处理。"虽然认罪认罚和自首的关系在学理上尚存争论，而且对于认罪认罚和自首同时加以认定是否违反"禁止重复评价原则"也有理解上的不同，但本文对此持赞同的态度。应该认为，禁止重复评价是出于对被告人人权和自由的保障而设立，因此其范围内应该限缩为"禁止不利的双重评价"，而

"双重有利的评价"则不在此列，因为后者并不会侵犯被告人的人权与自由。所以，对尹某某适用自首并从轻处罚后，又依据认罪认罚的条款而从宽处理，并不违反基本的量刑原则。

第三，根据 2017 年最高人民法院的《关于常见犯罪的量刑指导意见》，"量刑既要考虑被告人所犯罪行的轻重，又要考虑被告人应负刑事责任的大小，做到罪责刑相适应，实现惩罚和预防犯罪的目的"；"量刑应当贯彻宽严相济的刑事政策，做到该宽则宽，当严则严，宽严相济，罚当其罪，确保裁判法律效果和社会效果的统一"；"对于自首情节，综合考虑自首的动机、时间、方式、罪行轻重、如实供述罪行的程度以及悔罪表现等情况，可以减少基准刑的 40% 以下"。可见，考虑到尹某某的具体情节，对其判处一年有期徒刑既起到了惩罚意义，也足以达成刑法特殊预防和规范其他公民行为的一般预防目的。

综上，对尹某某的量刑统一了法理与情理，既经得起专业的检验，也无负于社会的考验。

三、法律意义：司法、学理和立法的互动

尹某某的行为得到公正的判决，其意义不仅仅在于惩处和告诫其个人。在该案背后，反映出我国司法和学理乃至立法就相关危害公共卫生罪名的探索与发展。

（一）标志着妨害传染病防治罪走向现实的司法适用

对于妨害传染病防治罪，有学者研究指出：从司法上来看，该罪自 1997 年设立之日起至 2020 年新冠肺炎疫情暴发之前，几乎从未被适用过。而在 2020 年新冠肺炎疫情防控过程中，该罪被司法机关大量适用。[①] 由此可以看出，此案作为湖北省妨害传染病防治第一案，标志着妨害传染病防治罪的重新激活。该罪名再也不是一个看似被争相讨论、炙手可热的焦点，实则却是静陈于刑法典一隅的僵尸条款。尤其在当下，其大有用武之地。

---

① 欧阳本祺：《妨害传染病防治罪客观要件的教义学分析》，载《东方法学》2020 年第 3 期，第 4 页。

（二）倒逼司法和学理将该罪的研究推向更高层次

关于妨害传染病防治罪，受到之前它本身就极少被适用的影响，对于其与相关罪名的关系（如上述提到的《刑法》第 114 条和第 115 条）以及其属于过失犯罪还是故意犯罪的研究虽然不少，但始终没有实质性的突破。在司法上，2003 年《解释》也规避了对相关行为适用妨害传染病防治罪，而由以危险方法危害公共安全罪和过失以危险方法危害公共安全罪对之加以规处。而此案作为湖北省在疫情期间适用该罪的第一案，一方面，标志着司法者开始关注其与以危险方法危害公共安全犯罪的关系，有意将相关行为驱除出后者规制的领域。比如，2020 年《意见》的及时出台，将以危险方法危害公共安全罪限制在特定的范围内，就是一个很好的例证。对尹某某按照 2020 年《意见》定性，昭示了"在防控意见 2020 年《意见》出台前，从公开报道的信息可见，本次新型冠状病毒感染的肺炎疫情中，对于涉及引起传播的行为，基本上都是以危险方法危害公共安全罪认定"这一法律适用畸象得以拨乱反正的开始；另一方面，这也进一步刺激了学理界对于这些罪名之间关系，包括对妨害传染病防治罪罪过形式的反思和研究。[①] 最后，对妨害传染病防治罪作了较大幅度修改的《刑法修正案（十一）》也于 2020 年 12 月 26 日通过，并在 2021 年 3 月 1 日正式施行。从司法解释的规避到关注，再到案例的具体适用，延展至对司法解释乃至立法的学术反省，并最终推动了立法的修订。这是司法、学术和立法三者之间的良性互动生态。

（三）有利于司法适用中法官裁判标准得到统一

司法公正的一个重要标准在于"相同的案件相同处理、不同的案件不同处理"。为了实现同案同判，类案判决的作用不容忽视。

相较于指导性案例之"指导性"内涵的规范创设，一般生效判决作为法院针对一定纠纷事实裁断的司法成例，也自然具有现实的模范或标本作用，

---

① 参见欧阳本祺《妨害传染病防治罪客观要件的教义学分析》，载《东方法学》2020 年第 3 期；陈伟：《妨害传染病防治罪的主观罪过及其适用》，载《安徽师范大学学报》（人文社会科学版）2020 年第 48 卷第 3 期；邓丞毅：《拒绝新冠病毒防控措施的行为定性》，载《法律适用》第 6 期；范雪珂：《妨害传染病防治罪适用之探讨——以刑法修正案（十一）第 37 条之规定为视角》，载《法律适用》2020 年第 7 期。

从而使其指向类案处理的场合，催发对裁判活动的指导性。先前判决出于人们的因循、模仿、跟从而为等原因，会自然形成对后续判决的事实上的影响力：（1）在现实的司法进程中，法官出于习惯性的思考或行为倾向，总会考虑或遵从在先的同类判决方式或方法，从而使法院在任何案件中已形成的既定判决都能被有惯性地仿照适用。（2）当存在有效的法院裁判案例时，法官基于对案件事实的前后可比性认识，时常倾向于对既定判决进行复制或沿袭，不背离既往的成例，确实具有很强的行动上的说服性。遵循前例即满足行动上的说服性，而且循例不需要作出额外的解释，相反，破例则需作出更多的解释和更多的权衡，需要更强劲的理由。①

为了找出这些典型判决可能影响未来司法适用的共通规则，可以比较几个妨害传染病防治罪的典型案例：

【案例1】梁某某、任某军、任某辉等人妨害传染病防治案

被告人梁某某与妻子刘某某系河北省邢台市内丘县人。2020年1月15日，刘某某（后被确诊为新冠肺炎患者，已故）出现感冒、咳嗽症状。1月17日，梁某某、刘某某与女儿、女婿及外孙一家五口驾驶汽车从湖北省武汉市洪山区住处返回内丘县某村住处。返回内丘县某村住处后，梁某某一家人未采取防护措施，分别多次出入内丘县某大卖场、邢台市某商场等公共场所，并在饭店与多人聚餐，与不特定多数人群接触。1月20日至23日，邢台市内丘县全面摸排从武汉市返乡人员的情况。被告人梁某某明知其原工作单位及内丘县村镇等有关部门正在摸排调查的情况而故意隐瞒，特别是在1月31日刘某某到内丘县中医院及邢台市人民医院就诊期间，市、县两级医院医护人员多次询问梁某某是否去过武汉及有与外来人员接触史时，梁某某仍故意隐瞒、否认。直到2月6日刘某某病重后，在邢台市人民医院医护人员

---

① 杨知文：《非指导性案例的"指导性"与案例指导制度的发展》，载《清华法学》2021年第4期，第43−46页。

反复追问下，梁某某才承认从武汉返乡事实。①

【案例2】章某某、季某某妨害传染病防治案

2020年1月15日，被告人季某某从湖北省武汉市返回浙江省青田县。1月19日，季某某参加了被告人章某某组织的聚会活动，与章某某等32人密切接触。1月23日，浙江省人民政府启动重大突发公共卫生事件一级响应。同日，季某某因出现发热、咳嗽等症状去青田县人民医院就诊，随即被留院医学观察，1月25日被确诊感染新冠肺炎。1月23日至2月6日，青田县疾控中心工作人员多次对季某某进行流行病学调查，季某某均隐瞒了1月19日参加聚会活动的事实。1月24日至2月4日，章某某因出现发热、咳嗽等症状多次去青田县人民医院、中医院就诊，医护人员询问其是否有与武汉人员接触史时，章某某明知季某某系武汉返乡人员并已被确诊感染新冠肺炎，故意隐瞒与季某某密切接触史。2月4日，章某某被隔离治疗，2月7日被确诊感染新冠肺炎。其间，疾控中心工作人员多次对章某某进行流行病学调查，章某某仍故意隐瞒与季某某密切接触史，以及组织聚会、与多人密切接触等事实。2月7日，防疫工作人员根据大数据研判结果再次询问章某某、季某某，二人才承认1月19日密切接触的事实。因季某某隐瞒密切接触史，造成32人未被及时隔离；因章某某隐瞒密切接触史，造成113人未被及时隔离，还造成就诊时的医护人员14人、同诊病人等7人被集中隔离观察。②

【案例3】韦某某妨害传染病防治罪

被告人韦某某长期在湖北省武汉市水果批发市场某水果行上班。

———————

① 《最高检跟踪发布5件全国检察机关依法惩治妨害疫情防控秩序犯罪典型案例》，中华人民共和国最高人民检察院，2021年8月8日发布，https://www.spp.gov.cn/xwfbh/wsfbt/202108/t20210808_526043.shtml#1，2021年11月15日访问。

② 《最高法发布第三批8个依法惩处妨害疫情防控犯罪典型案例》，人民网，2020年4月14日发布，http://legal.people.com.cn/n1/2020/0415/c42510-31674505.html，2021年11月14日访问。

2020 年 1 月 23 日，韦某某在武汉市因新冠肺炎疫情严重"封城"前，乘坐动车于当日返回来宾市，与妻子张某某等家人居住在来宾市兴宾区某小区家中。1 月 25 日，社区要求其居家隔离。韦某某未按要求居家隔离，1 月 26 日至 29 日多次外出买菜，或探亲访友、参加张某某母亲葬礼，并与多人有密切接触。2 月 6 日，张某某被确诊感染新冠肺炎并被隔离治疗，次日韦某某也被确诊感染新冠肺炎并被隔离治疗。2 月 8 日，在葬礼期间与张某某密切接触的张某凤、韦某光、韦某旭、韦某宜均被确诊感染新冠肺炎。2 月 9 日，在葬礼期间与张某某密切接触的张某娇、韦某思、程某、程某唯也均被确诊感染新冠肺炎。2 月 6 日，韦某某居住的小区及周边被封闭，因张某某回老家参加其母葬礼，该村也于同日被封闭，与二人密切接触的 122 人被集中隔离在酒店进行医学观察。①

【案例 4】郭某鹏妨害传染病防治案

郭某鹏在全球疫情蔓延的形势下，于 2020 年 2 月 29 日从郑州乘火车至北京；3 月 1 日，从北京首都机场乘飞机经阿联酋阿布扎比中转，于 3 月 2 日到达意大利米兰彭萨机场；3 月 3 日，乘飞机从意大利米兰到达法国巴黎；3 月 4 日，乘飞机从法国巴黎回到意大利米兰；3 月 6 日，乘飞机从意大利米兰中转阿布扎比，于 3 月 7 日到达北京首都机场，体温正常；当日下午，乘坐火车返回郑州，回到家中。他于 3 月 8 日、3 月 9 日两天在体温正常的状态下，乘坐地铁到位于郑州市郑东新区的单位上班并在单位就餐，下班乘坐地铁回家。3 月 9 日下班后，郭某鹏出现发热、咽痛等症状，自行至中原路与大学路交叉口附近的仟禧堂大药房买药，步行回家后服用。在调查、核实其出入境轨迹后，郭某鹏被送至二七区集中隔离点进行观察。3 月 11 日，郭某鹏被确诊

---

① 《最高检跟踪发布 5 件全国检察机关依法惩治妨害疫情防控秩序犯罪典型案例》，中华人民共和国最高人民检察院，2021 年 8 月 8 日发布，https://www.spp.gov.cn/xwfbh/wsfbt/202108/t20210808_526043.shtml#1，2021 年 11 月 15 日访问。

为新冠肺炎患者，与其密切接触的 43 人被集中隔离医学观察，其工作单位所在大厦全楼封闭 7 天。截至该案判决时，43 名密切接触者均已解除隔离医学观察，尚无人实际感染新型冠状病毒。①

对这些案例进行比较可以发现，虽然具体的细枝末节有区别，但是至少在案件事实上与尹某某案有以下的共性：其一，被告人在案发后都被确认为感染新冠病毒的人员。换言之，如果他们事后没有确诊，即便他们到过疫区并且采取了拒绝隔离或者隐瞒行程等妨害防治的行为，往往也不会构成犯罪；其二，其最终确诊所造成的大量密切接触人员被隔离，或者区域、场所被封禁是法院认定"造成传播的严重危险"这一结果要件的核心要素。至于"传播的严重危险"是否以被隔离人员检测出确诊患者为前提，司法判例并不作要求。尽管有观点也认为，如果最后被隔离的人员中并未检测出新冠肺炎病毒携带者，那么这种群体被隔离但事后并没有人被确诊为新冠肺炎患者的，至多属于抽象的危险而不是具体的危险。②但笔者不同意这种观点：1. 所谓"具体的危险"不该从事后纯粹客观的角度进行判断，而应该站在实施行为时，基于一般人的立场进行判断。换言之，"严重传播的危险"仍旧是一种造成实际传播的高度的事前可能性，妨害传染病防治罪的规范目的也正是为了预防这种可能性的出现才被广泛适用。因此，郭某鹏确诊后造成与之接触的人被隔离，本身就已经产生了传播的高度可能性，至于这种可能性最后没有转化成现实性，完全寄希望于一些偶然的因素，比如接触者刚好戴了口罩、体格健壮免疫力强，或者与之保持了距离；2. 如果从事后的纯客观角度进行判断，只有两种情况：被隔离的人员要么被感染了，要么没有被感染。前者已经符合了"造成传播"的实害犯标准，而不是"造成传播的严重危险"的具体危险犯，而对于后者，在该观点里又不属于"造成传播的严重危

---

① 《郭某鹏案宣判：以涉嫌妨害传染病防治罪判处有期徒刑一年零六个月》，百家河南，2020 年 4 月 3 日发布，https：//baijiahao.baidu.com/s？id=1662930278413490614&wfr=spider&for=pc，2021 年 11 月 17 日访问。

② 参见冯军《危害公共卫生行为的刑法防治——以刑法修正案（十一）的相关规定为中心》，载《法学》2021 年第 2 期，第 28－29 页。

险"的具体危险犯。换言之，在该种说法下只有妨害传染病防治罪的实害犯和抽象危险犯，根本就不存在具体危险得到认定的可能。故笔者同意司法实践的观点。其三，虽然事后确诊，但在实施妨害防治措施时行为人并没有确诊，也并不构成疑似确诊人员，换言之，他们实施行为时仅具有违反防疫措施的故意，而不具有传播及造成传播严重危险的故意。综合这些司法实践的规则与2020年《意见》司法解释，可以初步勾勒出关于实施了妨害传染病防治行为的行为人的定性类型谱系，见下表。

表 1 实施妨害传染病防治行为的行为人定性类型

实施行为人情况	实施行为及造成的影响	定性
行为时没有确诊 行为后也无确诊	无论是否造成其他人员的隔离	无罪
行为时没有确诊 也没有疑似感染 但是行为后确诊	造成了传播或者人员的隔离	**妨害传染病防治罪**
行为时没有确诊 行为时疑似感染	没有进入公共场所或者公共交通工具，也没有造成传播	无罪
	没有进入公共场所或者公共交通工具，造成了传播	妨害传染病防治罪
	进入了公共场所或者公共交通工具，造成了传播	**以危险方法危害公共安全罪**
行为时确诊	没有进入公共场所或者公共交通工具，造成了传播	妨害传染病防治罪
	进入了公共场所或者公共交通工具，造成了传播	**以危险方法危害公共安全罪**

其中，表格中加粗部分突出的结论是综合司法判例和司法解释能够直接得出来的。其余则是根据对司法判例和司法解释的定性推导得出来的结论，其是否准确并合理，还需要司法和学者对于该罪与相关犯罪之间的关系进行进一步的研究。相信在这种研究的合力当中，能够不断完善和丰富上述的类型谱系，也推动立法者就相关的罪名作出更合时宜的修改。

四、社会价值：以安全为前提的自由

新冠病毒肺炎疫情的肆虐以及如何应对这种冲击本质上是一个如何控制风险的问题。风险是当下绕不开的话题。不断出现的自然灾害、安全事故、债务危机、金融风险、环境污染等问题以及禽流感等大规模流行病的暴发，引发一系列连锁反应，产生"蝴蝶效应"，深刻影响社会的各个方面，甚至引起全球性后果。风险作为公共卫生危机的前期形态，依据其特性及演化规律，极易诱发公共卫生危机，其大多表现为重大流行性、传染性疾病，或其他严重影响公众健康与安全的事件而引发公共危机和社会风险。SARS、埃博拉、新冠病毒肺炎等疫情均属于典型的公共卫生危机范畴。风险具有不确定性和潜在性双重特性，是解构既有稳定秩序的危机来源，由于自然环境与社会环境风险的相互延伸和蔓延，风险的存在场域、性质、发生与转化条件及发展规律等都在随时发生变化。风险规律的不确定性会引发更多难以预测和控制的新风险。面对潜在风险的未知和已知风险规律及后果的难以预料，特别是诸如网络风险、突发事件风险等，传统的风险认知和应对在新的突发风险面前可能发挥不了应有的作用，进而增加了风险应对的难度。

在这次以新冠病毒肺炎疫情席卷全球的突发性公共卫生事件中，我们更切身地体会到这种风险的不可预知、不可控制和不可判断。

除了不断在生物医学领域求索规律、实现突破，从而在自然科学上再获对病毒发展的掌控，更需要在疫情社会中，通过立法规范构建人与人交往时作为防疫角色的同一性和对这种角色期待的稳定性。也即，无论是从社会义务角度，还是从道德层面，各主体都应积极主动地承担起应对公共风险的责任。这种主体角色不仅包含着尊重自己身体的要求，也包括在公共场所尊重他人的健康使命。因此，我们期待着他人能够在乘坐地铁、公交时紧戴口罩；期待着他人能够及时向社区报告行程甚至自觉隔离，至少不应为了一时之快而对防疫措施推三阻四、欺上瞒下，这种期待已经化作疫情时代人们价值观念和评价谱系的重要部分，所以当有人为了一己私利而背离社会对这种角色之期待时，我们能看到的是社交媒体上铺天盖地而来的口诛笔伐和严词声讨，甚至对于各种镜头前正在举办的公众活动里的众人，民众首先关心的是谁戴了口罩，谁更有防疫意识。在全民抗疫的信念和期待已经逐渐形成的时候，刑法规范对此更不能坐视不管，而应及时挺身而出——刑罚清晰地并且高度地使被刑罚的后果所归属的行为承受了一种可能性，一种必须普遍地把这种行动作为不值一提的行动选择来学习的可能性。这种选择的无价值性是如此理所当然，以至于它要作为不可经历的选择而被排除掉。刑法对一个违背期待之行为的重新确证，使得人们对彼此防疫角色之期待落空或扰乱时，不至于彻底失去信任，也不至于怀着"消极的安全感"退避三舍，牺牲自己的自由去尽量避开任何的公共活动，而是无疑地确信在疫情时代，与之交往的其他主体仍然能像自己关心他们的健康一样也在意自己的健康。回归到尹某某案件，乃至大量的其他妨害传染病防治罪的案件，从中我们比以往任何时候都更能感受到规范的力量——它对疫情社会中人们的交往结构和交往行为进行着有力的塑造、凝合，甚至归一，使人类满怀希望重拾在病毒冲击下溃不成军的自信与荣光，这是他们迷失在偶然世界中可信赖的最后倚仗。也即，刑罚不仅仅是维持这种同一性交往的工具，也是这种维持本身。这就是为什么说，"在今后的漫长岁月里，人类无疑仍然会生活在具有极大不确定性的状态之中。因此，有力惩治危害公共卫生的行为，将是我国刑事立法和刑事司法的长期任务"。

进一步讲，新冠病毒肺炎疫情笼罩下的社会里，刑法再也不能固守古典时代的那种被动姿态和无为形象，而应该以积极有为的态度参与社会的治理中来。我国也呈现一种有为刑法的趋势：刑事立法为了回应社会治理对安全与稳定的价值诉求，立法活动日益积极，刑法保护日益前瞻，刑事处罚日益严厉，刑法早已由事后惩治犯罪的手段变为事先预防犯罪的工具，积极预防主义成为当下刑法观的主流。面对这种现象，有学者语重心长地劝说，未来我国刑事立法要反思积极预防性刑法观，并防止其演变为激进式刑法观，防止刑法物化的加剧；刑事立法应该秉承理性主义并恪守核心刑法的边界，以防止不断扩大的刑法处罚范围最终消损刑法自身的权威性。还有学者忧心忡忡地觉得，欲以刑法为急先锋以抗制风险，非但不能保卫社会、实现社会保护的功能，反而会牺牲社会及其成员的权益、丧失人权保障的功能，因此，刑法乃至刑事政策本身的风险也是我们时刻必须警惕的。还有观点审慎地认为，对安全的追求是合法的，安全是一项人权。那些认为应该忽略或者根本否定风险社会的危险的态度显然是错误的。但是这还远远不能得出这样的结论：这个审慎的、缺乏灵活性的、自由法治的刑法连同它的证据规则、罪责原理、合法的和道德高尚的诉求以及它的那个很难兑现的合法性需求是解决所有风险社会的一切领域里所潜伏的并且不断增多的安全问题的最恰当的手段。但是，也有学者对刑法在风险社会中的积极角色更为坚定和充满信心，甚至提出"功能主义的刑法观"：有必要发展与构建一种全新的刑法立法观。这种刑法立法观立足于对现实社会问题的考量，而不是形而上学的单纯理性化的构想，追求发挥刑法立法的社会功能，注重对社会问题的积极回应。刑法由一套注重于事后惩罚的谴责体系，而渐渐蜕变为一套偏好于事前预防的危险管控体系。这便是所谓的预防刑法。

应该认为，疫情这位不速之客的到来，已经使刑法逐步走出田园牧歌式的梦幻，而必须直面不断涌现突发性风险的现实社会。毕竟，如花冠般冶丽的新冠病毒，不会以像古典刑法赖以构建的那种子弹和刀子对人体造成伤害后便戛然告结的危害形式漫游人间，它更不会耐心等待法官事后从医院里接过了被隔离之众人的确诊报告才开始另觅"新欢"，它诡谲难测又瞬息万变，唯有在基本自由和人权得到保障的前提下尽量将规制的触角提前，才能从其手中赢得先机。不仅仅是疫情，大量的技术性风险和制度性风险同样如此，比如核危险和恐怖主义。诚如它的反对者指出，预防是一种与生俱来的"越早越好"的内在扩张逻辑，但过度强调自由难道不也是一种"越迟越佳"的内在坍缩逻辑？何以只担心过度的预防侵蚀了自由的意义，而不公平地考虑下一味鼓吹自由也会反噬安全的价值？何况正如文章前半部分对尹某某案件的分析那样，只要对其行为的定性贯彻了罪刑法定原则和责任主义，以及严格依照构成要件进行，那么对自由与人权的威胁就会降到最低，这也是为什么2020年《意见》明确要求确诊者的妨害防治措施行为才可能构成以危险方法危害公共安全罪，若果真是一味地为了预防和控制疫情，其完全可以抛弃责任主义的要求，在行为人没有认识到自己是确诊患者的情况下也认定为更重的以危险方法危害公共安全罪。古典刑法总想在事后通过惩罚个体来间接起到预防之用，可那往往是建立在这样的该个体对于风险的因果操纵总是有先行认识和基本把控的前提之上，而在后现代社会密布的风险中，由于有组织不负责等原因的蒙蔽，归责主体对风险往往无力掌控而反被风险驾驭，那么通过事后惩处来间接预防终究是事倍功半。重要的是两种刑法理念在不同程度上和不同领域中的分工而非推崇何者一统天下，但至少疫情时代中的刑法，更应被人们看到它身上保卫安全的价值，没有这种先发制人的安全，总是慢人一拍的自由便难免沦为虚言。

法国作家加缪在他的著作《鼠疫》里说道：一个人能在鼠疫和生活的赌博中所赢得的全部东西，就是知识和回忆。只要规范维持下的社会抗疫秩序稳而不乱，只要在自然科学领域中人们依然勇于前驱，人类文明必能继续一路高歌猛进，而关于自由与安全的思考也将长盛不止。但无论如何，当多少时间后的人们回顾这段历史，疫情阴影下的那些生存与死亡、取舍与牺牲，依然令人肃然起敬。

给岁月以文明！

（罗鸿燊）

防疫大坝的蛀虫

——康佰馨卖假口罩案分析

2020 年初，新冠病毒肺炎疫情暴发。此次新冠病毒肺炎疫情是新中国成立以来在我国发生的传播速度最快、感染范围最广、防控难度最大的一次重大突发公共卫生事件。在党和政府的坚强领导下，发挥独特的社会主义制度优势，基于应对突发公共卫生事件的较为完善的法律框架，我国的新冠病毒肺炎疫情防控工作相比于世界其他许多国家取得了优越成就，当前新冠病毒肺炎疫情的集中暴发和大规模扩散已经得到有效遏制。

迄今已持续两年多的新冠病毒肺炎疫情给我国经济社会秩序带来了巨大的影响，对我国的治理体系和治理能力带来不小的挑战。而其中，对疫情期间实践中频繁发生的"涉疫"犯罪的处理检验着我国的刑事立法、司法体系和刑事治理能力。康佰馨卖假口罩案是新冠病毒肺炎疫情暴发之后发生较早、影响较大的"涉疫犯罪"经典案例，从对本案的分析之中可以管窥我国疫情期间"涉疫"犯罪，尤其是经济犯罪的发生和治理状况，案件涉及的理论和实践中的争议问题与经验教训也值得我们回味。

一、案情回顾

（一）犯罪经过

犯罪人李东是北京康佰馨医药有限责任公司的法定代表人，且实际负责公司经营管理。康佰馨公司的主营业务经营范围为零售中成药、抗生素等药品，销售医疗器械等，在北京拥有 50 多家加盟药房。2021 年 1 月下旬，新冠病毒肺炎疫情开始集中暴发，口罩、护目镜、消毒水等卫生防护用品出现供应紧缺。在短期供求矛盾的推动下，全国各地口罩一货难求，价格一路走高，很多企业和个人甚至想方设法从海外抢购口罩。

1月21日，康佰馨公司名下药店的口罩销售断货。当日，犯罪人李东向东北、山西、辽宁等各个渠道商询问是否有口罩供货，但对方均答复没有货源。于是，李东便联系其在国药集团山西有限公司工作的堂弟犯罪人李俞章，令其寻找口罩的供货渠道。李俞章在淘宝网站上找到一家名叫"3M劳保公司"的店铺，卖家称可以大量提供3M牌的口罩，需要到高密提货。李俞章在向卖家要了口罩的检验报告、合格证电子版且得知能开发票后，便将情况转告了李东，将检验报告、合格证通过微信转发给了李东。李东当即要求李俞章到高密实地考察货源。

犯罪人李俞章正准备出发去高密之际，碰巧接到其朋友犯罪人罗涵毅的电话，问李俞章在干什么。李俞章将准备去高密替其堂兄采购口罩之事告诉了罗涵毅。罗涵毅提出一同前往，李俞章同意。1月22日凌晨，李、罗二人连夜出发驱车前往高密，在路上二人达成此次采购所得好处五五分成的约定。22日4时许，二人到达高密市并与卖家仪某见面。在检查了确实有口罩之后，李俞章联系犯罪人李东并向其汇报情况，李东在询问卖家是否有资质、是否可以开发票后，当即表示购买，并授权李俞章商谈价格。卖家仪某于是当场组织货源，联系当地假冒3M口罩生产者周某等人各自将不同型号口罩送到现场。随后李东通过其个人银行卡向仪某支付货款51.75万元，卖家便用三辆厢式货车将口罩发车运往北京，上述货物当日运抵北京市大兴区。在面谈价格的过程中李俞章、罗涵毅二人向卖家提出开票时每只口罩多开一元作为回扣，卖家应允。当日10时许，卖家仪某以高密瑞博劳保用品有限公司等名义开具增值税发票6张，票面金额计51.75万元，同时将人民币25.05万元回扣转给罗涵毅个人账户。

交易达成之后，犯罪人李东立即在各个微信群中发布消息称有口罩出售，本市及天津市多名药房经营者及个人联系其购买。李东收货后，开箱检验了口罩合格证，便将货物销售给已联系好的大客户，同时将剩余的口罩交康佰馨公司运营经理分配至公司各加盟店零售。

上述口罩在一天之内销售一空，李东便决定再次从仪某处购进口罩并让李俞章联系。李俞章便连同罗涵毅联系仪某发货。达成约定后，李东于1月23日通过其个人账户向仪某账户转入货款95.49万元。第二批口罩数量为33万余只，其中10万只由李俞章租车直接发给河北沧州吴某，其余23万余只运到北京后继续批发给大客户及通过药店零售。此次交易仪某向罗涵毅账户支付回扣人民币35.53万元。

综上，犯罪人李东从仪某处共购进涉案口罩50万余只，向仪某支付货款共计147.24万元。李东将上述口罩以康佰馨公司的名义对外销售，销售金额共计425.7065万元，违法所得为270.4665万元。犯罪人李俞章、罗涵毅获得仪某给付的回扣共计人民币60.58万元。

（二）案发之后

2020年1月24日起，陆续有销售商和加盟店向犯罪人李东反映口罩质量有问题，李东只回应称要去找厂家询问，与此同时消费者也陆续向市场监督管理局投诉自己在康佰馨公司加盟药店买到假的3M口罩。1月26日，朝阳区市场监督管理局从一加盟店起获636只涉案口罩；1月27日，从一加盟店起获2530只涉案口罩。1月30日，北京市市场监管局食品药品稽查总队联合公安等部门将犯罪人李东抓获，并从其库房起获印有"3M"品牌商标的口罩2万余只。犯罪人李俞章于2月1日在太原市被查获归案，犯罪人罗涵毅于2月1日在太原市经公安机关通过家属电话联系后主动返回家中归案。

后经3M公司认定，在上述两家药店以及李东家中起获的2万余只3M品牌口罩为假冒注册商标的商品，经国家劳保用品质量检测中心（北京）检验，本案中扣押的3M口罩涉及3种型号，过滤效率数据不符合（KN90）标准要求。

2020年2月25日，北京市朝阳区人民检察院指控被告人李东、李俞章、罗涵毅犯销售伪劣产品罪，向北京朝阳区人民法院提起公诉。

2020年6月19日，北京市朝阳区人民法院判决认为被告人李东、李俞章、罗涵毅构成销售伪劣产品罪。被告人李俞章、罗涵毅系从犯，均依法减轻处罚。被告人罗涵毅经电话通知主动归案，但其归案后及当庭供述中对于指控事实难以如实供认，不能认定为自首。其经通知主动归案情节属于可酌予从轻考虑的因素。另外，三名被告人的行为同时构成销售假冒注册商标的商品罪，根据相关司法解释确定的裁判规则，从一重罪处断。最终判处被告人李东有期徒刑十五年，罚金人民币四百万元；被告人李俞章有期徒刑十年，罚金人民币三百万元；被告人罗涵毅有期徒刑九年，罚金人民币二百五十万元。

一审判决作出之后，三名被告均表示不服判决，上诉至北京第三中级人民法院。被告人李东和罗涵毅的主要上诉意见是，其不知道涉案口罩为假冒伪劣产品。被告人李俞章对一审判定不持异议，但认为量刑过重。

2020 年 8 月 21 日，北京第三中级人民法院作出裁定，认为被告人李东、李俞章、罗涵毅以不合格产品冒充合格产品，销售金额达四百余万元，均已构成销售伪劣产品罪，依法应予惩处。李俞章、罗涵毅在共同犯罪中起次要作用，系从犯，均依法减轻处罚。对于李俞章所提原判量刑过重的上诉意见，经查，原判根据李俞章参与犯罪的事实、性质、情节，考虑其在共同犯罪中的地位及作用，已对其依法减轻处罚，二审期间要求再予以从轻，缺乏法律依据，故对李俞章的上诉意见，法院不予采纳。最终，北京第三中级人民法院裁定驳回上诉，维持原判。①

二、法律问题分析

尽管一审、二审法院已经在实践中对案件处理作出定论，但是对于涉及本案定罪量刑各个方面的诸多问题，仍然存在值得进一步深入探讨的理论空间。

---

① 参见北京市朝阳区人民法院刑事判决书，（2020）京 0105 刑初 504 号；《康佰馨大药房售假口罩案二审维持原判：董事长李东获刑 15 年》，载澎湃网，2020 年 8 月 21 日，https://www.thepaper.cn/newsDetail_forward_8826082，2021 年 11 月 18 日访问；《50 万只假口罩哪儿来的？康佰馨假口罩案：147 万货款，中间人吃 60 万回扣！》，载腾讯网，2020 年 6 月 19 日，https://new.qq.com/omn/20200630/20200630A0LT7600.html，2021 年 11 月 18 日访问。

（一）客观方面

人民法院判决被告人李东、李俞章、罗涵毅三人销售假的 3M 口罩的行为销售伪劣产品罪。我国《刑法》第 140 条规定："生产者、销售者在产品中掺杂、掺假，以假充真，以次充好或者以不合格产品冒充合格产品，销售金额五万元以上不满二十万元的，处二年以下有期徒刑或者拘役，并处或者单处销售金额百分之五十以上二倍以下罚金；销售金额二十万元以上不满五十万元的，处二年以上七年以下有期徒刑，并处销售金额百分之五十以上二倍以下罚金；销售金额五十万元以上不满二百万元的，处七年以上有期徒刑，并处销售金额百分之五十以上二倍以下罚金；销售金额二百万元以上的，处十五年有期徒刑或者无期徒刑，并处销售金额百分之五十以上二倍以下罚金或者没收财产。"据此规定，销售伪劣产品罪的行为客观上表现为四种情况，即在产品中掺杂、掺假，以假充真，以次充好，以不合格产品冒充合格产品。

司法解释对四种情况的具体含义进行了阐释。2001 年 4 月 9 日最高人民法院、最高人民检察院《关于办理生产、销售伪劣商品刑事案件具体应用法律若干问题的解释》第 1 条规定:《刑法》第 140 条规定的"在产品中掺杂、掺假"，是指在产品中掺入杂质或者异物，致使产品质量不符合国家法律、法规或者产品明示质量标准规定的质量要求，降低、失去应有使用性能的行为。《刑法》第 140 条规定的"以假充真"，是指以不具有某种使用性能的产品冒充具有该种使用性能的产品的行为。《刑法》第 140 条规定的"以次充好"，是指以低等级、低档次产品冒充高等级、高档次产品，或者以残次、废旧零配件组合、拼装后冒充正品或者新产品的行为。《刑法》第 140 条规定的"不合格产品"，是指不符合《产品质量法》第 26 条第 2 款规定的质量要求的产品。对本条规定的上述行为难以确定的，应当委托法律、行政法规规定的产品质量检验机构进行鉴定。《产品质量法》第 26 条第 2 款规定具体为:"产品质量应当符合下列要求:（一）不存在危及人身、财产安全的不合理的危险，有保障人体健康和人身、财产安全的国家标准、行业标准的，应当符合该标准；（二）具备产品应当具备的使用性能，但是，对产品存在使用性能的瑕疵作出说明的除外；（三）符合在产品或者其包装上注明采用的产品标准，符合以产品说明、实物样品等方式表明的质量状况。"

这里有以下问题值得讨论：在产品中掺杂、掺假，以假充真，以次充好，以不合格产品冒充合格产品这四种情形在逻辑上是何关系？有观点认为"上述四种行为很难绝对地区分，有些行为既可以说是以次充好，也可以说是以假充真，还可以说是以不合格产品冒充合格产品。"也就是说，这四种分类逻辑上存在交叉。[①]还有观点指出"以不合格产品冒充合格产品是前三种行为方式的法律特征、本质特征；而掺杂、掺假，以假充真，以次充好三种行为方式则是以不合格产品冒充合格产品的事实意义上的表现形式"。这实质上将前三种情形视为列举规定，第四种情形视为兜底规定。[②]也就是说，无论是掺杂、掺假，以假充真，以次充好的伪劣产品，都必须同时在本质上属于不合格产品。

对此，笔者认为，首先，司法解释将《刑法》规定的"不合格产品"引致解释为违反"《产品质量法》第26条第2款规定"的产品，这种解释是一种合理的解释。法条条文用语"合格"一词的通常含义是指"合乎一定的标准"。而"标准"一词的含义具有宽泛性，客户订制标准、企业标准、行业标准、地方标准、国家标准、前置法规定的标准，都属于"标准"一词的合理语义范围。然而，根据法秩序统一性原理和刑法的谦抑性原则，一个行为只有在违反前置法的规定时，才有可能入罪。又因为在产品质量领域前置法规定的标准是宽于国家标准的。[③]因此，合理的解释只能将前置法的规定解释为"合乎一定标准"的"标准"，而不是国家标准、行业标准等，否则将导致不违反前置法的行为却触犯了刑法。

其次，由于本罪属于行政犯，因此依据法秩序统一性原理，本罪的违

---

① 张明楷：《刑法学》（第5版），法律出版社2016年版，第736页。

② 曲新久：《论生产、销售伪劣产品罪的几个问题》，载《人民检察》2016年第3期，第9–15页。

③ 具体而言，《产品质量法》第26条第2款对于产品标准的规定只要求符合"保障人体健康和人身、财产安全的国家标准、行业标准"和符合"注明采用的产品标准"。也就是说，如果仅仅违反企业标准、客户标准，或不涉及人体健康和人身、财产安全的国家标准、行业标准且这些标准没有注明采用，那么就不属于违反《产品质量法》中的质量标准的行为。

法本质由相应的前置法规定，对本罪行为的解释也应该参照前置性的法律法规。[1] 本罪的前置法是有关产品质量管理的相关法律规范，主要就是《中华人民共和国产品质量法》第 26 条第 2 款，又结合司法解释对"不合格产品"的解释，那么《刑法》规定的前三种情形必须具备前置法的违法本质，就等于必须同时属于司法解释所称的"不合格产品"。因此，所谓的第四种情形与前三种情形存在列举与兜底关系，其实是法秩序统一性原理与司法解释相结合导致的当然结论。

质言之，在解释本罪的四种情形需要注意结合前置法的规定，而不能仅仅对刑法的条文用语根据生活经验望文生义。从《产品质量法》第 26 条第 2 款的规定中，可以解读出这四种情形其实有两类选择性的本质特征：其一，是性能与标准的欺骗性[2]，即在使用性能的有无、高低和是否符合企业标准、行业标准、国家标准上欺骗公众。这是从《产品质量法》第 26 条第 2 款关于使用性能的"对产品存在使用性能的瑕疵作出说明的除外"[3] 规定和关于产品标准问题的规定[4] 得出的结论。其二，对人身和财产的危害性，即对产品使用者的身体健康、人身和财产安全造成不利影响。这是从《产品质量法》第 26 条第 2 款"不存在危及人身、财产安全的不合理的危险"得出的结论。总而言之，只有生产、销售的伪劣产品具备了这两个根本特征之一的，才可能具备本罪的违法本质，才可能在达到入罪门槛时构成该罪。若生产、销售伪劣产品既没有在使用性能和是否符合某种企业、行业、国家标准的问题上欺骗公众，也没有对人身、财产造成危险，那么即使是产品不符合某种标准或在价格、产地等信息上欺骗了公众，也不能构成本罪（可能涉嫌诈骗罪等其他犯罪）。

---

① 参见田宏杰《行政犯的法律属性及其责任——兼及定罪机制的重构》，载《法学家》2013 年第 3 期，第 51–65 页。

② 参见胡树琪《生产、销售伪劣产品罪中"伪劣产品"的相对解释》，载《法学评论》2021 年第 2 期，第 188–197 页。

③ 解读该规定可知，只要对购买者明确说明了产品使用性能上的瑕疵，那么即使销售有使用性能瑕疵的产品也不违反产品质量法。

④ 解读该规定可知，只要没有在产品和包装上宣称自己达到了某种企业、行业或国际标准，那么即使客观上没有达到这些标准也不违反产品质量法（违反涉及人身、财产安全的标准除外）。

结合本案，犯罪人李东、李俞章、罗涵毅等人销售的假 3M 口罩，根据国家劳保用品质量检测中心（北京）检验，本案中扣押的 3M 口罩涉及 3 种型号，过滤效率数据均不符合（KN90）国家标准要求，但犯罪人在销售中却是当作符合（KN90）国家标准的口罩进行销售的，产品包装上也有注明（KN90）国家标准，这显然符合欺骗的本质特征。同时，在疫情暴发的大背景下，这些过滤率不符合标准的口罩会使得使用者在缺乏足够的防护下进入易感染的环境，对使用者的身体健康造成极大危险，这也符合对人身和财产的危险性特征，违反了《产品质量法》第 26 条第 2 款的规定，因而属于刑法条文规定的"以不合格产品充当合格产品"。

（二）主观方面

我国《刑法》第 15 条第 2 款规定："过失犯罪，法律有规定的才负刑事责任。"在《刑法》第 140 条对生产、销售伪劣产品罪的规定中，没有对过失犯的处罚规定，因此本罪属于故意犯罪，要构成本罪在主观方面必须具备犯罪故意。在本案的审判过程中，三名被告人及其辩护人均提出了"不知道销售的口罩是伪劣产品，因而没有犯罪故意"的辩解理由，一审法院的判决书论证的焦点也集中在三名被告人是否存在犯罪故意。因此，关于犯罪人主观方面的认定问题，是本案法律适用中的一个关键问题。具体而言，进一步涉及以下三个层面的问题。

1. 本罪的主观罪过形式为何

本罪在主观方面表现为故意是依据《刑法》总则与分则条文规定的必然结论，也是理论上已达成的共识，但对属于哪种故意却不无争论。理论上主要存在三种观点：（1）只限于间接故意，不包括直接故意在内。其理由是如果行为人在主观上出于直接故意，即希望危害消费者人体健康和人身、财产安全这种危害结果的发生，则应按侵犯人身权利或侵犯财产的有关条文定罪处罚，而不能认定是生产、销售伪劣商品罪。[①]（2）只限于直接故意。其中一种理由是本罪需要"营利目的"，是目的犯。另一种理由是在产品中掺杂、

---

① 参见高西江主编《中华人民共和国刑法的修订与适用》，中国方正出版社 1997 年版，第 399 页。

掺假，以假充真、以次充好，以不合格产品冒充合格产品这些行为方式本身表明了行为人对伪劣产品被生产出来、被销售出去这种结果所持的是希望态度。[①]（3）既有直接故意，也有间接故意。故意的内容为明知是伪劣产品而予以生产和销售。

笔者认为，本罪的故意既有直接故意，也有间接故意。上述（1）观点并不合理，本罪的客观构成并无危害人体健康和人身、财产安全，并不是故意的认识对象。因此，所谓"直接故意就是希望发生危害消费者人体健康和人身、财产安全结果"并不正确。本罪与侵犯人身、财产等其他罪的关系并不是择一关系，完全可以构成想象竞合，不需要非此即彼的界分，即使界分也不必然以主观心态为标准。上述（2）观点同样不合理。本罪属于目的犯的观点于法无据，亦不符合关于目的犯的理论通说。更何况目的犯与直接故意实无必然联系，目的作为主观超过要素的是对客观构成要件要素之外的客观情况的追求，而直接故意是对客观构成要件要素的认识与追求。从法条对伪劣产品的四种描述中根本解读不出对行为人意志因素的规定。

事实上，直接故意和间接故意只是从学理上对故意的进一步区分，在法律中并无此规范概念。因此，除非将某一罪名解释为包含间接故意将与刑法条文语义产生极不协调的冲突时，才能根据罪刑法定原则和法规范的体系性，认为该罪只能由直接故意构成。除此之外，不应该仅仅因为想象力的缺乏、理论上的不合理预设或者一些经验上的理由，就对犯罪故意的类型进行限制。

2. 间接故意与过于自信过失的区分

间接故意和过于自信过失的区分是刑法学中的永恒难题。通常认为，故意包含认识因素和意志因素，对间接故意和过于自信过失的区分也要从认识因素与意志因素两个方面进行。通常认为，在认识因素上间接故意对危害结果的认识比过于自信的过失程度更高，认识到结果发生的可能性更大。但是，这种比较性的描述并不能提供一个相对明确的可把握的标准，因此早期

[①] 郭立新：《论生产、销售伪劣产品罪的几个争议问题》，载《法学评论》2001 年第 1 期，第 45 页。

通说理论将区分的重心更多放在了意志因素上，即间接故意对结果发生是同意、容认、不反对的心态，而过于自信的过失对结果发生持反对的态度。但是意志因素毕竟是比认识因素更为深入内在，更加不可捉摸的存在。因此，理论上有将区分的重心转移至认识因素的趋势，并提出了从认识因素上进行区分的标准。例如，盖然性说认为，间接故意与过失的区分在于预见到结果发生的可能性是否达到盖然性的程度。又如，有观点主张行为人所预见到的结果与行为人的具体行为相联系的具体结果为故意，相反，行为人预见到的结果只是一种不遵守一般性规则的行为相联系的抽象的结果。① 再如，认真对待说认为当行为人已经认识到了法益侵害结果发生的可能性，如果他认真考虑过了这个可能性，但是为了追求自己的目的仍然继续行为，便构成间接故意。② 成立放任心态必须要有对结果发生可能的认真估算。③

笔者认为，认识和意志是密不可分的，认识虽然是意志的前提，但认识活动本身也不能离开意志，认识是在意志的主导下实现的。既然关于主观心态的探讨对人类的技术水平和认识能力来说已经如此困难，那么更应该尽可能多地利用各种工具，而不是在少数的方法中还要分出个优劣。同时，对于司法实践而言，无论实体的标准怎样界定，由于人类认识能力的限制，在事实的程序认定上都只能遵循经由客观情况推定或推论主观认识要素，再由主观认识要素推定或推论主观意志要素这样一个证明路径。

3. 本案的事实认定

具体到本案来说，辩方的辩解和法院的说理均生动地体现了对上述的实体区分标准的充分、灵活运用和对程序证明路径的遵循。

首先，从辩方的观点来看，三名被告人在其口供中反复称"我不知道这些口罩属于伪劣产品"，这是试图通过口供来反证认识因素的欠缺，当然几乎没有被告人不想为自己脱罪的，因而仅凭被告人的一面之词，完全不足以让法官对合理性产生怀疑。

---

① 周光权：《刑法总论》，中国人民大学出版社 2011 年版，第 127 页。

② ［德］罗克辛：《德国刑法学总论》（第 1 卷），王世洲译，法律出版社 2005 年版，第 298 页。

③ 周光权：《刑法总论》，中国人民大学出版社 2011 年版，第 127 页。

其次，被告人李东称他觉得一个口罩的价格也就两三元一个，因此所支付的价格属于市场的"正常区间"；他提前索要了质检报告，收货时查验了合格证，已然尽到了相应的审慎义务。李俞章称："我在国药集团干的都是一些跑腿的零散活儿，没有鉴别3M口罩真伪的能力，我平时也不接触口罩，工作中也不接触医疗器械价格、真伪鉴定方面的工作，就看卖家给我发了合格证、检验报告。"这些都体现了被告人试图通过"正常的价格"、实施了尽到审慎义务的检验行为、自己的工作环境、知识水平等客观因素来证明其有理由相信自己买到的口罩是合格产品，在主观上没有认识到其销售的口罩是伪劣产品的盖然性，甚至是可能性。但是，正如一审法院所洞察的那样"被告人李东从事医药行业多年，具备对市场环境、医疗相应的资历和经验，不能选择性地主张对其有利的因素，而否认对其不利的因素"。换言之，对主观心态的事实认定是一个非常复杂的问题，需要尽可能全面地结合有关联的不论是对被告有利或不利的客观因素，才能够保证结论的合理性和科学性。

一审法院认为"市场在特殊时期会产生一些阶段性的需求和表现，比如需求增加会拉高商品价格，供给跟不上会刺激替代品如假冒伪劣产品涌入等。对于长期从事医药行业的人士而言，上述信息属于常识性的背景知识"。此案发生时，新冠病毒肺炎疫情在国内正值大暴发之际，"其时李东穷尽其日常进货途径已经无法采购到口罩，依其经验足以判断疫情显著拉高了对防护用品的需求，口罩价格将会大涨。1月21日康佰馨公司从正规渠道进货，单价为4.8元，此后即断货；李东咨询其他渠道，报价亦超过6元；李东购入后向其他商家分销报价6元—8元，其他商家毫不犹豫地支付大笔预付款"。根据其疫情期间特殊的客观市场环境和李东个人资历经验推断，其所谓的"认为口罩两三元一个属于正常价格区间"完全不可信。关于其所称的开箱验货查看"合格证"的辩解，一审法院认为"开箱验货后，通过实物对比，涉案口罩同正品的差异根据当下随手可得的信息即可作出判断，至少可形成高度怀疑。有证据证明，终端消费者根据抖音视频普及的信息就足以产生'口罩是假的'的怀疑，那么李东作为多年医药行业从业者，在自己直接接触货物时至少应作出不低于普通消费者水平的判断"。一审法院此处的说理十分精彩，从实际发生的普通消费者对这批口罩可能属于伪劣产品的普遍认识，可以举轻明重地推定作为专业从业者的李东的认识状况。除此之外，上游卖家仪某的证人证言也曾说道："我的这些口罩戴的时候有很浓烈的刺鼻气味，而且做工也很差。"而3M口罩作为国际知名的行业领军品牌，其产品品质与之相差极大。笔者认为，这也可以佐证涉案口罩同正品的差异之大，进而佐证所谓的开箱验货不仅不会打消李东主观上对这批属于伪劣产品的认识，反而会增强其认识。

而对于同案犯李俞章、罗涵毅来说，二人在口供中均自述："觉得利润有点大，疫情这么严重的情况下，口罩应该是很紧俏的产品，但是卖家卖得这么便宜，感觉有点问题。""我们要多少货物，卖家就能找到多少货物，还都返给我们钱，我和李俞章就觉得这里边可能有问题。"因此，一审法院认为："从接触经过、购销双方商谈内容、购销方式与实际价格、收取高额回扣等因素，足以认定李俞章、罗涵毅两名被告人对于涉案产品来自非正常渠道具备明知，符合本罪对主观上具有故意的要求。"这也是综合各方客观因素进行推定的结果。

总的来说，对主观要件的证明可以通过合理的程序推定规则，并以充足的客观证据作为材料进行刑事推定，这并不意味着间接故意和有认识过失的区分问题得到彻底解决。恰恰相反，这只是为问题的解决指出了方向，而要真正解决这个问题还任重而道远。为此，需要刑法学研究和刑事诉讼法学研究的深入交流融合，形成兼具规范上的妥当性和经验上的科学性的刑事一体化的主观要件认定理论。在这个过程中，一个或许可以明确的前提便是对客观因素的分析考虑要尽可能全面，而对于疫情期间的犯罪而言，新冠病毒肺炎疫情深刻重塑了经济条件和社会环境，这作为一个重要的客观背景因素不容忽视。

（三）涉嫌的其他罪名与罪数问题

前文论述了本案犯罪人的行为构成销售伪劣产品罪的相关问题，然而本案三名犯罪人的行为还可能涉嫌其他罪名。在本案发生以后，全国各地相继出现了一批生产、销售假冒伪劣口罩、案件的类似案件。例如，"浙江仙居方永胜案"（此案被收入最高人民检察院第四批指导案例）、黑龙江省"哈尔滨王某某、陈某销售伪劣产品案"、"浙江长兴周某、卢某销售不符合标准的医用器材案"等，这些典型案例中涉及销售假口罩问题的，既有定性为生产、销售伪劣产品罪的，也有定性为生产、销售不符合标准医用器材罪的，还有涉及其他犯罪的。笔者认为，有必要对此问题进行分析，一方面这是确保正确认定本案三名犯罪人刑事责任的必然要求；另一方面可以为疫情期间多发的假口罩类案件的处理提供普遍适用的结论。

1. 生产、销售不符合标准的医用器材罪

我国《刑法》第 145 条规定：生产不符合保障人体健康的国家标准、行业标准的医疗器械、医用卫生材料，或者销售明知是不符合保障人体健康的国家标准、行业标准的医疗器械、医用卫生材料，足以严重危害人体健康的，构成生产、销售不符合标准的医用器材罪。在理论和实践中，有关本案罪数问题最大的争议点在于三名犯罪人的行为是否同时还涉嫌触犯《刑法》第 145 条，构成销售不符合标准的医用器材罪。

生产、销售假口罩的行为是否构成生产、销售不符合标准的医用器材罪，这首先涉及什么样的口罩属于医用器材，对后者的回答需要先对实践中存在的口罩种类进行梳理。

2020 年 2 月 1 日，国家卫生健康委员会疾控局发布了《预防新型冠状病毒感染的肺炎口罩使用指南》（以下简称《指南》）将口罩分为如下几类：一是一次性使用医用口罩：推荐公众在非人员密集的公共场所使用。二是医用外科口罩：防护效果优于一次性使用医用口罩，推荐疑似病例、公共交通司乘人员、出租车司机、环卫工人、公共场所服务人员等在岗期间佩戴。三是 KN95/N95 及以上颗粒物防护口罩：防护效果优于医用外科口罩、一次性使用医用口罩，推荐现场调查、采样和检测人员使用，公众在人员高度密集场所或密闭公共场所也可佩戴。四是医用防护口罩：推荐发热门诊、隔离病房医护人员及确诊患者转移时佩戴。此外，《指南》明确了"棉纱口罩、海绵口罩和活性炭口罩对预防病毒感染无保护作用"。据此，《指南》按照防护效果和推荐使用的场景，将口罩依次分为棉纱口罩、海绵口罩和活性炭口罩，一次性使用医用口罩，医用外科口罩，KN95/N95 及以上颗粒物防护口罩，医用防护口罩五大类。虽然作为一个面向使用者、消费者的行政指引性文件，《指南》发布的目的在于让普通民众对如何使用口罩有明确的认识，而并不是从生产者或者市场监管者的视角按照口罩所适用的质量标准、安全标准等国家标准对口罩进行分类，但是《指南》的确深刻影响了一般公众对口罩分类的认知。

从适用的标准角度可将口罩分为日常生活用口罩（保暖或其他）（适用标准为 GB/T 32610-2016）、工业用口罩（颗粒物防护）（适用标准是 GB 2626-2019）、医用口罩三大类。其中，医用口罩按防护等级从高到低又依次分为医用防护口罩、医用外科口罩、医用一次性口罩三类。医用防护口罩适用的是强制性标准 GB 19083-2010，适用于医疗工作环境下；医用外科口罩适用的是强制性标准 YY 0469-2011，适用于临床有创操作环境；医用一次性口罩适用的是推荐性行业标准 YY/T 0969-2013，适用于上述两种医用口罩之外的普通医疗环境或其他环境中。而所谓的 KN95、KN90 是工业用口罩（颗粒物防护）所适用的 GB 2626-2019 国标下的一个次级分类标准。KN 类只适用于过滤非油性颗粒物，KP 类适用于过滤油性和非油性颗粒物的过滤元件；KN 和 KP 后面的数字指过滤效率水平，数字越高过滤效果越好，如 KN95 是指过滤非油性颗粒物效率 95% 以上。[①]

对比两种分类可见，《指南》所称"棉纱口罩、海绵口罩和活性炭口罩"应该包括日常生活用口罩（保暖或其他）（适用标准为 GB/T 32610-2016）、工业用口罩（颗粒物防护）（适用标准是 GB 2626-2019）中过滤效果低于 KN95/N95 的，而一次性使用医用口罩、医用外科口罩、KN95/N95 及以上颗粒物防护口罩、医用防护口罩则是对应相应的国标分类。

那么，以上这些口罩的事实分类中，哪些属于规范上的"医用器材"呢？对此问题的回答首先需要明确判断的依据。笔者认为，存在两种需要考

---

① 贺卫：《生产、销售伪劣产品罪及其特殊罪名的犯罪对象区分》，载《政治与法律》2020 年第 11 期，第 55-57 页。

虑的依据：一是生产、销售不符合标准的医用器材罪作为特别法条，相较于生产、销售伪劣产品罪所特有的规范保护目的，或者说特殊的法益。立法者之所以规定本罪是因为生产、销售不符合标准的医用器械，除了危害质量管理秩序之外，还特别地会危及人的身体健康和人身安全。这是基于法益原则的考虑。二是相应的前置法法律法规的有关"医用器材"规定。根据本罪行政犯的性质，应该在对构成要件的解释上参照前置性法律法规的规定。这是基于法秩序统一原理和刑法谦抑性的考虑。当前我国现行有效的关于医用器材的行政法律法规主要就是行政法规《医疗器械监督管理条例》以及2017年版的《医疗器械分类目录》。在判断某种产品是否属于医用器材时应该同时满足以上两种标准，因为法益原则和法秩序统一原理、刑法谦抑性应当得到一并遵守。

具体到口罩而言，从特殊法益角度考虑，当官方的《指南》明确告知公众某种口罩不具有防护效果时，那么公众通常就会听从指引，不会使用这种口罩，因此，也就不会因使用这种口罩而造成个人防疫失败，危及人身健康和生命安全。故《指南》所称"棉纱口罩、海绵口罩和活性炭口罩"（保暖或其他）即适用标准 GB/T 32610-2016、适用标准为 GB 2626-2019 的工业用口罩（颗粒物防护）中过滤效果低于 KN95/N95 口罩，因而不使用这些口罩，不具有危及人身的风险。同时这些口罩也从未列入《医疗器械分类目录》之中。因此，不属于医用器材。而就医用外科口罩、医用防护口罩来说，一方面根据通常的使用场景可认定其关乎人身健康法益；另一方面也属于2017年版的《医疗器械分类目录》中明文规定的情形，因此属于医用器材当无疑问。

存在争议的是医用一次性口罩和 KN95/N95 口罩。有的观点认为，医用一次性口罩和 KN95/N95 口罩属于医用器材；有的观点认为，医用一次性口罩属于医用器材，而 KN95/N95 口罩不属于医用器材；还有观点认为，二者均不属于。对此，笔者认为，在法益危险层面上，尽管在正常的社会状态下，伤口感染、病毒传染等对身体健康的风险因素只来自实施手术、接触病毒物料等场景中，而这些场景中按照行业规定和条例规定应该使用医用外科口罩、医用防护口罩。但是，在疫情暴发、医疗卫生物资奇缺的紧急社会状态下，不管是普通民众、患者，还是医生，都会不得已而使用防护效果相对较弱的医用一次性口罩来应对具有高度感染风险的必要出行，或者医院就诊、治疗等，而 KN95/N95 口罩由于其在防护效果上甚至优于医用外科口罩，在疫情防控中更是被普遍使用于医疗、防疫活动中。这是疫情到来之后无可否认的现实背景，也是人尽皆知（当然也包括生产销售假口罩的行为人）的事实，因此无论是对法益危险采取客观还是主观的判断资料，都应该认为生产、销售不符合标准的医用一次性口罩和 KN95/N95 口罩的行为具备对身体健康法益的特殊风险。

而在前置法规定的层面，医用一次性口罩和 KN95/N95 口罩均没有被列入 2017 年版的《医疗器械分类目录》中，但曾有旧版的《医疗器械分类目录》将医用一次性口罩列为医疗器械。不过，仍有支持者认为《医疗器械分类目录》是动态更新的，既然以前纳入过，今后就可能将其再次纳入[1]。此外，实践中执行的《医用口罩产品注册技术审查指导原则》，仍然将一次性使用医用口罩作为审查对象，换言之，实践中对医用一次性口罩采取了《医疗器械监督管理条例》规定的对医疗器械的管理手段。[2]但反对者认为，在认定"医疗器械"时应该参照现行有效的前置法，同时前置法的规范效力等级不应该包括《医用口罩产品注册技术审查指导原则》这样的单位内设机构文件。[3]笔者认为，无论是医用一次性口罩属于医用器材的上述支持者，还是反对者，都没有抓住问题的关键点，也可以说对法秩序统一性原理以及刑法、前置法的规范关系存在理解上的不当之处。事实上，刑法对前置法的相对从属性关系应当理解为对前置法违法本质的从属[4]，而不是对前置法条文字

---

[1] 参见马珣等《疫情背景下制售假冒伪劣医用口罩法律问题》（上），载《上海法治报》2020年3月4日，B05版。

[2] 参见薛铁成《生产、销售不合标准一次性使用医用口罩的刑法适用问题研究》，《甘肃政法大学学报》2020年第6期，第94页。

[3] 贺卫：《生产、销售伪劣产品罪及其特殊罪名的犯罪对象区分》，载《政治与法律》2020年第11期，第55-57页。

[4] 田宏杰：《立法扩张与司法限缩：刑法谦抑性的展开》，载《中国法学》2020年第1期，第166-174页。

面用语的机械从属。违法本质取决于前置法的行为规范的设定，前置法的条文用语仅仅是解读前置法的行为规范的文本。一个明显的道理是，既然作为制裁手段最严苛、对人权保障和法的明确性要求最严格的刑法，都可以允许在罪刑法定原则的界限内对刑法条文进行目的解释、扩张解释，那么作为前置法的条文当然也是应当解释且可以解释的。换言之，主张行政刑法的条文解释应当参照前置法的规定，并不排斥对前置法的规定在条文语义的可能边界内进行合理解释。2021 年 2 月公布的《医疗器械监督管理条例》第 6 条[①]是对《医疗器械分类规则》和《医疗器械分类目录》制定目的和方式的规定，据此规定可以看出制定《医疗器械分类目录》不是为了准确周密地界定医疗器械的外延，而是为了对医疗器械进行风险管理、分类管理。因此，不能因为某类口罩不在《医疗器械分类目录》中就断然否认其属于《医疗器械监督管理条例》规制的医疗器械。而结合目的解释[②]和历史解释[③]，将疫情期间口罩短缺情况下的医用一次性口罩和 KN95/N95 口罩解释为《医疗器械监督管理条例》所规制的医疗器械具有合理性。

具体到本案中，笔者认为在疫情期间，口罩短缺的客观背景下，本案犯罪人李东、李俞章、罗涵毅所销售的 3M 口罩（KN95）已经现实地被广泛用于疫情防控的场景之中，对使用者的健康造成了极大的风险，在前置法上也

[①]第6条规定："国家对医疗器械按照风险程度实行分类管理……评价医疗器械风险程度，应当考虑医疗器械的预期目的、结构特征、使用方法等因素。国务院药品监督管理部门负责制定医疗器械的分类规则和分类目录，并根据医疗器械生产、经营、使用情况，及时对医疗器械的风险变化进行分析、评价，对分类规则和分类目录进行调整。制定、调整分类规则和分类目录，应当充分听取医疗器械注册人、备案人、生产经营企业以及使用单位、行业组织的意见，并参考国际医疗器械分类实践。医疗器械分类规则和分类目录应当向社会公布。"

[②]第1条规定："为了保证医疗器械的安全、有效，保障人体健康和生命安全，促进医疗器械产业发展，制定本条例。"

[③]2014年以前的《医疗器械监督管理条例》曾对医疗器械的定义进行了直接规定。第76条规定：本条例下列用语的含义：医疗器械，是指直接或者间接用于人体的仪器、设备、器具、体外诊断试剂及校准物、材料以及其他类似或者相关的物品，包括所需要的计算机软件；其效用主要通过物理等方式获得，不是通过药理学、免疫学或者代谢的方式获得，或者虽然有这些方式参与但是只起辅助作用；其目的是：（一）疾病的诊断、预防、监护、治疗或者缓解；（二）损伤的诊断、监护、治疗、缓解或者功能补偿；（三）生理结构或者生理过程的检验、替代、调节或者支持；（四）生命的支持或者维持；（五）妊娠控制；（六）通过对来自人体的样本进行检查，为医疗或者诊断目的提供信息。

应当被解释为"生产销售不符合标准的医疗器械"，同时情节严重，足以严重危及人体健康。因此，其行为在客观上属于刑法规定的生产销售不符合标准的医用器材的行为。而在主观上，三名犯罪人明知3M口罩（KN95）现实地被广泛用于疫情防控的场景之中，销售不合格的3M口罩（KN95）将对使用者身体健康造成极大的风险，具备本罪的犯罪故意。因此，笔者认为，三名犯罪人的行为还构成了销售不符合标准的医用器材罪。

此外值得一提的是，由于本案案发及时，依据在案证据无法证明犯罪人销售的不符合标准的医用器材造成了严重或者特别严重的危害结果，所以如果以本罪论处将只能判处三年以下有期徒刑或者拘役，并处销售金额百分之五十以上二倍以下罚金，明显轻于按照销售伪劣产品罪的实际适用的法定刑档次。这种情况下应当依据《刑法》第149条第2款的规定，依照处罚较重的规定定罪处罚。

2. 销售假冒注册商标的商品罪

《刑法》第214条规定了销售假冒注册商标的商品罪。该罪与销售不符合标准的医用器材罪同属于《刑法》第3章破坏社会主义市场经济秩序罪。假冒注册商标的商品，有可能是不符合标准的医用器材，且足以危害人体健康的医用器材。换言之，销售不符合标准的医用器材罪与销售足以严重危害人体健康且假冒的不符合标准的商品之间存在竞合关系，即二者之间存在交叉和重合的部分。二者之间不是因为法条规定本身的原因而出现竞合，而是因为具体案件中犯罪的事实特征而导致的一行为触犯数罪名，是想象竞合关系。根据想象竞合从重处罚原则，最高人民法院、最高人民检察院《关于办理生产、销售伪劣商品刑事案件具体应用法律若干问题的解释》第10条的规定也确立了从重处罚原则。本案中三名犯罪人销售的假口罩属于假冒3M公司注册商标的侵权产品，销售这些假冒注册商标的口罩严重侵犯了3M公司商标权，危害了国家在商标领域的管理秩序，因此本案三名犯罪人的行为还构成销售假冒注册商标的商品罪，应当依据想象竞合的原则，择一重罪论处，这也是一审法院判决书采取的处理方式。在适用销售假冒注册商标的商品罪和生产、销售伪劣产品罪的情况下，若两罪最终判处刑罚基本相当，则适用生产、销售伪劣产品罪更能充分地评价行为人行为的社会危害性，且可以有效回应社会关注。当然，如果适用上述两罪名最终判处的刑罚有差异，则应当依照处罚较重的规定定罪处罚。①

3. 非法经营罪

本案三名被告人的行为还可能涉嫌构成非法经营罪。《刑法》第225条规定了非法经营罪：违反国家规定，有下列非法经营行为之一，扰乱市场秩序，情节严重的，处五年以下有期徒刑或者拘役，并处或者单处违法所得一倍以上五倍以下罚金；情节特别严重的，处五年以上有期徒刑，并处违法所得一倍以上五倍以下罚金或者没收财产：（一）未经许可经营法律、行政法规规定的专营、专卖物品或者其他限制买卖的物品的；（二）买卖进出口许可证、进出口原产地证明以及其他法律、行政法规规定的经营许可证或者批准文件的；（三）未经国家有关主管部门批准非法经营证券、期货、保险业务的，或者非法从事资金支付结算业务的；（四）其他严重扰乱市场秩序的非法经营行为。

2003年最高人民法院、最高人民检察院发布的《关于办理妨害预防、控制突发传染病疫情等灾害的刑事案件具体应用法律若干问题的解释》第6条规定，违反国家在预防、控制突发传染病疫情等灾害期间有关市场经营、价格管理等规定，哄抬物价、牟取暴利，严重扰乱市场秩序，违法所得数额较大或者有其他严重情节的，依照《刑法》第225条第4项的规定，以非法经营罪定罪，依法从重处罚。

2020年2月发布的最高人民法院、最高人民检察院、公安部、司法部《关于依法惩治妨害新型冠状病毒感染肺炎疫情防控违法犯罪的意见》第2条第4款规定，在疫情防控期间，违反国家有关市场经营、价格管理等规定，囤积居奇，哄抬疫情防控急需的口罩、护目镜、防护服、消毒液等防护用品、药品或者其他涉及民生的物品价格，牟取暴利，违法所得数额较大，或者有其他严重情节，严重扰乱市场秩序的，依照《刑法》第225条

---

① 王勇：《涉口罩类刑事案件疑难问题研究专题》，载《人民检察》2020年第6期，第32页。

第 4 项的规定，以非法经营罪定罪处罚。这实际是对 2003 年司法解释规定的延续。

以上两个规范性司法文件扩张了非法经营罪第 4 项的规制范围。但是本案的案涉行为并不符合上述两个规定中的条件，即哄抬物价、牟取暴利。也不符合第 225 条的前三项的罪状描述以及关于第 4 项的其他司法解释规定。最高人民法院于 2011 年 4 月 8 日发布了《关于准确理解和适用刑法中"国家规定"的有关问题的通知》，"各级人民法院审理非法经营犯罪案件，要依法严格把握《刑法》第 225 条第 4 项的适用范围。对被告人的行为是否属于《刑法》第 225 条第 4 项规定的'其他严重扰乱市场秩序的非法经营行为'，有关司法解释未作明确规定的，应当作为法律适用问题，逐级向最高人民法院请示"。据此，司法实践中不存在法官通过法官解释在规范性的司法解释之外适用第 225 条第 4 项的空间。因此，一审法院在本案中排除非法经营罪的适用是正确的做法。

三、政策效果与社会效应

（一）兼顾政策目的与法治原则

我国历朝历代几乎均秉持刑罚世轻世重的观念，强调刑事政策因时制宜，刑罚的整体轻重应该随着社会形势的发展形势进行调整。新中国成立以来的严打时期也体现了这种非常时期非常手段的刑事政策。[①]

新冠病毒肺炎疫情是非常时期，为惩治妨害新冠病毒肺炎疫情防控的犯罪行为，我国迅速采取针对性的刑事政策，有效地维护了社会秩序。2020 年 2 月 5 日，中央全面依法治国委员会第三次会议通过的《关于依法防控新型冠状病毒肺炎疫情 切实保障人民群众生命健康安全的实施意见》，提出要依法严厉打击抗拒疫情防控、暴力伤医、制假售假、造谣传谣等破坏疫情防控的违法犯罪行为，保障社会安定有序。2020 年 2 月 6 日，最高人民法院、最高人民检察院、公安部、司法部联合发布《关于依法惩治妨害新型冠

[①] 参见车浩《刑事政策的精准化：通过犯罪学抵达刑法适用——以疫期犯罪的刑法应对为中心》，载《法学》2020 年第 3 期，第 50 页。

状病毒感染肺炎疫情防控违法犯罪的意见》，提出要准确适用法律，依法严惩妨害疫情防控的人员，对涉疫犯罪处罚从快从重，有利于实现维护社会稳定和防疫秩序目的。

由此可见，为积极应对新冠病毒肺炎疫情这一突发社会状况，我国采取了一种"依法及时、从严惩治"的刑事政策。总体而言，中国当前针对新冠病毒肺炎疫情防控提出的"从快从严"刑事政策符合惩治妨害疫情防控犯罪的现实需要，充分发挥了《刑法》在非常时期维护社会稳定和防疫秩序的保障作用，取得了积极成效。

本案中法院的处理体现了对疫情期间我国"依法及时、从严惩治"刑事政策的忠实遵循。在本案一审法院对三名犯罪人主观故意的认定中，充分运用了新冠病毒肺炎疫情暴发的社会形势作为事实认定与法律适用的重要依据和资料来反驳犯罪人不合理的辩解，这实际上是在利用客观证据推定行为人主观认识因素的过程中对犯罪人施加了更强的审慎义务，最终呈现出的适用效果也表现在主观故意这一定罪条件认定上进行放宽。此外，一审判决依照《刑法》规定认定三名犯罪人的行为构成销售伪劣产品罪和销售假冒注册商标的商品罪，并依据想象竞合法理和刑法条文的明文规定择一重罪论处，体现了《关于依法惩治妨害新型冠状病毒感染肺炎疫情防控违法犯罪的意见》中"用足法律"的要求。[1] 在量刑方面，一审法院考虑到了三名犯罪人销售假冒伪劣口罩对于疫情防控的破坏和妨碍作用，对三名犯罪人都判处了相对较重的刑罚，其中犯罪人李东被判处有期徒刑十五年，已经达该罪法定刑的上限，对于李俞章、罗涵毅二人，法院在认定其具有从犯的减轻情节时，在其应当适用的减一档法定刑幅度内，仍然选择了十年和九年这样接近法定刑上限的宣告刑。

与此同时，随着我国全面依法治国的进程和法治中国建设不断深入，我国的法治水平显著提高，运用法治手段解决紧急状态下社会治理问题有了充分的能力保障。由此决定了，在运用刑事手段保障疫情防控秩序和社会稳定

---

①赵秉志、袁彬:《中国重大公共卫生事件防控刑事政策研究》，载《江海学刊》2020年第6期，第153页。

的过程中，我国行政机关、司法机关在追求政策效能的同时，也高度重视对法治原则的坚守。正如习近平总书记的重要文章《全面提高依法防控依法治理能力，健全国家公共卫生应急管理体系》指出："疫情防控越是到最吃劲的时候，越要坚持依法防控，在法治轨道上统筹推进各项防控工作，全面提高依法防控、依法治理能力，保障疫情防控工作顺利开展，维护社会大局稳定。"[1] 在李东、李俞章和罗涵毅三人销售伪劣产品案中，从市场监督机关行政执法过程中的行政强制措施、行政处罚等行政行为，行政执法机关与公安机关的案件移送、程序衔接，再到公安机关经侦部门立案、采取刑事强制措施，检察机关批准逮捕、提起公诉，再到一审、二审法院依法审理，整个案件涉及公权力行使的各个程序都严格遵循了行政法、刑事诉讼法等相关法律规定，充分保障了犯罪人的合法权利。而在三名犯罪人定罪量刑的实体认定中，一审法院对维护社会稳定、保障防疫秩序的政策目的的追求，始终没有逾越罪刑法定原则、责任主义等基本的刑事法治原理。例如，并没有以非法经营罪的兜底条款对本罪进行处罚，并没有忽略对主观心态的合理论证和推定，直接对行为人追究结果责任。总而言之，本案的处理切实实现了疫情之下"从快从严"刑事政策和"依法治国"基本原则的有机统一。

（二）彰显天理人情与社会效应

"裁判案件顺应天理国法人情，这是中华传统司法长期积累的成功经验和司法智慧，也是中国传统司法长期奉行的多元价值观，甚至可以说是中华司法文明的一项重要成果。"[2] 天理国法人情的结合是法治国家、社会建设不可或缺的基本要义。

我国传统思想，尤其是以宋明理学为代表，认为天理就是合乎自然的道理、法则。它维护自然秩序与社会秩序的和谐，既是人们的道德理念，也是行为守则；既是社会生活最基本的秩序要求，也是社会生活的最高价值判断。我们通常讲的杀人偿命、欠债还钱、不得恃强凌弱、不得伤害他人，均

---

① 习近平：《全面提高依法防控依法治理能力，健全国家公共卫生应急管理体系》，载《求是》2020年第5期。

② 参见胡云腾《执法办案如何做到法理情兼顾》，载《法律适用》2020年第17期，第61-62页。

是天理，如同苍天不老一样，天理也有长久的生命力和广泛的适用性，千百年来在任何国家、任何社会、任何民族，都有相同或相似的规定存在。[①]

新冠病毒肺炎疫情暴发之后，数以万计的同胞感染病毒，不少同胞失去生命，突如其来的灾难对我国的医疗卫生体系、物资供应体系、行政管理体系等社会子系统都造成了前所未有的次生挑战。在疫情期间，维护社会基本秩序的稳定，是人格体作为社会的一员基本的道德责任和义务。在防控疫情的非常时期，每个国民应当同舟共济、众志成城、携手阻击传染病蔓延。但是现实中，却存在类似于本案之中三名行为人那样的单位和个人，为一己之利，趁疫情应急防控、防疫用品需求激增之机，实施各种经济违法犯罪，牟取暴利。不法商家更是生产、销售假药、劣药和劣质医疗器材、"黑心"口罩、掺杂掺假消毒液等防治、防疫物品。这些违法犯罪行为严重扰乱了市场秩序，危及了公民的生命与健康权，增加了疫情防控工作的难度，引起人民群众的心理恐慌，造成了非常恶劣的社会影响。[②]再裹挟上灾难的负面影响，甚至会动摇整个社会的存续与发展。这些在灾难之中乘人之危、乘国家社会之危，发国难财的行为，违背做人的最基本的道德和伦理要求，可谓伤天害理、天理难容。

人情主要是指人之常情和民情民意。刑事法治中的人情也可以说是刑事立法、司法对民意的尊重和回应。刑事立法、司法讲人情或人性更容易引发社会共鸣共振，从而增进人民群众对司法裁判的认同和信赖，提高司法权威与公信力。"法律与政治同为上层建筑的组成部分，无论民主国家还是其他国家制度，法律都是主权者的意志及其政治的体现，只不过主权者为普罗大众，则法律是民意的体现和民众利益的捍卫"[③]坚持以人民为中心，坚持法治为人民服务，是习近平法治思想的根本立足点。正如习近平总书记所说："全面依法治国最广泛、最深厚的基础是人民，必须坚持为了人

[①] 参见王利明《天理国法人情》，载《当代贵州》2015年第12期，第61页。

[②] 参见肖中华《对"涉疫"经济犯罪应从严追究刑事责任》，载《检察日报》2020年2月7日，第3版。

[③] 田宏杰：《立法扩张与司法限缩：刑法谦抑性的展开》，载《中国法学》2020年第1期，第170页。

民、依靠人民。"要把体现人民利益、反映人民愿望、维护人民权益、增进人民福祉落实到依法治国各领域全过程。"新型冠状病毒感染的肺炎疫情涉及不特定或多数人的健康权、生命权，危害十分严重，防控突发性的疫情需要临时建构一种新生秩序，这种秩序包括对疫情信息的及时公开、保障医疗物资设备的供应、保障参与防控疫情医务人员的人身安全、必要的交通管制、物价平稳等，这种新生秩序的形成对取得疫情防控的胜利至关重要，而疫情防控的胜利关乎每一位国民的切身利益。因此，严厉打击侵犯这种防疫秩序的行为是维护人民群众根本利益，回应人民群众安全需要的必然选择。对以销售劣质口罩为代表的危及疫情防控秩序的犯罪，在刑法适用中适当从严从重，是对民众的呼声的回应，符合民情民意，体现了公共意志。①

总之，本案的处理很好地实现了刑事政策的目的和机能、坚守了依法治国的基本原则，彰显了天理人情，回应了人民群众的呼声，实现了法律效果、政策效果和社会效果的三位一体、有机结合。

（徐黎）

---

① 姜涛：《从严从重：疫情防控期间刑法的特别治理之道》，载《人民检察》2020年第4期，第16页。

扫黑除恶，打伞破网

——黄鸿发特大涉黑案

　　1995 年，以黄应祥、黄鸿发、黄鸿金、黄鸿明为组织者、领导者，以黄氏家族宗亲势力为纽带的黑社会性质组织正式形成。该组织通过系列违法犯罪活动，牟取巨额非法利益达 20 余亿元，实施刑事犯罪高达 53 起，共造成 2 人死亡、21 人受伤的严重后果。2020 年 1 月，黄鸿发被海南省第一中级人民法院依法判处死刑。① 这起海南建省以来涉案人数最多、牵扯范围最广、抓捕人数最多的黑社会性质组织犯罪案件，是由中央巡视组和海南省委巡视组移交，公安部扫黑督办的海南警方 2019 年扫黑除恶第一案。与此案同步推进的是，海南省各级纪检监察机关深挖彻查该案背后的监督失守和"保护伞"问题，最终取得了良好成效。这场攻坚战的胜利，展现了国家扫黑除恶、打伞破网的坚定决心和坚决态度，也严守了海南自由贸易试验区和中国特色自由贸易港建设安全的底线。

一、案情回顾

（一）事实梳理

　　2018 年 10 月，海南省公安厅根据中央、省委巡视组移交关于昌江地区黄鸿发家族团伙涉嫌黑社会性质组织犯罪的线索，成立"10·26"专案组，指定由琼海市公安局异地管辖，对以黄鸿发为首的特大黑社会性质组织开展

---

　　① 参见《人民法院报发布 2020 年度人民法院十大案件之二：海南黄鸿发特大涉黑案——海南省最大的家族式黑社会组织犯罪案件》，载《人民法院报》2021 年 1 月 9 日，第 4 版。

侦查。

黄鸿发家族自20世纪80年代末开始在昌江地区活跃，以黄应祥为首的黄氏家族成员开始大量结交社会闲散人员，通过开设地下赌场、抢占居民用地、收取保护费等非法手段敛财，大大增强了家族的经济势力和社会势力，使其在昌江地区具备一定的影响力。

20世纪90年代中期，该组织开始豢养大量打手、马仔，通过暴力、威胁、滋扰等手段，在地盘抢夺、行业竞争等方面强迫交易、暴力围标、持械持枪、寻衅滋事、故意毁坏财物，进一步扩大家族社会影响力。至1995年3月，该组织为打击在昌江县开设赌场的竞争对手，垄断昌江县地下赌场行业，首要分子黄鸿发组织人员故意伤害他人致重伤，该起犯罪也标志着以黄应祥、黄鸿发、黄鸿金、黄鸿明为组织者、领导者，以黄氏家族宗亲势力为纽带的黑社会性质组织正式形成。

2003年12月，黄鸿发家族注册成立海南昌江鸿启实业有限公司，开始涉足昌江地区的矿产、砂石、运输等行业。2005年12月，鸿启实业有限公司竞拍购得破产企业叉河水泥厂，开始进入水泥行业经营并赚取大量资金。通过在昌江地区有组织地实施故意杀人、故意伤害、聚众斗殴、寻衅滋事、非法拘禁、非法持有枪支、开设赌场、非法采矿、强迫交易、敲诈勒索、放高利贷、拉拢腐蚀国家工作人员等违法犯罪活动，黄鸿发家族控制掌握了大量社会资源，垄断该地区采矿、运输、废品收购、果蔬批发、餐具消毒、布草洗涤等行业，大肆攫取非法利益。

2013年起，黄鸿发家族开始进行身份转型漂白，以商养黑、以黑护商。主要是以现代化企业管理模式对所属产业进行参股，或以直接参与经营等方式，涉足昌江地区的矿石、砂石、运输、混凝土、水泥、房地产、典当、银行、娱乐、餐饮、宾馆、废品收购、农贸市场、河砂开矿、市政工程建设等行业，获取巨额经济利益。

长期以来，该黑社会性质组织盘踞昌江地区，公然挑衅国家法律底线，横行霸道，逞凶斗狠，实施了大量重大、有影响力的恶性违法犯罪活动，扰乱了昌江县的生产经济秩序，对昌江地区民众造成了极大的心理恐慌。

除此之外，该组织还引诱、拉拢、收买当地多名党政机关领导干部充当"保护伞"，通过"买官"等活动，在党政机关中安插亲信、扶植代理人。昌江县委原常委、公安局原局长王雄进、麦宏章等多名领导干部帮助该组织逃避侦查打击，为其暗中撑腰，导致该组织在昌江地区越发嚣张跋扈，目中无人，大肆实施违法犯罪活动长达 30 年而未被打击处理。

2019 年 1 月 6 日晚，在海南省扫黑除恶专项斗争小组的领导下，海南省公安厅分两批对黄鸿发黑恶犯罪团伙开展集中统一收网行动。最终，警方抓获涉黑犯罪组织团伙头目黄鸿发、黄鸿明及其家族成员黄应祥、黄鸿金，团伙骨干吴文、陆海涛、钟福文、李向光、李国春、文海、林仕壮等犯罪嫌疑人；现场扣押机动车等作案工具若干；并对相关银行账户资金、涉案公司、个人名下房产、土地林地进行冻结和查封。调查显示，黄鸿发案涉案公职人员达 109 名。昌江县人大常委会原主任郭祥理，昌江县原副县长周开东，昌江县人民检察院原检察长黄杨，昌江县公安局的原三任局长陈小明、麦宏章、王雄进，原政委陈东等一批公职人员被相继拉下水，收受黄鸿发行贿钱物累计 1500 多万元。[①]

（二）案件处理及评析

1. 案件处理

2020 年 1 月 10 日，海南省第一中级人民法院依法对本案作出一审判决。被告人黄鸿发涉及组织、领导黑社会性质组织罪，故意伤害罪，行贿罪等 17 项罪名，数罪并罚，判处死刑，剥夺政治权利终身，并处没收个人全部财产。黄鸿明犯组织、领导黑社会性质组织罪，故意伤害等罪，数罪并罚，判处死刑，缓期两年执行，剥夺政治权利终身，并处没收个人全部财产，并限制减刑。黄应祥、黄鸿金等 187 人分别被判处有期徒刑二十五年至一年不等。

对昌江县委原常委、县公安局原局长麦宏章，原副县长周开东等 7 名"保护伞"，以包庇、纵容黑社会性质组织罪、受贿罪、滥用职权罪分别判处

① 参见 https://baijiahao.baidu.com/s？id=1660863295829920190&wfr=spider&for=pc，2021 年 11 月 14 日访问。

有期徒刑十五年至两年半不等。

黄鸿发不服一审判决，向海南省高级人民法院提出上诉。2020年3月11日，黄鸿发特大黑社会性质组织案二审判决结果公布。海南省高级人民法院维持一审判决，并报最高人民法院核准死刑。①

2. 案件评析

法网恢恢，疏而不漏，黄鸿发的落网，可谓大快人心。作为海南省最大的家族式黑社会性质组织犯罪，此案有以下几点值得注意。

第一，本案是研究黑社会性质组织的典型样本。此案本身案情复杂，指控犯罪事实、涉及的罪名数量庞大，多个罪名都是由涉黑组织中多人多次实施，彼此行为交叉重叠。而且此案涉及犯罪时间跨度大，致使在审判中查明证据事实的难度加大，如何对实施各罪的被告人定罪量刑，以体现宽严相济的刑事政策，是司法机关面临的重大挑战之一。

第二，黄鸿发案牵涉出的贪腐问题，理应引起重视。黄鸿发之所以能逍遥法外三十年，在昌江地区手眼通天，离不开基层"保护伞"的遮天蔽日。官商勾结下权力和黑势力的利益链条，无疑为罪恶的滋生提供了温床。一些党政机关干部倒在了黄鸿发等人的糖衣炮弹之下，丧失了自己为人民服务的初心。正义被黑恶吞噬乃至同化，体现了"扫黑除恶"复杂艰难的一面。黑恶势力发展过程中，必然向政治领域渗透，寻求保护伞，进而威胁政治安全特别是政权安全、制度安全。②黄鸿发案是黑恶势力与"保护伞"沆瀣一气的典型案例，此案告诉我们，要想彻底铲除黑恶势力，必先"打伞破网"，加强反腐败的力度，坚决清除害群之马。

第三，黑恶不除，民心难稳。为了将黑恶势力连根拔起，应该坚持运用法治思维，来保障扫黑除恶专项斗争的进行，使其规范化、常态化。从2018年1月开始为期三年的扫黑除恶专项斗争已经取得了圆满胜利，但黑恶势力的顽固性和复杂性决定了正义与黑恶之间的斗争在短期内不会彻底平

---

① 参见周洁《官商勾结，难逃法网恢恢》，载《新民周刊》2021年第34期，第20-25页。

② 参见《人民法院报发布2020年度人民法院十大案件之二：海南黄鸿发特大涉黑案——海南省最大的家族式黑社会组织犯罪案件》，载《人民法院报》2021年1月9日，第4版。

息。为了让城乡更安宁，群众更安乐，为了保障改革开放的顺利进行，"扫黑除恶"、"打伞破网"工作必须法治化、常态化。《反有组织犯罪法（草案）》的出台，为"扫黑除恶"、"打伞破网"工作提供了坚实的法治保障。当然，除了将"扫黑除恶"、"打伞破网"工作引入法治的轨道，还应该注重源头治理，建立健全有组织犯罪预防治理体系。

二、法理分析

黄鸿发特大涉黑案中所涉及的对组织成员、贪腐人员定罪量刑问题，无疑是本案的重点、难点。为了更好地展现本案的法理内涵，本文将首先探讨对于涉黑组织成员的定罪量刑问题，其次探讨对于党政机关干部包庇纵容涉黑组织行为的定罪量刑问题，最后再结合黄鸿发特大涉黑案中的具体事实进行分析。

（一）"扫黑除恶"中的定罪量刑问题

1. 对涉黑组织成员的定罪

《刑法》第294条规定了组织、领导、参加黑社会性质组织罪，入境发展黑社会组织罪和包庇、纵容黑社会性质组织罪。

根据《刑法》第294条第5款的规定，黑社会性质的组织应当同时具备组织特征、经济特征、行为特征和非法控制特征：（1）形成较稳定的犯罪组织，人数较多，有明确的组织者、领导者，骨干成员基本固定（组织特征）；（2）有组织地通过违法犯罪活动或者其他手段获取经济利益，具有一定的经济实力，以支持该组织的活动（经济特征）；（3）以暴力、威胁或其他手段，有组织地多次进行违法犯罪活动，为非作恶，欺压、残害群众（行为特征）；（4）通过实施违法犯罪活动，或者利用国家工作人员的包庇或者纵容，称霸一方，在一定区域或者行业内，形成非法控制或者重大影响，严重破坏经济、社会生活秩序（非法控制特征）。[①]

根据《刑法》第294条第4款的规定，犯前三款罪又有其他犯罪行为

[①] 参见张明楷《刑法学》，法律出版社2016年版，第1071页。

的，依照数罪并罚的规定处罚。由此可知，组织、领导、参加黑社会性质组织本身就是犯罪行为，所以只要行为人被认定构成组织、领导、参加黑社会性质组织罪，通常会与其他犯罪数罪并罚。其他犯罪的认定，应该分别按照各自的构成要件进行判断。但值得注意的是，被认定为其他个罪，不一定代表该行为人一定触犯了组织、领导、参加黑社会性质组织罪。因此，组织、领导、参加黑社会性质组织罪的认定便成为区别行为人刑事责任轻重的关键所在。对于犯罪的组织特征、经济特征、行为特征和非法控制特征，下文将详细展开论述。

1.1 犯罪的组织特征

组织、领导、参加黑社会性质组织犯罪最根本的特征就是犯罪的"组织性"，其危害性与个人犯罪或者共同犯罪不可相提并论。组织性既是黑社会性质组织的最本质特征，也是黑社会性质组织的内部控制和管理形态，反映出其成员的组合方式及内在联系。黑社会性质组织正是通过其内部的组织性而对一定的区域或行业实现有效的非法控制。可以说，组织性是本罪成立的前提条件。[1]由此引发的问题是，如何判断犯罪团伙是否具有组织性？理论界通常认为，组织、领导、参加黑社会性质组织犯罪是一种特殊类型的有组织犯罪。从起源上看，虽然有组织犯罪最初是以家族自卫的面貌出现的，然而随着社会经济的发展，家族势力不断解体，有组织犯罪不断朝着职业化的方向快速发展，严重危害了社会经济、政治利益。[2]根据当前刑法规定，黑社会性质组织的组织特征主要是指成员人数较多，有明确的组织者、领导者，骨干成员基本固定，行为人不一定需要具备家族成员的身份。

概言之，黑社会性质组织的组织特征可以从稳定性、严密性和人数多三个角度来加以把握。有学者认为，"稳定性"表现在它不是一个松散的临

---

①参见王鹏祥、陶旭蕾《黑社会性质组织犯罪组织性的法教义学分析》，载《河北法学》2019年第8期，第122页；参见王鹏祥、孙继科《黑社会性质组织的阶层认定——基于犯罪论体系方法论上的思考》，载《河南师范大学学报》2018年第6期，第54页。

②参见王鹏祥、陶旭蕾《黑社会性质组织犯罪组织性的法教义学分析》，载《河北法学》2019年第8期，第122页。

时纠合体，而是一个较长时期内在一定地域从事犯罪的稳定组织；"严密性"表现在该组织有明确的组织者、领导者，骨干成员基本固定；"人数较多"，通常是指三人以上。[①] 另有学者在此基础上提出了更具体的标准，即认为组织性主要体现在：（1）是否是组织者、领导者直接组织、指挥、参与实施的犯罪；（2）是否是基于整个犯罪组织的意志实施的犯罪行为；（3）是否是为了组织的利益而从事的犯罪活动。进一步论，还可以根据该组织是否有固定的活动场所，是否定期或不定期地组织成员进行聚会活动，组织内部是否有森严的等级结构、明确的层级划分和职责分工，该组织是否制定了严密的组织章程、组织纪律和组织宗旨等，从具体现象来判断该组织是否具有稳定性。此外，还可以根据成员与组织之间是否具有较为严密的联系和依附关系，成员是否必须遵守组织纪律、听从组织安排、接受组织指令，该组织是否具有较为严格的组织纪律等，来判断该组织是否具有严密性。[②] 虽然《刑法》第 294 条没有将"组织纪律"作为成立该罪的构成要件之一，但在司法实践中，犯罪组织是否具有一定的组织纪律、活动规约，仍是认定黑社会性质组织特征的重要参考依据。[③]

《刑法》第 294 条第 1 款的规定，组织、领导黑社会性质的组织的，处七年以上有期徒刑，并处没收财产；积极参加的，处三年以上七年以下有期徒刑，可以并处罚金或者没收财产；其他参加的，处三年以下有期徒刑、拘役、管制或者剥夺政治权利，可以并处罚金。由此可知，应该将行为人分为组织领导者、积极参加者和其他参加者三大类型。2009 年最高人民法院、最高人民检察院、公安部关于印发《办理黑社会性质组织犯罪案件座谈会纪要》的通知（以下简称 2009 年《座谈会纪要》）和 2015 年最高人民法院印发的《全国部分法院审理黑社会性质组织犯罪案件工作座谈会纪

[①] 参见卢建平《中国有组织犯罪相关概念特征的重新审视》，载《国家检察官学院学报》2009 年第 6 期，第 6 页。

[②] 参见王鹏祥、陶旭蕾《黑社会性质组织犯罪组织性的法教义学分析》，载《河北法学》2019 年第 8 期，第 123–124 页。

[③] 参见最高人民法院 2015 年 10 月 13 日《全国部分法院审理黑社会性质组织犯罪案件工作座谈会纪要》。

要》（以下简称 2015 年《座谈会纪要》）明确指出，组织者、领导者，是指黑社会性质组织的发起者、创建者，或者在组织中实际处于领导地位，对整个组织及其运行、活动起着决策、指挥、协调、管理作用的犯罪分子，既包括通过一定形式产生的有明确职务、称谓的组织者、领导者，也包括在黑社会性质组织中被公认的事实上的组织者、领导者；积极参加者，是指接受黑社会性质组织的领导和管理，多次积极参与黑社会性质组织的违法犯罪活动，或者积极参与较严重的黑社会性质组织的犯罪活动且作用突出，以及其他在组织中起重要作用的犯罪分子，如具体主管黑社会性质组织的财务、人员管理等事项的犯罪分子。其中，骨干成员，是指直接听命于组织者、领导者，并多次指挥或积极参与实施有组织的违法犯罪活动或者其他长时间在犯罪组织中重要作用的犯罪分子，属于积极参加者的一部分；其他参加者，是指除上述组织成员之外，其他接受黑社会性质组织的领导和管理的犯罪分子。除此之外的人员，不应作为黑社会性质组织的成员处理，具体包括：（1）主观上没有加入黑社会性质组织的意愿，受雇到黑社会性质组织开办的公司、企业、社团工作，未参与或者仅参与少量黑社会性质组织的违法犯罪活动人员；（2）因临时被纠集、雇用或受蒙蔽为黑社会性质组织实施违法犯罪活动，或者提供帮助、支持、服务的人员；（3）为维护或扩大自身利益而临时雇用、收买、利用黑社会性质组织实施违法犯罪活动的人员。上述人员构成其他犯罪的，按照具体犯罪处理。按照刑法谦抑性原则，对于参加黑社会性质的组织，没有实施其他违法犯罪活动的，或者受蒙蔽、胁迫参加黑社会性质的组织，情节轻微的，可以不作为犯罪处理。

关于黑社会性质组织成员人数问题的把握，理论界和实务界尚未形成共识。有学者认为，三人以上即可构成[①]，有学者认为至少五人以上[②]，还有

---

① 参见徐伟《论黑社会性质组织犯罪的界定》，载《犯罪研究》2010 年 1 月，第 17 页；参见卢建平《中国有组织犯罪相关概念特征的重新审视》，载《国家检察官学院学报》2009 年第 6 期，第 6 页。

② 参见王鹏祥、陶旭蕾《黑社会性质组织犯罪组织性的法教义学分析》，载《河北法学》2019 年第 8 期，第 125 页。

观点认为，十人以上才符合组织特征①。本文赞同"十人说"，黑社会性质组织作为犯罪组织的最高形态，应该区别于一般的犯罪组织。而且，倘若组织成员人数较少，难以在一定区域或行业内形成非法控制或重大影响。根据 2015 年《座谈会纪要》，黑社会性质组织成员既包括已有充分证据证明但尚未归案的成员，也包括虽有参加黑社会性质组织的行为但因尚未达到刑事责任年龄，或因其他法定情形而未被起诉，或者根据具体情节不作为犯罪处理的成员。

在司法实践中，诸多黑社会性质组织的组织特征并非一目了然。一些黑社会性质组织为了增强隐蔽性，往往采取各种手段制造"人员频繁更替、组织结构松散"的假象。2009 年《座谈会纪要》强调需要特别注意审查组织者、领导者，以及对组织运行、活动起着突出作用的积极参加者等骨干成员是否基本固定、联系是否紧密，提醒司法机关不应被组织形式的表象所迷惑。

另外，值得一提的还有关于黑社会性质组织成员的主观明知问题。《刑法》第 14 条第 1 款规定，明知自己的行为会发生危害社会的结果，并且希望或者放任这种结果发生，因而构成犯罪的，是故意犯罪。故意又可分为直接故意和间接故意两种类型。直接故意，是指明知自己的行为会发生危害社会的结果，并且希望这种结果发生的心理态度。间接故意，是指明知自己的行为可能发生危害社会的结果，并且放任这种结果发生的心理态度。由此可知，组织、领导、参加黑社会性质组织罪是故意犯罪。此外，"黑社会性质组织"属于法律的评价要素，只要行为人认识到作为评价基础的事实，一般就能够认定行为人认识到了规范的要素。②根据 2009 年《座谈会纪要》，在认定黑社会性质组织的成员时，并不要求其主观上认为自己参加的是黑社会性质组织，只要其知道或者应当知道该组织具有一定规模，且是以实施违法

---

① 参见最高人民法院 2015 年 10 月 13 日《全国部分法院审理黑社会性质组织犯罪案件工作座谈会纪要》。

② 参见张明楷《刑法学》，法律出版社 2016 年版，第 259 页。

犯罪为主要活动的，即可认定。该条规定是否违反了责任原则，仍有待进一步讨论。

1.2 犯罪的经济特征

根据2009年《座谈会纪要》和2015年《座谈会纪要》，"一定的经济实力"，是指黑社会性质组织在形成、发展过程中获取的，足以支持该组织运行、发展以及实施违法犯罪活动的经济利益。包括：（1）有组织地通过违法犯罪活动或其他不正当手段聚敛的资产；（2）有组织地通过合法的生产、经营活动获取的资产；（3）组织成员以及其他单位、个人资助黑社会性质组织的资产。通过上述方式获取的经济利益，即使是由部分组织成员个人掌控，也应计入黑社会性质组织的"经济实力"。

尽管黑社会性质组织的敛财方式具有多样性，即黑社会性质组织除了会通过实施赌博、敲诈、贩毒等违法犯罪活动攫取经济利益，而且还会通过开办公司、企业等方式漂白转型，"以商养黑""以黑护商"，但是否将所获经济利益全部或部分用于违法犯罪活动，或者维系犯罪组织的生存、发展，是认定经济特征的重要依据。无论获利后的分配与使用形式如何变化，只要在客观上能够起到豢养组织成员、维护组织稳定、壮大组织势力的作用，即可认定其具有一定的经济实力。

1.3 犯罪的行为特征

暴力性、胁迫性和有组织性是黑社会性质组织行为方式的主要特征。因此，在黑社会性质组织所实施的违法犯罪活动中，一般应有一部分能够较明显地体现出暴力或以暴力相威胁的基本特征。那么，"软暴力"是否能被认定为黑社会性质组织的行为方式？2009年《座谈会纪要》认为，黑社会性质组织的行为方式不仅包括物理强制，还包括心理强制，具体而言，"其他手段"包括：（1）以暴力、威胁为基础，在利用组织势力和影响对他人形成心理强制或威慑的情况下，进行所谓的"谈判""协商""调解"；（2）滋扰、哄闹、聚众等其他干扰、破坏正常经济、社会生活秩序的非暴力手段。但本文认为，非暴力手段的认定需要特别谨慎，应该进行限制解释，即非暴力手段的实施必须以暴力、威胁为基础，单纯的滋扰、哄闹、聚众行为不应该被视为符合黑社会性质组织的行为特征。

根据 2009 年《座谈会纪要》和 2015 年《座谈会纪要》，"黑社会性质组织实施的违法犯罪活动"主要包括以下情形：（1）由组织者、领导者直接组织、策划、指挥、参与实施的违法犯罪活动；（2）由组织成员以组织名义实施，并得到组织者、领导者认可或者默许的违法犯罪活动；（3）多名组织成员为逞强争霸、插手纠纷、报复他人、替人行凶、非法敛财而共同实施，并得到组织者、领导者认可或者默许的违法犯罪活动；（4）组织成员为组织争夺势力范围、排除竞争对手、确立强势地位、牟取经济利益、维护非法权威，或者按照组织的纪律、惯例、共同遵守的约定而实施的违法犯罪活动；（5）由黑社会性质组织实施的其他违法犯罪活动。需要注意的是，行为确实与维护和扩大组织势力、实力、影响、经济基础无任何关联，亦不是按照组织惯例、纪律、活动规约而实施，则应作为组织成员个人的违法犯罪活动处理。组织者、领导者明知组织成员曾多次实施起因、性质类似的违法犯罪活动，但并未明确予以禁止的，如果该类行为对扩大组织影响起到一定作用，可以视为是按照组织惯例实施的违法犯罪活动。

为了保障被告人的基本权利和避免犯罪圈的过度扩张，如果该组织仅实施了违法活动，而没有实施犯罪活动，则不能认定其为黑社会性质组织。此外，最终能否认定为黑社会性质组织，还要结合组织特征、经济特征和非法控制特征来加以判断。"多次进行违法犯罪活动"只是认定黑社会性质组织的必要条件之一，即使有些案件中的违法犯罪活动已符合"多次"的标准，但根据其性质和严重程度，尚不足以形成非法控制或者重大影响的，也不能认定为黑社会性质组织。

1.4 犯罪的非法控制特征

在一定区域或者行业内，形成非法控制或者重大影响，从而严重危害经济、社会生活秩序，是黑社会性质组织的本质特征，也是黑社会性质组织区别于一般犯罪集团的关键所在。

首先，黑社会性质组织所控制和影响的"一定区域"，应当具备一定的空间范围，并承载一定的社会功能。既包括一定数量的自然人共同居住、生活的区域，如乡镇、街道、较大的村庄等，也包括承载一定的生产、经营或社会公共服务功能的区域，如矿山、工地、市场、车站、码头等。对此，应当结合一定地域范围内的人口数量、流量、经济规模等因素综合评判。如果涉案犯罪组织的控制和影响仅存在于一座酒店等空间范围内，有限的场所或者人口数量、流量、经济规模较小的其他区域，则一般不能视为是对"一定区域"的控制和影响。

其次，黑社会性质组织所控制和影响的"一定行业"，既包括合法行业，也包括黄、赌、毒等非法行业。具体是指在一定区域内存在的同类生产、经营活动，抑或通过多次有组织地实施违法犯罪活动，对黄、赌、毒等非法行业形成非法控制或重大影响的。[1]

2009年《座谈会纪要》明确了可以认定为"在一定区域或者行业内，形成非法控制或者重大影响，严重破坏经济、社会生活秩序"的八种情形：（1）对在一定区域内生活或者在一定行业内从事生产、经营的群众形成心理强制、威慑，致使合法利益受损的群众不敢举报、控告的；（2）对一定行业的生产、经营形成垄断，或者对涉及一定行业的准入、经营、竞争等经济活动形成重要影响的；（3）插手民间纠纷、经济纠纷，在相关区域或者行业内造成严重影响的；（4）干扰、破坏他人正常生产、经营、生活，并在相关区域或者行业内造成严重影响的；（5）干扰、破坏公司、企业、事业单位及社会团体的正常生产、经营、工作秩序，在相关区域、行业内造成严重影响，或者致使其不能正常生产、经营、工作的；（6）多次干扰、破坏国家机关、行业管理部门以及村委会、居委会等基层群众自治组织的工作秩序，或者致使上述单位、组织的职能不能正常行使的；（7）利用组织的势力、影响，使组织成员获取政治地位，或者在党政机关、基层群众自治组织中担任一定职务的；（8）其他形成非法控制或者重大影响，严重破坏经济、社会生活秩序

① 参见最高人民法院2015年10月13日《全国部分法院审理黑社会性质组织犯罪案件工作座谈会纪要》。

的情形。① 上述八种情形通常不会单独存在，往往是以两种以上的情形同时并存、相互交织，从而严重破坏经济、社会生活秩序。如果在非法控制特征方面同时具有上述提及的多种情形，或者其中至少有一种情形已明显超出认定标准，以及"四个特征"中其他构成要素均已具备，仅在成员人数、经济实力规模方面未达到一般性要求（较为接近），也可以认定为黑社会性质组织。②

2. 对涉黑组织成员的量刑

对实施组织、领导、参加黑社会性质组织犯罪的行为人量刑，应该贯彻宽严相济的刑事政策。由于有组织犯罪集团具有特殊的组织性结构和掩饰性很强的行为模式，因此对有组织犯罪的有效打击必须内外结合，注重从组织的内部进行分化瓦解。③ 一方面，需要严密法网、提高刑罚；另一方面，又要对那些社会危害性小、再犯可能性不大的犯罪分子体现宽的一面，从而以宽济严。④

---

① 第 1 种情形中的"致使合法利益受损的群众不敢举报、控告的"，是指致使多名合法利益遭受犯罪或者严重违法活动侵害的群众不敢通过正当途径维护权益；第 2 种情形中的"形成垄断"，是指可以操控、左右、决定与一定行业相关的准入、退出、经营、竞争等经济活动。"形成重要影响"，是指对与一定行业相关的准入、退出、经营、竞争等经济活动具有较大的干预和影响能力，或者具有在该行业内占有较大市场份额、通过违法犯罪活动或以其他不正当手段在该行业内敛财数额巨大（最低数额标准由各高院根据本地情况在 20 万—50 万元的幅度内自行划定）、给该行业内从事生产、经营活动的其他单位、组织、个人造成直接经济损失 100 万元以上等情节之一；第 3 种、第 4 种、第 5 种情形中的"造成严重影响"，是指具有致人重伤或致多人轻伤、通过违法犯罪活动或以其他不正当手段敛财数额巨大（数额标准同上）、造成直接经济损失 100 万元以上、多次引发群体性事件或引发大规模群体性事件等情节之一；第 6 种情形中的"多次干扰、破坏国家机关、行业管理部门以及村委会、居委会等基层群众自治组织的工作秩序"，包括以拉拢、收买、威胁等手段多次得到国家机关工作人员包庇或纵容，或者多次对前述单位、组织中正常履行职务的工作人员进行打击、报复的情形；第 7 种情形中的"获取政治地位"，是指当选各级人大代表、政协委员。"担任一定职务"，是指在各级党政机关及其职能部门、基层群众自治组织中担任具有组织、领导、监督、管理职权的职务。参见最高人民法院 2015 年 10 月 13 日《全国部分法院审理黑社会性质组织犯罪案件工作座谈会纪要》。

② 参见最高人民法院 2015 年 10 月 13 日《全国部分法院审理黑社会性质组织犯罪案件工作座谈会纪要》。

③ 参见蔡军《我国有组织犯罪刑法立法 20 年的回顾、反思与展望》，载《河南大学》（社会科学版）2017 年第 6 期，第 25 页。

④ 参见王晨《黑社会性质组织犯罪的立法变化及其进一步完善——以刑法修正案（八）为观照》2011 年第 5 期，第 29 页。

　　首先，对于组织、领导黑社会性质组织行为人的量刑问题，应该从严把握。第一，可以成立特殊累犯。《刑法》第66条规定，危害国家安全犯罪、恐怖活动犯罪、黑社会性质的组织犯罪的犯罪分子，在刑罚执行完毕或者赦免以后，在任何时候再犯上述任一类罪的，都以累犯论处。第二，应该限制使用缓刑和假释。《刑法》第74条规定，对于累犯和犯罪集团的首要分子，不适用缓刑。《刑法》第81条第2款规定，对累犯以及因故意杀人、强奸、抢劫、绑架、放火、爆炸、投放危险物质或者有组织的暴力性犯罪被判处十年以上有期徒刑、无期徒刑的犯罪分子，不得假释。

　　其次，对于实施组织、领导、参加黑社会性质组织犯罪的不同类型的行为人，应该切实践行刑罚个别化。根据2009年《座谈会纪要》，对黑社会性质组织的组织者、领导者，应该按照该组织所犯的全部罪行承担刑事责任。组织者、领导者对于具体犯罪所承担的刑事责任，应当根据其在该起犯罪中的具体地位、作用来确定。对黑社会性质组织中的积极参加者和其他参加者，应按照其所参与的犯罪，根据其在具体犯罪中的地位和作用，依照罪责刑相适应的原则，确定应承担的刑事责任。

　　最后，对于黑社会性质组织的成员，应该注重对从宽情节的理解与把握。第一，判断该成员是否具有自首情节或是否到案后如实供述自己罪行。第二，积极参加者、一般参加者配合司法机关查办案件，有提供线索、帮助收集证据或者其他协助行为，并在侦破黑社会性质组织犯罪案件、认定黑社会性质组织及其主要成员、追缴黑社会性质组织违法所得、查处"保护伞"等方面起到较大作用的，应酌情对其从轻处罚。第三，组织者、领导者、骨干成员以及"保护伞"协助抓获同案中其他重要的组织成员，或者骨干成员能够检举揭发其他犯罪案件中罪行同样严重的犯罪分子，原则上依法应予以从轻或者减轻处罚。至于财产刑的适用问题，对于积极参加者和一般参加者，应当根据所参与实施违法犯罪活动的次数、性质、地位、作用、违法所得数额以及造成损失的数额等情节，依法决定财产刑的适用，而不应轻易并处没收财产。另外，被害人原谅能否成立从宽情节，司法机关不仅应当查明谅解是否确属被害人真实意思表示，以及赔偿款项与黑社会性质组织违法所得有无关联，而且在决定是否从宽处罚、如何从宽处罚时，也应当从严掌握，可能导致全案量刑明显失衡的，不予从宽处罚。①

（二）"打伞破网"中的定罪量刑问题

1. 对相关党政机关干部的定罪

《刑法》第294条第3款规定了包庇、纵容黑社会性质组织罪，国家机关工作人员包庇黑社会性质的组织，或者纵容黑社会性质的组织进行违法犯罪活动的，处五年以下有期徒刑；情节严重的，处五年以上有期徒刑。

本罪是身份犯，客观行为包括两种情形：（1）包庇黑社会性质组织。"包庇"，是指国家机关工作人员为使黑社会性质组织及其成员逃避查禁，而通风报信，隐匿、毁灭、伪造证据，阻止他人作证、检举揭发，指使他人作伪证，帮助逃匿，或者阻挠其他国家机关工作人员依法查禁，以及为黑社会性质组织及其成员提供隐藏处所、财物及其他帮助逃匿的行为。包庇行为既可以表现为包庇黑社会性质组织本身，也可能表现为包庇黑社会性质组织的组织者、领导者与参加者。包庇行为必须利用职务上的便利。（2）纵容黑社会性质的组织的活动。"纵容"，主要是指对黑社会性质组织具有查禁职责的国家机关工作人员不依法履行职责，放纵黑社会性质组织进行违法犯罪活动的行为；对于已经存在的黑社会性质组织，即使其在某个时期内出于某种原因没有实施违法犯罪活动，但由于其存续、发展本身就是犯罪行为，故对于黑社会性质组织的存续、发展予以纵容的，也构成本罪。② 根据最高人民法院2000年12月4日《关于审理黑社会性质组织犯罪的案件具体应用法律若干问题的解释》，以下六种情形可以被视为"情节严重"：（1）包庇、纵容黑社会性质组织跨境实施违法犯罪活动的；（2）包庇、纵容境外黑社会组织在境内实施违法犯罪活动的；（3）多次实施包庇、纵容行为的；（4）致使某一区域或者行业的经济、社会生活秩序遭受黑社会性质组织特别严重破坏的；（5）致使黑社会性质组织的组织者、领导者逃匿，或者致使对黑社会性质组

---

① 参见最高人民法院2015年10月13日《全国部分法院审理黑社会性质组织犯罪案件工作座谈会纪要》。

② 参见张明楷《刑法学》，法律出版社2016年版，第1073页。

织的查禁工作严重受阻的；（6）具有其他严重情节的。

本罪的责任形式是故意，即明知是黑社会性质的组织、黑社会性质的组织所进行的违法犯罪活动，而故意予以包庇、纵容。但不要求行为人确切地认识到对方属于刑法意义上的黑社会性质组织。对于"明知"的理解和把握，实务界和理论界存在分歧。根据 2009 年《座谈会纪要》，只要行为人知道或者应当知道是从事违法犯罪活动的组织，仍对该组织及其成员予以包庇，或者纵容其实施违法犯罪活动，即可认定本罪。至于行为人是否明知该组织系黑社会性质组织，不影响本罪的成立。但有学者认为，虽然只要行为人认识到对方可能是黑社会性质的组织即可认定为本罪，但行为人应当认识而没有认识到的，不能认定为故意。[①]

另外，根据 2019 年国家监察委员会、最高人民法院、最高人民检察院、公安部、司法部《关于在扫黑除恶专项斗争中分工负责、互相配合、互相制约严惩公职人员涉黑涉恶违法犯罪问题的通知》（以下简称 2019 年《通知》），国家机关工作人员包庇、纵容黑社会性质组织，该包庇、纵容行为同时还构成包庇罪、伪证罪、妨害作证罪、徇私枉法罪、滥用职权罪、帮助犯罪分子逃避处罚罪、徇私舞弊不移交刑事案件罪，以及徇私舞弊减刑、假释、暂予监外执行罪等其他犯罪的，应当择一重罪处罚。其处罚原则的背后是想象竞合犯的处理原则，当一个行为触犯数个罪名，符合数个犯罪构成，造成了多种法益侵害结果，应该按照其中较重犯罪的法定刑处罚。公职人员事先有通谋而实施支持帮助、包庇纵容等保护行为的，以具体犯罪的共犯论处。

2. 对相关党政机关干部的量刑

根据 2019 年《通知》，对相关党政机关干部的量刑应以"从重处罚"为原则。国家机关工作人员既组织、领导、参加黑社会性质组织，又对该组织进行包庇、纵容的，应当以组织、领导、参加黑社会性质组织罪从重处罚。公职人员利用职权或职务便利实施包庇、纵容黑恶势力、伪证、妨害作证，帮助毁灭、伪造证据，以及窝藏、包庇等犯罪行为的，应酌情从重处罚。从

[①] 参见张明楷《刑法学》，法律出版社 2016 年版，第 1073 页。

不法角度看，相关党政机关干部本应是人民利益的守护者，却监督失守，坐视涉黑团伙成势，甚至与犯罪分子一起侵犯人民的利益，破坏经济生活秩序，其行为危害性程度高，具有从重处罚的必要性。从责任层面看，相关党政机关干部一般具有较高的法律素养，却仍然知法犯法、执法犯法，充当犯罪分子的"保护伞"，具有从重处罚的合理性。为了将"扫黑除恶"斗争进行到底，从严处理其背后的"保护伞"，在刑事政策方面具有重要意义。

既然如此，能否对相关党政机关干部适用认罪认罚从宽制度？《刑事诉讼法》第 15 条规定的认罪认罚依法从宽处理原则，兼具程序意义和实体意义。据此，既可以对犯罪嫌疑人从宽发落，如酌定不起诉，又可以对被告人减轻、从轻处罚。该原则是对既有量刑根据的重要补充，对刑法规范使用有根本的制约作用，为新的量刑制度的规定提供了制度资源。其基本价值在于，能够在责任刑的基础上，为预防刑的调整注入新的元素。根据 2019 年最高人民检察院联合最高人民法院、公安部、国家安全部、司法部发布《关于适用认罪认罚从宽制度的指导意见》，认罪认罚从宽制度没有适用罪名和可能判处刑罚的限定，所有刑事案件都可以适用，不能因罪轻、罪重或者罪名特殊等原因而剥夺犯罪嫌疑人、被告人自愿认罪认罚获得从宽处理的机会。因此，只要相关党政机关干部能够如实供述自己罪行、真诚悔罪、积极退赃，避免、减少损害结果的发生，则能够认定其预防必要性减少，适用认罪认罚从宽制度。

（三）黄鸿发特大涉黑案的具体分析

黄鸿发、黄鸿明等人同时成立组织、领导黑社会性质组织罪、故意伤害罪、行贿罪等罪名，理应数罪并罚。

黄鸿发家族符合黑社会性质组织的四大特征。

第一，黄鸿发家族严格对内管理，形成明确的组织纪律和活动规约。组织成员必须服从黄鸿发、黄鸿明、黄应祥等人的命令，不得挑战黄氏家族的权威，违者予以开除、赶出昌江地区等惩戒。组织成员未经允许不得从事相关经营活动，组织成员按行业进行管理，下级服从上级。为了方便管理，黄鸿发还建立通信集团短号，以加强组织成员之间的联系；招揽社会闲散人员充当"打手"，统一服装，甚至聘请教练进行搏击训练。由此可见，黄鸿发家族制定了严密的组织章程，具有严格的组织纪律和组织宗旨。成员与组织之间具有较为严密的联系和依附关系，成员必须遵守组织纪律、听从组织安排。该组织具有稳定性和严密性，在人数数量方面也远超十人，具有黑社会性质组织的组织特征。

第二，黄鸿发家族通过开设赌场、非法采矿、强迫交易、敲诈勒索等诸多违法犯罪活动大肆敛财，并逐渐开始进行身份漂白，以商养黑、以黑护商。黄鸿发团伙涉足昌江地区的矿石、砂石、运输、混凝土、水泥、房地产、典当、银行、娱乐、餐饮、宾馆、废品收购、农贸市场、河砂开矿、市政工程建设等行业，获取巨额经济利益。不管黄鸿发家族是有组织地通过违法犯罪活动或其他不正当手段聚敛资产，还是有组织地通过合法的生产、经营活动获取资产，其均将所获经济利益用于违法犯罪活动，或者维系犯罪组织的生存、发展，在客观上起到了豢养组织成员、维护组织稳定、壮大组织势力的作用，具有一定的经济势力，符合黑社会性质组织的经济特征。

第三，黄鸿发家族的发展离不开诸多违法犯罪行为的实施。案情显示，黄鸿发家族自20世纪80年代末就在昌江地区肆意妄为，恶名显露。1995年3月，该组织为打击在昌江县开设赌场的竞争对手，垄断昌江县地下赌场行业，黄鸿发组织人员故意伤害他人致重伤。为了攫取大量经济利益和控制大量的社会资源，黄鸿发在昌江地区有组织地实施了故意杀人、故意伤害、聚众斗殴、寻衅滋事、非法拘禁、非法持有枪支、开设赌场、非法采矿、强迫交易、敲诈勒索、放高利贷、拉拢腐蚀国家工作人员等违法犯罪活动。这些违法犯罪活动既有组织者、领导者直接组织、策划、指挥、参与实施的，又有组织成员以组织名义实施，并得到组织者、领导者认可或者默许的。实施目的在于为组织争夺势力范围、排除竞争对手、确立强势地位、牟取经济利益、维护非法权威，具有暴力性、胁迫性和有组织性，符合黑社会性质组织的行为特征。

第四，黄鸿发家族长期在海南昌江地区通过暴力、威胁等手段有组织地实施大量违法犯罪活动，当地群众虽然心怀不满，但敢怒不敢言。海南省高院发布的信息显示，截至案发时，该组织共实施违法犯罪活动 58 起，其中刑事犯罪 53 起，共造成 2 人死亡、3 人重伤、13 人轻伤、5 人轻微伤的严重后果。这些恶劣行径给昌江地区群众带来极大恐惧，许多被害人忍气吞声，不敢报案。另外，为了能够继续维持自身的垄断地位和非法权威，黄鸿发家族用经济利益腐蚀政府官员，渗透公安以及相关执法要害部门。在"保护伞"的支持下，黄鸿发家族逞凶霸道多年，成为当地群众心中挥之不去的阴霾，严重扰乱了当地社会生活秩序，严重影响了人民群众安全感、幸福感、获得感。由案情可知，黄鸿发家族对昌江地区生活的群众已经形成了心理强制、威慑，致使合法利益受损的群众不敢举报、控告。而且，对诸多行业的生产、经营形成了垄断，符合黑社会性质组织的非法控制特征。综上所述，黄鸿发家族属于黑社会性质组织。①

相关涉黑成员除了成立组织、领导参加黑社会性质组织罪，还应该对在发展黑社会性质组织过程中具体实施的犯罪承担刑事责任。由上文可知，为了贯彻宽严相济的刑事政策，一方面，对于组织、领导黑社会性质组织行为人的量刑问题，应该从严把握，限制使用缓刑和假释。组织者、领导者，应该按照该组织所犯的全部罪行承担刑事责任。对于具体犯罪所承担的刑事责任，应当根据其在该起犯罪中的具体地位、作用来确定。另一方面，对于实施组织、领导、参加黑社会性质组织犯罪的不同类型的行为人，应该切实践行刑罚个别化。对黑社会性质组织中的积极参加者和其他参加者，应按照其所参与的犯罪，根据其在具体犯罪中的地位和作用，依照罪责刑相适应的原则，确定应承担的刑事责任。最终，被告人黄鸿发涉及组织、领导黑社会性质组织罪、故意伤害罪、行贿罪等 17 项罪名，数罪并罚，判处死刑，剥夺政治权利终身，并处没收个人全部财产。黄鸿明犯组织、领导黑社会性质组织、故意伤害等罪，数罪并罚，判处死刑，缓期两年执行，剥夺政治权利终身，并处没收个人全部财产，并限制减刑。黄应祥、黄鸿金等 187 人分别被

---

① 具体案情参见江舟《他的垄断地位足足持续 20 年》，载《方圆》2020 年第 11 期，第 32－35 页；参见 https://baijiahao.baidu.com/s？id=1660863295829920190&wfr=spider&for=pc，2021 年 11 月 14 日访问。

判处有期徒刑二十五年至一年不等刑期。从中可以看出，司法机关既能够准确适用法律，又能够落实宽严相济的刑事政策精神。

针对黄鸿发黑社会性质组织，海南省纪委监委成立专案组，同步查处公职人员充当该组织"保护伞"问题。根据案卷资料，不少党政机关干部不正确履行职责，包庇、纵容黄鸿发黑社会性质组织。如原副县长周开东明知黄鸿发涉黑组织长期在昌江地区从事违法犯罪活动，依然接受黄鸿发及其团伙成员的宴请、礼品，并利用职务便利包庇、纵容其违法建设、非法采砂采矿等违法犯罪活动。① 最终，法院对原副县长周开东等七名"保护伞"，以包庇、纵容黑社会性质组织罪，受贿罪，滥用职权罪被分别判处有期徒刑十五年至两年半不等刑期，有力顿挫了"以商培权、以权护黑"的不良风气，实现了公平正义。

三、对策与展望

对黄鸿发特大涉黑案及其"保护伞"的依法判决，实现了良好的法律效果与社会效果。海南省各级司法机关在扫黑除恶专项斗争中取得的成果，公众有目共睹，值得肯定。但如何进一步贯彻中央关于扫黑除恶专项斗争的新部署和新要求，推动扫黑除恶专项斗争常态化，将黑恶势力及其"保护伞"彻底铲除，值得我们深入思考。

（一）综合施治，夯实"扫黑除恶"成果

人民安全是最基本的安全，是贯彻落实总体国家安全观的宗旨。习近平总书记指出，要"构建集政治安全、国土安全、军事安全、经济安全、文化安全、社会安全、科技安全、信息安全、生态安全、资源安全、核安全等于一体的国家安全体系"。② 黑恶势力的存在通常会威胁政治安全、国土安全、经济安全、社会安全、网络安全、资源安全等多个方面。虽然黄鸿发等人已

---

① 具体案情参见 https://baijiahao.baidu.com/s? id=1666441052614019867&wfr=spider&for=pc，2021 年 11 月 15 日访问。

② 马振清：《总体国家安全观对中华民族伟大复兴的重要意义》，载"学习强国"2021 年 4 月 6 日，http:xuexi.cn/lgpage/detai/index.html?in=11503790908177054146。

经落网，但黑恶势力的流毒尚存，全面清除沉疴顽疾，构建国家安全仍然任重而道远。鉴于有组织犯罪危害性之深，影响面之广，理应在总体国家安全观下，对扫黑除恶工作进行新审视。根据《反有组织犯罪法》的要求，扫黑除恶工作应当坚持总体国家安全观，综合运用法律、经济、科技、文化、教育等手段，建立健全反有组织犯罪工作机制和有组织犯罪预防治理体系。

首先，扫黑除恶工作必须规范化、法治化。日前，《反有组织犯罪法》已出台，势必能够为常态化、专业化、精准化扫黑除恶提供坚强法治保障。此外，不少刑法学者从立法论的角度出发，提倡应该严密刑法法网，如将有组织犯罪与个人犯罪彻底区分，在《刑法》总则、分则的体系安排上作出特殊设计，围绕有组织犯罪的"组织性"特征修订刑法。[1]卢建平教授指出，刑法现有的罪名应该按两个方向进行梳理：一是行为犯思路；二是组织犯思路。[2]对于后者应该形成刑法、刑事诉讼法紧密配合的立法刑事法律体系。

或许有人会疑问，刑法的积极干预是否有违刑法的谦抑性原则？刑法的谦抑性原则是指，"即使行为侵害或威胁了他人的生活利益，也不是必须直接动用刑法，只有在其他社会统制手段不充分时，才可以动用刑罚"。简言之，刑法的谦抑性原则是指刑法的补充性。[3]谦抑性原则通常被用于地域国家集体主义与极权主义的恣意和蛮横，防止国家和法律的越权与膨胀。[4]首先，谦抑性原则不仅限制了国家机器的发动，同时也对国家职能的完善提出了要求。社会存续是建立在社会成员的基本团结之上，所以刑法不能强制人们实施仅仅利他的慈善行为。但是，如果一种不慈善的行为严重危害了社会的团结，以至于涉及社会成员被从社会中排除出去时，就需要法律介入。[5]

---

① 参见蔡军《我国有组织犯罪刑法立法 20 年的回顾、反思与展望》，载《河南大学》（社会科学版）2017 年第 6 期，第 27 页。

② 参见黄河《专题：新时期网络空间扫黑除恶与法律规制》，载《中国检察官》第 324 期，第 10 - 14 页。

③ 参见张明楷《刑法的格言的展开》，法律出版社 1999 年版，第 103 页。

④ 参见何庆仁《义务犯研究》，中国人民大学出版社 2010 年版，第 166 页。

⑤ 参见何庆仁《犯罪化的整体思考》，载陈兴良主编：《刑事法评论》第 23 卷，北京大学出版社 2008 年版，第 509 - 511 页。

其次，刑法的谦抑性原则并不等同于刑法规制的滞后性。刑事立法的标准是行为的危害性，而行为的危害性是由社会关系与社会生活的变动所决定的。当某种行为的危险性上升了，或者某种行为的危险性下降了，应当在法律上修改对某一行为的社会危害性的评价。^①当犯罪圈越来越大时，刑法也必须进行相应的扩张。因此，面对层出不穷、愈演愈烈的有组织犯罪，刑法采取积极强硬的态度，并不违反谦抑性原则。

其次，扫黑除恶工作的持续推进，离不开社会各部门的齐心协力。《反有组织犯罪法》第4条规定，反有组织犯罪工作应当坚持专门工作与群众路线相结合，坚持专项治理与系统治理相结合，坚持与反腐败相结合，坚持与加强基层组织建设相结合，惩防并举、标本兼治。从行政机关角度，各级人民政府和有关部门应当依法组织开展有组织犯罪预防和治理工作，将有组织犯罪预防和治理工作纳入考评体系。村民委员会、居民委员会应当协助人民政府以及有关部门开展有组织犯罪的预防和治理工作。就司法机关而言，监察机关、人民法院、人民检察院、公安机关、司法行政机关应当通过普法宣传、以案释法等方式，开展反有组织犯罪宣传教育。民政部门应当会同监察机关、公安机关等有关部门，对村民委员会、居民委员会成员候选人资格进行审查，发现有组织犯罪线索的，应当及时移送公安机关。市场监管、金融监管、自然资源、交通运输等行业主管部门应当会同公安机关，建立健全行业反有组织犯罪预防和治理长效机制，对本行业领域内有组织犯罪情况进行监测分析，对有组织犯罪易发的行业领域加强监督管理。至于其他社会主体，如教育行政部门、学校、新闻、广播、电视、文化、互联网等有关单位也应该积极履行相应的权利与义务，为建设营造安全稳定的社会环境作出贡献。^②

（二）惩治预防，提升"打伞破网"质效

在"打伞破网"上持续发力，是扫黑除恶斗争常态化发展的必然要求。黑恶势力及其"保护伞"之间的利益输送，往往是黑恶势力能够在某一地区

---

① 参见田宏杰《论刑事立法现代化的标志及其特征》，载《政法论坛》（中国政法大学学报）2011年第3期，第14页。

② 参见《反有组织犯罪法》第二章。

长期盘踞、逍遥法外的重要原因。为了全面铲除黑恶势力滋生土壤，必须加强源头治理，把反腐败斗争与扫黑除恶紧密结合起来。

首先，应该对贪腐人员依法从重处罚。《反有组织犯罪法》第50条规定，对于国家工作人员有下列行为的，应当全面调查，依法作出处理：（1）组织、领导、参加有组织犯罪活动的；（2）为有组织犯罪组织及其犯罪活动提供帮助的；（3）包庇有组织犯罪组织、纵容有组织犯罪活动的；（4）在查办有组织犯罪案件工作中失职渎职的；（5）利用职权或者职务上的影响干预反有组织犯罪工作的；（6）其他涉有组织犯罪的违法犯罪行为。国家工作人员组织、领导、参加有组织犯罪的，应当依法从重处罚。

其次，应该注重事前预防，加强法律宣传教育。始终保持严的主基调，除恶务尽，进一步净化政治生态环境，从而推动扫恶除恶专项斗争不断向纵深发展。以黄鸿发特大涉黑案为例，自2019年10月起，在海南省纪委监委指导下，昌江县委在全县范围内开展扫黑除恶打伞"大警示、大研讨、大反思、大整治、大提升"专题活动。昌江县纪委监委立足职责定位，围绕涉黑"保护伞"典型案例，通过组织编印案例汇编、拍摄专题警示教育片、开设警示教育巡回展等方式，对全县党员干部开展警示教育。通过深入剖析黄鸿发黑恶势力在昌江坐大成势的原因，强化案后调研指导，着力构建"打伞破网"的长效机制，向广大党政机关干部展现向"保护伞"亮剑的决心，形成了有力震慑。① 另外，严格查办公职人员涉黑涉恶违法犯罪案件，仍然需要坚持实事求是原则。坚持以事实为依据，以法律为准绳，综合考虑行为人的主观故意、客观行为、具体情节和危害后果，以及相关黑恶势力的犯罪事实、犯罪性质、犯罪情节和对社会的危害程度，准确认定问题性质，做到不偏不倚、不枉不纵。根据具体的量刑情节，区别对待、宽严相济。②

---

① 参见 https://baijiahao.baidu.com/s？id=16664395993332142 45&wfr=spider&for=pc，2021年11月18日访问。

② 参见2019年10月30日国家监察委员会、最高人民法院、最高人民检察院、公安部、司法部《关于在扫黑除恶专项斗争中分工负责、互相配合、互相制约严惩公职人员涉黑涉恶违法犯罪问题的通知》。

四、结语

黄鸿发特大涉黑案是我国扫黑除恶专项斗争取得的重大成果之一，本案是研究黑社会性质组织的经典案例。其以家族宗亲势力为纽带，形成等级森严的上下级，组织特征明显；通过一系列违法犯罪活动掠财，经济实力雄厚；用金钱腐蚀当地官员，保护网络严密；违法犯罪猖獗但逍遥法外多年，造成多人死伤的严重后果，严重扰乱了当地政治、经济和社会生活秩序。相关党政机关干部知法犯法，背弃职责使命，对黑恶势力默许纵容，为其暗中撑腰，甚至直接沦为黑恶势力中的一员。法院在对涉黑组织成员、相关党政机关干部定罪量刑时，能够准确地适用法律，不偏不倚，以"严惩"为主基调，但能根据不同的量刑情节，区别对待，宽严相济，落实了刑罚个别化原则。

类似案件表明，党中央、国务院部署扫黑除恶专项斗争是必要的，黑恶势力发展过程中，必然向政治领域渗透，寻求保护伞。黑恶势力若与党政机关干部狼狈为奸，必然为非乡里、残害百姓。对此，必须以零容忍态度从严惩处黑恶势力及其背后"保护伞"。为了持续深入推进扫黑除恶工作规范化、常态化，必须将"扫黑除恶"与"打伞破网"紧密结合，预防与惩治并举，加强社会综合治理，以彻底铲除黑恶势力，肃清贪污腐败，重塑良好的社会生活秩序，涵育海晏河清的政治生态。

（郑平心）

醉驾害人又害己　量刑检法存争议

——余金平交通肇事案

引言

2019 年 12 月 30 日，北京市第一中级人民法院的一纸判决打破了冬日的沉寂，直接促成了影响整个刑事法学界的学术讨论。有学者将此事件概括为法检两家"神仙打架"，事实的确如此。余金平案件一改往日我们习以为常的法检和谐局面，呈现一种针锋相对、唇枪舌剑的紧张关系，进而引发学界内部以及"吃瓜群众"的持续关注。该案的主人公是余金平，是中铁股份有限公司总部的纪委工作人员。"司机一杯酒、亲人两行泪"，余金平作为单位公职人员知法犯法，酒后驾车致人死亡，害人害己，教训深刻。本案除了起到警示作用之外，更为重要的是引发我们重新审视现行认罪认罚从宽制度、进一步完善上诉不加刑原则以及探求量刑建议的效力等重要的刑事司法问题。

一、案情回顾

（一）酒后驾车，致人死亡

2019 年 6 月 5 日 18 时许，余金平与朋友王某、何某、孙某一起前往北京市海淀区五棵松附近池记串吧聚餐，其间喝了四两左右 42 度汾酒。20 时30 分左右聚餐结束，余金平步行离开。21 时 02 分，余金平步行到达单位。21 时 04 分，余金平驾驶自己的白色丰田牌小型普通客车驶离单位内部停车场。21 时 28 分，余金平驾车由南向北行驶至北京市门头沟区河堤路 1 公里处，在行车道内持续向右偏离并进入人行道，撞击被害人宋某，致宋某身体腾空砸向车辆前引擎盖和前挡风玻璃，后再次腾空并向右前方连续翻滚直至落地，终致宋某当场因颅脑损伤合并创伤性休克死亡。后余金平驾车撞击道路右侧护墙，校正行车方向回归行车道，未停车并驶离现场。

6 月 5 日 21 时 33 分，余金平驾车进入其居住地北京市门头沟区永定镇龙兴南二路中国铁建梧桐苑 7 号院 2 号楼地下车库。余金平停车熄火并绕车查看车身，发现车辆右前部损坏严重，右前门附近有斑状血迹。21 时 34 分，余金平返回驾驶室，取出毛巾并擦拭车身血迹。21 时 35 分，余金平擦拭车身完毕，携带毛巾走出地下车库，并将毛巾抛弃至地下车库出口通道右侧墙上。21 时 36 分，余金平离开小区步行前往现场。到现场以后发现有围观人群，听到有人议论发生车祸并撞死人后离开现场。

6 月 6 日 0 时 55 分，余金平进入某足疗店，其间其妻子曾给他打过电话，但他并未接听并直接将手机关闭。4 时左右，余金平打开手机，接到妻子电话。其妻告诉他昨天夜里警察来家里找他，说他撞死一个人。其妻劝他自首，余金平感到事态严重，随后在 5 时左右前往北京市公安局门头沟分局交通支队投案。5 时 30 分，余金平接受呼气式酒精检测，血液酒精浓度为 8.6 毫克 /100 毫升。6 时 12 分，余金平接受血液酒精检验，但未检出酒精。

回到事发当晚，即 6 月 5 日，21 时 39 分，路人杨某发现该事故后打电话报警。后北京市公安局门头沟分局交通支队民警前往现场，并于 22 时 30 分开始勘查现场，确定肇事车辆系白色丰田牌小型普通客车，且该车在事故发生后驶离现场。现场道路东侧人行道台阶处留有轮胎撞击后形成的挫印，被害人倒在前方道路护墙之上的人行便道上且已死亡。被害人头部距离肇事车辆右前轮在地面形成的挫划痕迹起点约 26.2 米，留有被害人血迹的灯杆距离肇事车辆右前轮在地面形成的挫划痕迹起点约 15 米，灯杆上布满血迹且血迹最高点距地面 3.49 米。此外，现场还遗有肇事车辆的前标志牌及右前大灯罩碎片。6 月 6 日 1 时 25 分，民警在余金平居住地的地下车库查获该白色丰田牌小型普通客车，并勘查现场提取物证。该车右前机器盖大面积凹陷，右侧前挡风玻璃大面积粉碎性裂痕、右前轮胎及轮毂有撞击痕迹，右侧车身有多处血迹（部分血迹已被擦除）、车标脱落。

经北京市公安局门头沟分局交通支队认定，余金平驾驶小型普通客车上道路行驶时未确保安全的交通违法过错行为致使事故发生，与本起道路交通事故的发生有因果关系，是事故发生的全部原因；余金平发生事故时系酒后驾车，因其驾车逃逸，导致发生事故时体内酒精含量阈值无法查证；宋某无与本起道路交通事故发生有因果关系的交通违法过错行为。据此确定，余金平为全部责任，宋某无责任。当日，余金平被北京市公安局门头沟分局刑事拘留。6月18日，余金平被逮捕，7月23日被北京市门头沟区人民检察院取保候审。

（二）认罪认罚，寻求缓刑

交通肇事行为发生之后，2019年6月17日，余金平的家属经过积极筹措，一次性赔偿被害人宋某的近亲属各项经济损失共计人民币160万元，最终获得了被害人近亲属的谅解。在获得被害人近亲属的谅解后，余金平积极认罪认罚并寻求从宽处理。之后，北京市门头沟区人民检察院提出了对余金平从宽处理的量刑建议，余金平在辩护人的见证下签署了认罪认罚具结书。同年8月2日，北京市门头沟区人民检察院以京门检一部刑诉（2019）115号起诉书指控余金平犯交通肇事罪，向北京市门头沟区人民法院提起公诉。检察机关认为余金平具有自首情节，认罪认罚，积极赔偿被害人家属并获得谅解，提出有期徒刑3年、缓刑4年的量刑建议。

（三）一审宣判，获刑两年

2019年8月13日，北京市门头沟区人民法院公开开庭审理本案。① 一审法院认为，被告人余金平构成交通肇事罪，余金平作为一名纪检干部，本应严格要求自己，明知酒后不能驾车，但仍酒后驾车，且在发生交通事故后逃逸。特别是逃逸后擦拭车身血迹，回现场附近观望后仍逃离，意图逃避法律追究，表明其主观恶性较大，判处缓刑不足以惩戒犯罪，因此公诉机关

---

① 参见"余金平交通肇事一案"，载中国庭审公开网，http://tingshen.court.gov.cn/live/7203599。

建议判处缓刑的量刑建议不予采纳。鉴于余金平自动投案，到案后如实供述犯罪事实，可认定为自首，依法减轻处罚；其系初犯，案发后其家属积极赔偿被害人家属经济损失，得到被害人家属谅解。可酌情从轻处罚。遂判决被告人余金平犯交通肇事罪，判处有期徒刑2年。① 北京市门头沟区人民法院作出一审判决后，引起强烈反响。由于一审法院未采纳之前由控辩双方达成一致的量刑建议，并且判处了更重的实刑刑罚。因此，无论是被告人余金平还是北京市门头沟区人民检察院均不接受该裁判结果。故在一审宣判后，被告人余金平提出上诉，请求二审法院撤销一审判决，改判对其适用缓刑。余金平的辩护律师认为，原判有期徒刑2年的量刑较重，请求改判2年以下有期徒刑并适用缓刑。北京市门头沟区人民检察院也以一审法院未采纳量刑建议、原判量刑错误为由提出抗诉。随后，北京市人民检察院第一分院支持北京市门头沟区人民检察院的抗诉意见，并提出，余金平两度被羁押，已经深刻感受和体验到痛苦和煎熬，对其宣告缓刑能达到教育挽救目的。同时，在余金平被羁押后，其妻子既要工作又要照顾年幼孩子，家庭生活存在巨大困难，对其宣告缓刑能取得更好的社会效果，因此建议北京市第一中级人民法院依法改判。

（四）二审改重，争议纷至

2019年12月30日，北京市第一中级人民法院开庭审理余金平案。北京市第一中级人民法院认为，上诉人余金平违反交通运输管理法规，驾驶机动车发生重大事故，致一人死亡，并负事故全部责任，且在肇事后逃逸，其行为已构成交通肇事罪。余金平因在交通运输肇事后逃逸，依法应对其在3年以上7年以下有期徒刑的法定刑幅度内处罚。鉴于余金平在发生本次交通事故前饮酒，属酒后驾驶机动车辆，据此应对其酌予从重处罚。其在案发后自动投案，认罪认罚，且在家属的协助下积极赔偿被害人亲属并取得谅解，据此可对其酌予从轻处罚。原审人民法院根据余金平犯罪的事实，犯罪的性质、情节及对于社会的危害程度所作出的判决，认定余金平犯交通肇事罪的

---

① 参见北京市门头沟区人民法院（2019）京0109刑初138号刑事判决书。

事实清楚，证据确实、充分，定罪正确，审判程序合法，但认定余金平的行为构成自首并据此对其减轻处罚，以及认定余金平酒后驾驶机动车却并未据此对其从重处罚，一并予以纠正。[①]最终北京市第一中级人民法院的判决如下：（1）驳回北京市门头沟区人民检察院的抗诉及余金平的上诉；（2）撤销北京市门头沟区人民法院（2019）京 0109 刑初 138 号刑事判决；（3）上诉人余金平犯交通肇事罪，判处有期徒刑 3 年 6 个月。

可以说，北京市第一中级人民法院的二审判决将余金平案件推向了公众热议的顶峰，也将该院置于风口浪尖。一时间各方批评与质疑之声涌现。当然，其中也不乏部分专家学者保持了冷静的头脑，并结合本案案情发表了较为专业且中肯的意见。

二、法理研析

（一）本案一审法院未采纳量刑建议是否适当

余金平案的一审中，北京市门头沟区人民法院根据余金平案发后的一系列意图逃避法律追究的行为推定余金平主观恶性较大，不符合缓刑的适用条件，因此未采纳检察机关"判三缓四"的量刑建议，最后判处余金平有期徒刑 2 年。分析本案一审法院的裁判是否适当就必须分析我国《刑事诉讼法》第 201 条的规定以及量刑建议的法律效力。

首先，我国《刑事诉讼法》第 201 条第 1 款规定，对于认罪认罚案件，人民法院依法作出判决时，一般应当采纳人民检察院指控的罪名和量刑建议，但有下列情形的除外：（一）被告人的行为不构成犯罪或者不应当追究其刑事责任的；（二）被告人违背意愿认罪认罚的；（三）被告人否认指控的犯罪事实的；（四）起诉指控的罪名与审理认定的罪名不一致的；（五）其他可能影响公正审判的情形。紧接着第二款规定，人民法院经审理认为量刑建议明显不当，或者被告人、辩护人对量刑建议提出异议的，人民检察院可以调整量刑建议。人民检察院不调整量刑建议或者调整量刑建议后仍然明显不

---

① 参见北京市第一中级人民法院（2019）京 01 刑终 628 号刑事判决书。

当的，人民法院应当依法作出判决。

关于该条规定，有学者将其解读为，在认罪认罚案件中法院将量刑裁判权适当"让渡"给了检察机关。因为根据诉讼原理，控辩双方达成合意的案件，必然会限缩刑事审判权的裁量空间。① 还有学者针对认罪认罚从宽制度指出，"在检法两家之间，对案件适用标准明确化，界分两家分享认罪认罚从宽程序案件的裁判权的边界，明确裁判权的有限让渡，而非全面让渡"②。对上述观点，有学者提出了不同的看法，"作为实现从宽预期的主要机制，检察机关的量刑建议是构建认罪认罚从宽制度的关键。量刑建议仅具取效性质，无任何直接的实体效力。虽然2018年《刑事诉讼法》第201条第1款的'一般应当'只能解释为'应当'，但将该条第2款的'量刑建议明显不当'与第1款的'其他可能影响公正审判的情形'相关联，仍可维持审判机关在量刑中的决定地位。"③ 无独有偶，有学者认为，立法者在《刑事诉讼法》第201条用了"一般应当"这样颇具争议的情态词，表达了对法院的尊重、顺应控辩双方的期待。这里所包含的意思是此时的量刑建议包含了控辩双方之间的合意，法院就不要轻易改变。否则，如果法院屡屡推翻控辩之间就量刑问题达成的一致意向，那么认罪认罚从宽制度就难以推行下去。殊不知这种家长式的立法安排，已经超越了量刑建议所能够容纳的制度逻辑。依照诉讼原理，量刑是法律适用问题，属于法官的职权范围，检察机关提出的量刑建议对法庭没有约束力，对审判中查明的犯罪行为如何量刑，属于法庭固有的职权。④ 基于上述分析，笔者认为即使在认罪认罚案件中，虽然检察机关的量刑建议在一定程度上具备了控辩合意的权力外观，但这仍然无法从根本上改变量刑建议这一公诉请求权的本质属性。关于这个问题，《刑事诉讼法》第201条第2款已经做了回答。因为无论第201条第1款再怎么规

① 参见朱孝清《刑事诉讼法第201条规定的合理性》，载《检察日报》。

② 门金玲：《让看得见的正义优先于实体正义——余金平交通肇事案学习心得》，载"京都律师"微信公众号。

③ 陈卫东：《认罪认罚案件量刑建议研究》，载《法学研究》2020年第5期。

④ 参见魏晓娜《冲突与融合：认罪认罚从宽制度的本土化》，载《中外法学》2020年第5期。

定量刑建议"一般应当"采纳及其几种例外情形，但第201条第2款规定很明确，即人民法院经审理认为量刑建议明显不当的，人民法院应当依法作出判决。质言之，在认罪认罚案件中，人民法院仍然享有完整的定罪权与量刑权。因为包括定罪量刑在内的刑事审判权是宪法授予人民法院垄断的、专属的国家权力，任何人、任何机关、任何法律都不能违背宪法将人民法院的审判权"让渡"或"分享"给其他机关。[①]

回归到余金平案中，本案一审法院经审理认为原公诉机关适用缓刑的量刑建议明显不当，并建议调整量刑建议，后在原公诉机关坚持不调整量刑建议的情况下，依法作出本案判决，这是人民法院依法行使量刑裁判权的体现。因此，一审法院的审判程序遵循了刑事诉讼法的相关规定并无失当之处，不应被无理指摘。

（二）本案二审法院改判加刑是否违反上诉不加刑

余金平案件的二审裁判作出之后，引发学界和实务界的争论。一些学者与实务工作者认为，余金平案的二审判决罔顾程序正义，违反了上诉不加刑原则，进而责难二审法院成了"第二公诉人"，严重违反了控审分离原则等。

实质上，本案二审裁判争议的焦点问题就是，二审法院在被告人提起上诉以及检察机关为被告人的利益求轻抗诉的情况下，依然改判加刑，是否违反上诉不加刑原则？想要准确回答这个问题，我们首先要了解什么是上诉不加刑原则以及该原则在我国的相关法律规定，两者缺一不可，否则这种争辩就丧失了基础前提与意义价值。

上诉不加刑是对被告人提出上诉的案件，上诉审法院不得加重被告人刑罚的诉讼原则。该原则的初衷旨在消除被告人对上诉的顾虑，保障其依法行使上诉权。上诉不加刑原则体现了立法者对刑事被告人法益的倾斜保护，已为世界上大多数法治国家所普遍采用，并成为一项重要的诉讼规则。我国1979年首部《刑事诉讼法》确立了中国式的上诉不加刑原则，规定在该法的第137条第1款，第二审人民法院审判被告人或者他的法定代理人、辩

护人、近亲属上诉的案件，不得加重被告人的刑罚；第2款规定了例外，即人民检察院提出抗诉或者自诉人提出上诉的，不受前款规定的限制。随后，1996年《刑事诉讼法》修改时并未涉及上诉不加刑原则。直到2012年《刑事诉讼法》修改时才在当时的第226条第1款增加"第二审人民法院发回原审人民法院重新审判的案件，除有新的犯罪事实，人民检察院补充起诉以外，原审人民法院也不得加重被告人的刑罚"的规定。但该条第2款但书的规定仍得以保留。因此，该款新增加的情形在检察机关提出抗诉或者自诉人提出上诉的情况下，同样不适用上诉不加刑原则。随后2018年《刑事诉讼法》再修改时对上诉不加刑原则的内容只字未动，只是将法条的序号调整为第237条。①

根据我国2018年修订后的《刑事诉讼法》，我国只确立了有限的"上诉不加刑"原则，即仅被告人一方上诉的情况下，二审法院才受"上诉不加刑"原则的羁束，二审法院不能对被告人作出较一审结果更为不利的裁决。换言之，即使被告人一方上诉，但检察机关提起了抗诉，是不适用上诉不加刑原则的。上述法条的立法原意也与我国刑事诉讼法学统编教材中就上诉不加刑原则的意涵理解是一致的。通过查阅教育部组织编写的马克思主义理论研究与建设工程重点教材《刑事诉讼法学》可知"上诉不加刑原则仅适用于被告人或者其法定代理人、辩护人、近亲属单方面提出上诉的案件。人民检察院提出抗诉或者自诉人提出上诉的案件，无论被告人方面是否提出了上诉，都不适用上诉不加刑原则"②。

有学者对刑事诉讼法的规定进行了限缩解释，即对《刑事诉讼法》第237条，"第二审人民法院审理被告人或者他的法定代理人、辩护人、近亲属上诉的案件，不得加重被告人的刑罚……人民检察院提出抗诉或者自诉人提出上诉的，不受前款规定的限制"。将其中的人民检察院提起抗诉解释

---

① 《刑事诉讼法》第237条：第二审人民法院审理被告人或者他的法定代理人、辩护人、近亲属上诉的案件，不得加重被告人的刑罚。第二审人民法院发回原审人民法院重新审判的案件，除有新的犯罪事实，人民检察院补充起诉的以外，原审人民法院也不得加重被告人的刑罚。人民检察院提出抗诉或者自诉人提出上诉的，不受前款规定的限制。

② 陈卫东主编：《刑事诉讼法学》，高等教育出版社2019年版，第334-335页。

为"检察机关提起不利于被告人的抗诉"，质言之，即使检察机关提起了抗诉，但提起的是有利于被告人的抗诉，此时二审法院仍需遵循"上诉不加刑"原则，禁止对被告人作出不利的变更。对于此种观点，笔者认为是不妥当的。我国从法律规范上并没有将提起二审抗诉的事由加以进一步的区分，检察机关提起二审抗诉的事由是"认为一审判决、裁定确有错误"。因此，目前关于"有利于被告人的抗诉"和"不利于被告人的抗诉"的区分仅停留在理论研究层面。有学者拿出全国人大常委会法工委刑法室对《刑事诉讼法》所做的释义，并据此认为当检察机关提出有利于被告人的抗诉时，二审法院仍需遵循上诉不加刑原则。笔者认为，且不说该释义的相关内容已在2018年《刑事诉讼法》中得以删除（"检察机关为被告人利益提起的抗诉需遵循上诉不加刑原则"的条款已不存在）。另外，即使该内容依然存在，但该解释是由全国人大常委会法工委刑法室作出的，解释主体不适格，所以并不属于立法解释，至多只能作学理解释以供参考，因此不具有法规范层面的效力。

综合上述分析并结合余金平案件的二审程序，我们可以看出，二审法院即北京市第一中级人民法院在被告人余金平上诉和检察机关提起抗诉的情况下改判加重并不违反上诉不加刑原则。相反，我认为二审法院的法官是在充分遵照我国实定法关于上诉不加刑规定的基础上作出的裁判，其合法性不宜指摘。实际上，关于二审裁判是否违反上诉不加刑的问题，其问题本身并不难回答。法官严格依照现行法办案不仅是应该的，而且是必需的。那么，二审判决究竟为何会引发如此多的质疑？我想原因无外乎有以下三种：一是一些学者拿理论中"法"或者域外的法来要求我们的法官去对照裁判；二是一些观点对我国现行上诉不加刑的法条作了不当的限缩解释；三是部分观点援引了不具有法律效力的学理解释作为支撑依据。

（三）本案中二审法院依法改判是否属于程序不当

在余金平案件的二审中，北京市第一中级人民法院否定了一审法院对余金平自首情节的认定，这也直接导致余金平在二审中被加重了刑期。有评论者认为，二审法院的做法违背了审判权应受诉权制约、禁止突袭裁判的法理。二审法院在控辩双方对自首成立无异议，又无释明并听取双方意见的情况下直接否定自首，显然违背了法理。鉴于上述理由认为二审法院直接裁定否定自首不当，比较妥当的方式是将本案撤销原判发回重审。①

为了分析上述问题，我们先来查阅《刑事诉讼法》关于二审法院发回重审的相关规定。根据我国《刑事诉讼法》第236条之规定②，二审法院撤销原判发回重审的法定事由是"原判决事实不清、证据不足"。就余金平案件来说，一审法院和二审法院在对余金平自首情节的认定问题上产生了分歧。关于这个问题，我们不妨对照分析余金平案件的第一审与第二审裁判文书。一审法院认为，鉴于被告人余金平自动投案，到案后如实供述犯罪事实，可认定为自首，依法减轻处罚；其系初犯，案发后其家属积极赔偿被害人家属经济损失，得到被害人家属谅解，可酌情从轻处罚。③二审法院认为，根据我国《刑法》相关规定，自首是指犯罪嫌疑人自动投案，并如实交代自己的主要犯罪事实。在交通肇事案件中，主要犯罪事实包括交通事故的具体过程、事故原因及犯罪对象等方面事实。对于驾驶机动车肇事致人死亡的案件而言，行为人在事故发生时驾车撞击的是人还是物属关键性的主要犯罪事实，应属犯罪嫌疑人投案后必须如实供述的内容。本案中，根据现场道路环境、物证痕迹、监控录像等可以认定，余金平在事故发生时对于撞人这一事实是明知的。其在自动投案后始终对这一关键事实不能如实供述，因而属未能如实供述主要犯罪事实，故其行为不能被认定为自首。④通过分析一审、二审裁判文书的内容，我们可以发现，鉴于被告人余金平否认事发时明知撞人，

---

① 参见龙宗智《余金平交通肇事案法理重述》，载《中国法律评论》2020年第3期。

② 第二审人民法院对不服第一审判决的上诉、抗诉案件，经过审理后，应当按照下列情形分别处理：（一）原判决认定事实和适用法律正确、量刑适当的，应当裁定驳回上诉或者抗诉，维持原判；（二）原判决认定事实没有错误，但适用法律有错误，或者量刑不当的，应当改判；（三）原判决事实不清楚或者证据不足的，可以在查清事实后改判；也可以裁定撤销原判，发回原审人民法院重新审判。原审人民法院对于依照前款第三项规定发回重新审判的案件作出判决后，被告人提出上诉或者人民检察院提出抗诉的，第二审人民法院应当依法作出判决或者裁定，不得再发回原审人民法院重新审判。

③ 参见北京市门头沟区人民法院（2019）京0109刑初138号刑事判决书。

④ 参见北京市第一中级人民法院（2019）京01刑终628号刑事判决书。

二审法院据此作出不构成完整自首的认定。但这并不意味着余金平案的一审判决属于事实不清、证据不足的情形，因此不符合《刑事诉讼法》第236条第1款第3项关于发回重审的规定。另外，根据上述法律规定，二审法院即使在原判事实不清、证据不足的情况下，也可以在查清事实后改判，仅在自首情节的认定上有疑问是无法与"案件事实不清、证据不足"画等号的，因此本案的二审法院直接改判符合现行法的规定。

此外，一审判决书中关于自首的表述是"可以"认定自首，这也说明一审法院在余金平是否成立自首这一问题上是有些纠结的。上述疑虑也在很大程度上导致一审法院未接受检控方"判三缓四"的量刑建议，而最终判处余金平有期徒刑2年。再者，如果我们单从程序运行的角度分析，试想本案的二审法院如果裁定撤销原判，发回一审法院重新审判的话，会出现两种结果。"若一审重审依然认定自首、维持2年有期徒刑的量刑，被告人一样上诉；若不认定自首，被告人不是更要上诉？总之，发回重审的结果是，案件还会被提起上诉而回到二审程序。"① 综上，笔者认为，本案二审法院依法改判不属于程序不当，既遵循了现行法规定，也符合案件实际需要。

三、反思与启示

（一）法院裁判应坚守实定法的权威

余金平案件的判决，尤其是二审判决引发了社会舆论的质疑，甚至是严厉批评。通过上文梳理并分析余金平案中争议较大的几个程序问题，我们可以得出一个初步的结论，即无论是余金平案的一审法院还是二审法院作出的裁判，并不像舆论中宣传的那样"十恶不赦"。相反，笔者认为，余金平案件中的法院顶住了控方和社会舆论的双重压力，依法作出了相对兼顾法律效果和社会效果的裁判。此外，值得一提的是，余金平案件的二审判决是一个具有里程碑意义的裁判文书。近年来，最高人民法院一直致力于推进裁判文书释法说理工作，最高人民法院在2018年6月印发了《关于加强和规范裁

---

① 刘计划：《抗诉的效力与上诉不加刑原则的适用——基于余金平交通肇事案二审改判的分析》，载《法学》2021年第6期。

判文书释法说理的指导意见》，旨在进一步提高裁判文书说理的质量与成效。毫无疑问，余金平案件的二审法院严格遵照了最高人民法院的相关要求。具体体现为，余金平案的二审判决书洋洋洒洒，长达一万八千余字，判决对"为什么不采纳上诉、抗诉意见"和"撤销一审判决并进行改判的理由"分别作出了有针对性的回应与说理。这份裁判文书也引发学界的热议，并视为"说理"判决书的典范。

余金平案件中，那些针对二审法院违反禁止不利益变更原则或者上诉不加刑原则的指责很大程度上是因为他们对我国现行立法熟悉不够，抑或进行了不当解读。其中，也有一部分原因是深受域外立法的影响，因而干扰了中立的判断。我国是成文法国家，根据我国《宪法》和《刑事诉讼法》确立的司法原则，人民法院裁判案件应当"以法律为准绳"，即法院裁判应坚守实定法的权威，否则就直接违反了社会主义法制建设中"有法可依、有法必依、执法必严、违法必究"的基础要求。另外，我国的法官并无一些域外国家的法官所享有的在个案中的法律解释权。在我国现有的司法体制下，法律解释权是由全国人大常委会、最高人民法院、最高人民检察院等法定机关依法享有的。因此，我们不能寄希望于法官在某个个案中不依照现行立法，而作出有利于被告人的解释，这不仅是强人所难，还是逼着法官犯错误。

目前，在我国司法责任豁免制度以及法官职业保障机制尚不健全的现状下，我们要怀着一颗同理心，不能轻易给法官"打板子"、"扣帽子"，而是应该持有一种严谨、尊重的态度。如果不是原则性的错误或违法违纪，社会公众不应该对法院和法官横加指责，否则这种潜在的压力就像是悬在法官头顶上的达摩克利斯之剑，随时都有可能砍下来；如果是这样，法官这一职业将变成最高危的职业，让人望而却步。此外，如果对这种风气不加遏制的话，无疑也严重冲击司法权威和公信力。再者，在现实生活中，我们还要将法律和法官区分开来。由于司法环境、历史传统等外部因素的多重限制，我们的实定法虽日趋完善，但也会存在局限，甚至缺陷。所以，如果司法实践中出现了法官裁判"合法但不合理"的情况，我们就应该反思法律本身是否存在不足，并努力推进立法完善，这才是解决问题的理性态度。

（二）从立法上完善我国的上诉不加刑原则

关于上诉不加刑原则的完善观点，我国学界其实在 20 世纪八九十年代就已经提出。有学者在确认抗诉不受上诉不加刑限制的同时，也主张人民检察院为被告人利益而提出抗诉的案件，'二审法院亦应适用上诉不加刑原则，立法对此有疏漏，进而建议在《刑事诉讼法》修改中予以解决。[①] 虽然 1996年《刑事诉讼法》修改时，有学者专门就上诉不加刑原则提出过修改建议，但是建议最终并未获得立法层面的采纳。随后，2012 年《刑事诉讼法》修改时仅就上诉不加刑原则增加了一款规定，但仍未涉及上诉不加刑原则的实质修改。2018 年《刑事诉讼法》修改时更是对上诉不加刑原则的内容只字未动。这个过程中，以陈光中先生为代表的学者也一直在为完善我国上诉不加刑原则而鼓呼，并建议在《刑事诉讼法》修改时，增加规定检察机关为了被告人的利益提起抗诉时也适用上诉不加刑原则。[②] 与专家、学者的积极踊跃相比，立法机关对上诉不加刑原则的修缮态度明显消极且迟滞。

"他山之石，可以攻玉"，当今是一个诉讼制度多元化的时代，世界各国的刑事诉讼制度与程序都可能在一些方面存在共通之处。正如世界上没有两片完全相同的树叶，一个国家的法律制度深植于本国的历史文化和司法传统。因此，不同国家的法律制度之间也会存在一些差异，甚至鸿沟。只有通过比较研究，理论研究的视角才能扩大，才能评判出不同制度间的优劣短长。比较研究的直接目的是借鉴，根本目的是为某个制度、程序在我国的发展提供正向经验以及负向警示。比较研究不是机械地照搬照抄，而是应通过归纳、总结，结合当下我国实际，因地制宜地探求发展良策。因此，在考虑完善我国上诉不加刑原则的问题之前，我们要先了解域外典型代表国家的相关规定。

以德国和日本为例，在德国，自检察制度确立后，检察官的职能定位就是首先需要回答的问题。就这个问题，当时出现了意见相左的两派。一方认

---

① 李宝岳：《再论"上诉不加刑"原则》，载《中央检察官管理学院学报》1994 年第 2 期。

② 参见陈光中、曾新华《〈刑事诉讼法〉再修改视野下的二审程序改革》，载《中国法学》2011年第 5 期。

为检察机关在刑事诉讼中的定位与民事诉讼中的原告一样，应为"主观的一造诉讼当事人"，即检察官就是代表国家追究犯罪的专门人员，只需发挥刑事追诉职能，实现国家的刑罚权即可。另一方以萨维尼为代表，主张检察官是客观的"法律守护人"，检察官不仅应当追究、打击犯罪，维护公共利益，而且还应当在同等程度上保护被告人的利益并且充分保障被告人的辩护权。经过长时间的辩论和商讨，主张"法律守护人"观点的客观派获胜。经过这场极具深远意义的论战后，检察官的职能得到丰富与发展，检察官被定位为"法律守护人"，因而被课以客观义务的约束，该义务要求检察官在诉讼中要全面关注有利于与不利于被追诉人的各种情形。因此，可以说，德国法就上诉不加刑的规定与检察官客观义务密不可分。德国《刑事诉讼法典》第331条明确规定，检察官得为被告人利益上诉。仅由被告人或者为了其利益由检察院或其法定代理人提起上诉的，对于行为法律后果的刑罚种类及刑度上，不允许作不利于被告人的变更。

日本传统上属于大陆法系国家，具有深厚的职权主义传统，"二战"后因战败被美国占领，因而不得不被强迫转型。日本的诉讼制度吸收了当事人主义的有益经验，从而呈现出混合式诉讼模式的特点，在日本，虽然检察官也负担客观义务，但是远不如德国那般严格。日本的检察官负有请求正当适用法律的职责。上诉不加刑原则的适用前提是被告人上诉或者为了被告人的利益上诉，其中为了被告人的利益提起上诉的主体为被告人的法定代理人、保佐人、原审的代理人、辩护人等。日本的检察官上诉即使客观上有利于被告人，也不属于"为被告人的利益提出的上诉"，上诉审法院改判不受上诉不加刑原则的限制。[①] 由此看出，就上诉不加刑的模式而言，我国与日本相同，而与德国模式不同，具体采取何种模式，应分析多种利弊并结合我国国情综合研判。

笔者认为，随着全面依法治国的推进以及司法体制改革的全方位、深层次开展，未来我们传统的诉讼理论面临着进一步的革新与修正。长期以来，

---

① 参见刘计划《真的违反"上诉不加刑原则"吗？——评余金平案二审改判加刑》，载"人民大学刑事法律科学研究中心"微信公众号，2020 年 4 月 28 日。

我国的办案机关深受"重实体、轻程序"错误思想的支配，片面强调客观真实，在一定程度上损害了诉讼程序的安定。余金平案件给刑事诉讼法学界带来的影响不仅仅是众多大咖之间的"学术商榷"，更为重要的是又一次引发了学界和实务界对完善我国上诉不加刑原则问题的重视。

近年来，随着恢复性司法理论和协商性司法的兴起，片面追究惩罚犯罪的刑罚观也发生了转向，刑事司法的理念也吸纳了诸如修复社会关系、实现司法效益等合理内涵。因此，笔者认为，为了进一步实现程序正义和人权保障，我们应完善现行上诉不加刑原则。具体而言，在现行上诉不加刑原则，即仅有被告人一方提出上诉，二审法院才不得加刑规定的基础上，增加规定，即如果检察机关为了被告人的利益或者提出有利于被告人抗诉的，二审人民法院也不得加重被告人的刑罚。至于有人担心确立上述上诉不加刑原则后，会对案件的公正处理产生不利影响，笔者认为，这种担心是可以通过审判监督程序消除的。最后，如果按照上诉思路修改上诉不加刑原则，那么就面临着二审法院要放弃"全面审查原则"，进而接受国家刑罚权行使的谦抑性。此外，为了支持上述修法，《刑事诉讼法》和《人民检察院刑事诉讼规则》还需及时跟进并完善人民检察院二审抗诉事由的分类，明确将检察机关提起二审的抗诉事由区分为有利于被告人的抗诉和不利于被告人的抗诉，以此实现法律系统内部的融贯性。

（三）优化量刑建议的生成机制

认罪认罚从宽制度推行以来，最高人民检察院为了推进制度适用，提出了70%适用率的目标要求。[①] 为此，以适用率作为指挥棒，各地检察机关推行认罪认罚适用率及量刑建议采纳率的业绩考核，这虽在一定程度上提高了司法效率，但这种不合理的外在激励极易导致量刑建议失当。余金平案件中，北京市门头沟区人民检察院提出的量刑建议明显不当，因而未被一审法院采纳，进而导致了后续一连串的连锁反应。这不得不引发我们对认罪认罚案件中量刑建议生成机制的反思，因为量刑建议是认罪认罚从宽制度推进中

---

① 于潇：《最高检：认罪认罚从宽制度适用率达70%左右是合理目标》，载正义网，http://news.jcrb.com/jxsw/201910/t20191024_2068618.html，2021年10月20日访问。

的重要一环，并直接影响该制度后续运行的效果。为了优化量刑建议的生成机制，我们可以遵循以下思路。

1. 优化量刑建议的形成

当前量刑建议生成机制中一个突出问题是检察机关强势，辩方力量屡弱，控辩双方的力量博弈相差悬殊，两者进行"协商"的筹码严重不对等。为了应对上述问题，检察官必须肩负起审前主导的责任意识与担当，严格遵守客观义务，在形成量刑建议的过程中全面关注被追诉人的各种量刑情节，尤其是对其有利的情节，全面审查并判断证据，主动听取辩方的意见，积极与辩方进行平等协商，确保量刑建议真正建立在控辩双方平等合意的基础之上。此外，为了敦促检察官履行客观义务，必须建构有益的外部激励机制。具体而言，完善检察系统内部现存的绩效考核指标，将检察官履行客观义务的情况纳入指标体系，以此倒逼检察官自觉履行。

2. 强化量刑协商中的辩护权

刑事诉讼发展的历史就是辩护权扩张的历史。[1]强化量刑协商程序中的辩护权能是保障控辩协商公正性的前提。为了增强量刑协商程序中的辩护权，2018年，我国刑事诉讼法新增设了值班律师制度。值班律师为犯罪嫌疑人、被告人提供法律咨询、程序选择建议、申请变更强制措施等法律帮助。但是，从实践效果来看，值班律师在认罪认罚案件中的功能发生异化，更多只是充当"见证人"的角色，无法在量刑协商中为被追诉人提供实质有效的法律帮助。因此，未来可以考虑明确赋予值班律师以完整的辩护权，充分保障值班律师的阅卷权、调查取证权等核心权能，同时进一步明确值班律师与辩护律师提供辩护服务的衔接程序。

3. 探索建立量刑建议的类型化、统一化以及精准化

从认罪认罚制度实践中看，检察机关的量刑建议容易出现裁量权过宽而规范性不足的问题。在推进认罪认罚从宽制度时，我们也要注意检察权行使的谦抑性，以及尊重"以审判为中心"的程序法理。[2]为了维护裁判结果

---

① [日]田口守一：《刑事诉讼法》，张凌、于秀峰译，中国政法大学出版社2010年版。

② 参见龙宗智《余金平交通肇事案法理重述》，载《中国法律评论》2020年第3期。

的可预期性，充分调动辩方认罪认罚的积极性，我们要进一步探索建立量刑建议的类型化、统一化以及精准化。实践中，要善于总结经验，将不同个案适用量刑建议的情节、犯罪构成、行为后果等进行类型化整理。通过司法大数据平台或者类案推送系统，对于同类型的案件，尽力实现"同案同量刑建议"。最后，需进一步优化针对认罪认罚案件量刑建议的案例指导制度，进而从宏观层面把控量刑建议的标准化与精准化。

（四）完善认罪认罚案件中被告人权利救济程序

法谚有云："无救济则无权利。"我国现行刑事诉讼法在构建认罪认罚从宽制度时存在一个明显的漏洞，即没有设计辩方签署的具结书和检察机关的量刑建议被法院否定后，被告人的救济机制。而关于认罪协商协议被否定后的救济机制，德国法的规定则较为完备。《德国刑事诉讼法》第257条第4条款规定，如果出现了法律或事实上具有重要意义的新情况或者原来被忽视的情况，法官先前的承诺无法兑现时，应当迅速告知被告人，而且不得适用被告人基于协商而作出的口供。[①] 笔者认为，构建该救济程序的必要性是显而易见的。这不仅可以避免认罪认罚实践中犯罪嫌疑人、刑事被告人因选择认罪认罚而招致不利的法律后果，还能有效消除被追诉人在选择认罪认罚问题上的顾虑，进而推进该制度的良性运行。其中，非常重要的一个问题就是被追诉人与控方签署的具结书中涉及如实供述罪行的内容。因此，当量刑建议和具结书没有被法院认可的情况下，我们应明确规定：除非被告无异议，否则应否定基于先前认罪认罚具结书而获取的被告人供述以及被告人认罪的效力。试想如果不从法律上否定上述行为的效力，则很有可能致使认罪认罚从宽制度走向歧途，甚至引发制度欺骗的嫌疑。

结语

余金平案件的第一审、第二审程序已尘埃落定，该案是否启动再审程序目前仍是未知数。余金平案中，北京市两级人民法院的判决揭示出认罪认

---

① 参见龙宗智《余金平交通肇事案法理重述》，载《中国法律评论》2020年第3期。

罚从宽制度全面铺开后，法院与检察院之间的角力与冲突，这是以往我们不曾预想到的情况。法检两家量刑争议背后的原因不仅体现为法、检对量刑主导权的争夺，还从侧面反映出法检在认罪认罚从宽制度具体实施中所遇到的迷思与困惑。因此，从这个角度来看，近年来认罪认罚从宽制度虽如火如荼地推进，但问题仍然不少，需要我们每一个理论研究者与实务人员保持清醒的头脑并接续努力，不断积累有益的共识与经验，方能推进该制度的良性运行。余金平案件除了理论上的研究价值外，还给我们一个沉痛的警示，告诫我们做人做事要时刻保持清醒的头脑，不能抱有一丝侥幸心理。世上没有后悔药，即使余金平痛定思痛，他也很难消除此次事件对他本人及被害人家属带来的伤痛。2021年正是酒驾入刑的第十年，根据2021年4月23日，最高人民检察院发布的2021年1月至3月全国检察机关主要办案数据，从起诉罪名看，排在第一位的是危险驾驶罪74713人，同比上升1.1倍；最高人民法院此前公布2019年上半年全国法院审判执行数据，在审结的刑事案件中，危险驾驶罪首次超越盗窃罪，排在第一位。这些冷冰冰的数字反复敲打并告诫我们：喝酒不开车，开车不喝酒，珍惜生命，远离酒驾！

（马若飞）

网络不是法外之地

——杭州女子取快递被造谣出轨案

引言

众口铄金，积毁销骨。一个莫名的网络谣言会让人彻底陷入"社会性死亡"的深渊。

2020 年 7 月，浙江杭州谷女士（化名吴女士、吴思琪、吴莉、吴思思等）在小区快递驿站取快递时，被男子郎某偷录视频。郎某随后与朋友何某编造了"女子出轨快递员"的聊天内容并发至微信群，其后，谣言疯狂流散。谷女士报警后，警方对二人诽谤他人的行为分别作出行政拘留 9 日的处罚。但事情没有随着警方的处罚而结束，在双方和解的过程中，谷女士认为对方的态度难以令人接受，故于 2020 年 10 月 26 日向杭州市余杭区人民法院提起刑事自诉，要求以诽谤罪追究郎某、何某的刑事责任。2020 年 12 月 14 日，余杭区人民法院立案受理该案。

就在公众等待法院的判决之时，本案又发生了意想不到的转折。2020 年 12 月 25 日，杭州市公安局余杭分局根据杭州市余杭区人民检察院的建议，对郎某、何某涉嫌诽谤案立案侦查。至此，该案的性质由自诉案件转为公诉案件。最终，余杭区人民法院于 2021 年 4 月 30 日对该案开庭审理并当庭宣判，分别以诽谤罪判处被告人郎某、何某有期徒刑 1 年，缓刑 2 年。

从治安案件到刑事案件，从自诉案件到公诉案件，本案的影响广泛而深远。早期在网络上传播之时，本案就因案情荒诞离奇而几度在网络上引发热议，吸引了全国公众的目光。直到公权力机关介入之后，围绕该案"自诉转公诉"的理论探讨更加热烈。在 2021 年两会期间，该案也被写入最高人民检察院的工作报告，并被列为 2020 年度十大法律监督案例，其个案宣示意义及相关理论问题都值得深入探讨。

一、案情回顾

（一）一个谣言的诞生

在受害人谷女士看来，一切都源于一场"意外"。2020 年 7 月 7 日，谷女士像往常一样去快递驿站取快递，没想到这一平常的举动会将自己推入一个巨大的舆论旋涡之中。

正在谷女士取快递时，快递驿站隔壁便利店的老板朗某在百无聊赖中将镜头对准她，随手拍了一段时长 9 秒、内容为谷女士等待取快递的视频。随后，郎某与朋友何某将这段 9 秒的视频当作"引子"，造谣出了一个寂寞少妇的故事：面容姣好、家庭富裕的女主人耐不住寂寞，与快递员偷情。朗某、何某分饰"快递小哥"与"已婚女业主"，捏造了暧昧的微信聊天内容，并将虚假的聊天记录与谷女士取快递的视频一起发至一个微信车友群。这是一个由改装车爱好者组成的群，约 280 余位群友大多在现实中认识，群里男网友多，三天两头地发一些美女视频，开些玩笑。

群友们或惊奇、或夸张的反应使得造谣者获得"满足感"。为了增加"故事"的可信度，朗某和何某还捏造内容为"赴约途中""约会现场"的视频、图片。2020 年 7 月 7 日至 7 月 16 日，郎某将上述捏造的微信聊天记录截图及视频、图片陆续发布在该微信群中，引发群内大量低俗评论。①

郎某在接受媒体采访时表示，他是出于虚荣心、吹吹牛皮的想法，才与何某编造了聊天记录，配上偷拍的女业主视频发到了群里。用朗某的话说，"只是为了博大家一笑，没想到被人把聊天记录传了出去。"② 最早的一个

① 参见浙江检察《浙江检察机关依法对被告人郎某、何某涉嫌诽谤一案提起公诉》，载微信公众号"浙江检察"，https://mp.weixin.qq.com/s/ngswC2vwWQ1_ZiAZ9qT7PQ。

② 肖薇薇：《28 岁女子被造谣"出轨快递小哥"之后》，载新京报，https://www.bjnews.com.cn/detail/1607651479157572.html。

转发记录发生在 2020 年 8 月 5 日，群友陶某出于"好玩"、"吃瓜"的心态，将捏造的内容打包转发至另一个一百多人的群，从而将谣言扩散了出去。而在扩散的过程中，色情图片被添加进来，捏造的内容继续被打包转发。

2020 年 8 月 7 日凌晨，一位朋友提醒谷女士，有人在网上传播"少妇出轨快递小哥"的消息，女主角就是她。听到这一消息后，谷女士又惊又怒。在谷女士看来，视频中描绘的是一个"普通得不能再普通"的取快递场景，自己穿着长度到小腿的连衣裙，也没有任何轻浮的举动，甚至没有和其他人进行多余的交流。而在 2020 年 8 月 7 日上午，谣言已经传到谷女士的同事群、小区业主群、超市团购群。随后，谣言甚至登上了杭州本地热搜榜。为维护自己的权益，谷女士在当天报了警。

接到报警后，警方找到朗某与何某，并于 2020 年 8 月 13 日发布警情通报称：郎某和何某捏造聊天内容，并截图发至微信群，造成不良社会影响，依法分别对二人作出行政拘留 9 日的处罚。

（二）"社会性死亡"的深渊

警方的警情通报虽然澄清了谣言，但事情并没有随之结束，不实内容仍然在网络空间大肆传播。相关内容被转发的微信群有 110 余个（群成员总数 2 万余人），一些自媒体也在添油加醋、推波助澜，利用这个话题进行炒作。例如，2020 年 8 月 8 日，某微信公众号发布了《这谁的老婆，你的头已经绿到发光啦！》的文章，短短两三天，点击量就达到了 1 万多次。一个月后，多篇网帖的总浏览量达 6 万多次。[①]

此外，"无风不起浪"、"苍蝇不叮无缝的蛋"等冷言冷语也充斥着网络空间，不明真相的网友写下不堪入目的留言，谷女士甚至收到一位网友从国外发来的信息，内容是"你和快递小哥上床的视频我们全都看了"。

整件事情的影响也从网络蔓延至现实，莫名而来的谣言使得谷女士的正常生活仿佛被按下了暂停键。同事们私下的讨论也传到了谷女士的耳朵里，在谷女士看来，大家将她的受害经历当成笑话去说，而一个新入职的同事甚

---

① 参见陈菲、吴帅帅《拍案丨"取快递女子被造谣出轨案"移送检察院，该案为何最高检关注？》，载微信公众号"新华社"，https://mp.weixin.qq.com/s/Q6SQDFuSa8naTniJIGsdGA。

至拍摄了她在公司的视频，发到了一些群里。在她出门时，也会有人掏出手机用摄像头对准她，或者盯着她看，对她议论纷纷。①

因为处理此事需要耗费时间和精力，谷女士向公司请假一周，但也接到了公司的劝退电话。公司的人事告诉她，可以在家休息一段时间，但这段时间可以去找一些其他的工作机会。2020 年 9 月 8 日，谷女士被确诊为"抑郁状态"。谷女士的男朋友需要经常出差，但为了照顾女友，他也因无法参与正常工作而离职。在重新找新工作时，谷女士也被屡屡拒绝，遇到询问"你为什么从上一家公司离职"的问题时，她会将自己的经历，包括抑郁状态如实告诉对方，但对方往往只是表示一下同情和安慰就结束对话。在谷女士看来，社会是关闭的，还没有做好准备去接纳她。她说："有的时候你处在深渊里，不是你想出来就能出来的，我觉得这就是社会性死亡吧。"②

谣言也给造谣者朗某和何某的生活带来极大变化，他们二人成了舆论风暴的另一个核心。事件发生之初，部分网民就对造谣者的恶意造谣行为表达了不满，而在造谣者的态度和谷女士患抑郁症的消息被媒体曝光后，该话题的热度达到新的峰值。造谣者的态度和被造谣者的悲惨状态形成强烈对比，点燃了网友的负面情绪，舆论逐渐转变为强大的情绪宣泄，不少人对造谣者进行了谩骂、诅咒。

27 岁的郎某在拘留结束后就更换了超市的名字和招牌，这是他贷款开的超市，刚装修完开业不久，但在事发后的一段时间内几乎没有什么客人上门，因为"女业主会担心被偷拍"。郎某在接受媒体采访时表示，被拘留的9 天里，他无数次在后悔。他的手机号也被网友泄露，每天都会收到陌生人的辱骂信息。

23 岁的何某在拘留结束后回到了工厂上班。作为"被全网谴责的对象"，何某不仅清空了微博、抖音等社交平台上的信息，尽力抹去自己在互

---

① 参见舒静、吴帅帅《女子取快递被造谣事件调查：一个"玩笑"引发的网络暴力》，载百家号"新华社客户端"，https：//baijiahao.baidu.com/s？id=1686220744621531454&wfr=spider&for=pc。

② 肖薇薇：《28 岁女子被造谣"出轨快递小哥"之后》，载新京报，https：//www.bjnews.com.cn/detail/160765147915772.html。

联网中的一切痕迹，也回避媒体的采访。他的一位朋友告诉媒体，这几个月，他除了上班，几乎不再出门，也没有参与过朋友的聚会，"有几次崩溃哭了，后悔了，知错了"①。

（三）提起刑事自诉

在朗某等二人的行政处罚执行完毕后，谷女士也提出与二人和解。她相信朗某、何某录视频造谣的出发点是"开玩笑"，虽然存在恶意，但并不是针对谁，只是那天恰好被自己赶上了。8月30日，谷女士发布微博称，决定放弃深究刑事责任的权利，但要求郎某和何某发布具有诚意的道歉视频，并赔偿损失。

考虑到造谣者也有家人，也需要做人，而且自己也经历过了网络暴力，明白其中的痛苦，因此谷女士同意朗某与何某拍摄道歉视频时佩戴墨镜、口罩。谷女士也为二人准备了道歉视频的稿件，但有关内容经过郎某、何某多次修改。最终，郎某、何某于8月31日录制了道歉视频。

遗憾的是，双方沟通赔偿事宜的过程并不愉快。谷女士认为，她可以不要名誉损失费、精神损失费，但对方必须赔偿谣言给她带来的直接经济损失，包括她和男友失业期间的误工费、案件证据公证费用、律师咨询费等。平均下来，朗某、何某、视频转发者陶某三人每人需赔偿58000元。但朗某和何某认为赔偿金额过高。何某希望降低赔偿费用，朗某则表示，谷女士只提供了一份公司开具的工资证明，没有提供其月工资流水，且谷女士男友的失业损失也不应由他们赔付。最后，谷女士与朗某、何某的和解不了了之。而谣言转发者陶某在群里发布了公开道歉后，主动找到了谷女士的代理律师，达成和解。

谷女士认为，这件事给她造成的经济损失已远远超过她提出的赔偿金额，且更令她不能接受的是朗某与何某的态度。她认为，何某与朗某两人在录制道歉视频时多次修改，一再讨价还价、避重就轻，他们的道歉不具有任何诚意。而且何某道歉的目的更多的是在讲价，郎某则觉得自己只是开了个

① 参见肖薇薇《28岁女子被造谣"出轨快递小哥"之后》，载新京报，https://www.bjnews.cn/detail/160765147915772.html。

玩笑，并没有表现出诚恳的态度。[①]

此后，谷女士找到律师，希望追究造谣者的刑事责任。然而，刑事自诉的过程非常困难。为了收集证据，谷女士通过微博等社交媒体向广大网友征集诽谤信息及谣言的传播、扩散情况，取证过程十分艰难。在网上收集了两个月证据后，2020 年 10 月 26 日，谷女士委托代理律师向杭州市余杭区人民法院提交了刑事自诉状及证据材料，要求以诽谤罪追究郎某和何某的刑事责任。但在谷女士于 2020 年 10 月 26 日向法院提起刑事自诉时，因证据不足，法院并未立即立案。其后，谷女士依照法院的通知补充提交了证据材料，法院也依职权调取了与本案有关的行政处罚材料。最终，法院于 2020 年 12 月 14 日作出立案决定。[②]

然而，法院的刑事立案并没有起到平息舆情的作用，反而进一步吸引了媒体的目光。朗某的父亲接受媒体采访时说的一段话也再次掀起轩然大波，他表示："我们也很烦，具体也不是针对她。不认识的，就是小朋友开开玩笑，开出来的事情。"[③] 2020 年 12 月 16 日，谷女士拍摄视频回应"小朋友开玩笑的说法"，她认为，案发过去的 131 天，对方对此事的看法一成未变，始终认为这种行为只是两个小朋友开开玩笑而已，即便两天前法院已经作出刑事立案的决定，也依然没有意识到这种行为是犯罪。[④]

（四）自诉转公诉

2020 年 8 月至同年 12 月，此事经多家媒体报道并引发网络热议，其中仅微博话题"被造谣出轨女子至今找不到工作"阅读量就达 4.7 亿、讨论 5.8 万人次。该事件在网络上的广泛传播给广大公众造成不安全感，严重扰

[①] 参见央视新闻《今日聚焦浙江杭州对话"取快递被造谣出轨事件当事人"》，载央视网，https://tv.cctv.com//VIDEyvix27z6vkp86l2t8Rnn201226.shtml。

[②] 参见余杭法院《余杭法院立案受理谷某某诉朗某某、何某某诽谤案》，载微信公众号"余杭法院"，https://mp.weixin.qq.com/s/-5SlpvYvVyXtKdny9Kpg6Q。

[③]《视频丨女子被造谣出轨快递小哥 造谣者父亲：就是开玩笑》，载看看新闻网，http://www.kankanews.com/a//0039605957.shtml?searchType=search。

[④] 参见《视频丨小朋友开玩笑？被造谣出轨女子回应造谣者父亲》，载看看新闻网，http://www.kankanews.com/a//0039606706.shtml?searchType=search。

乱网络社会公共秩序。①2020 年 12 月，各大官方媒体也纷纷发表评论，呼吁对网络谣言进行治理。例如，2020 年 12 月 10 日，《人民日报》就发表题为《被"社会性死亡"的吴女士，谁来救济？》的评论，认为"当人们遭遇网络暴力、不公对待时，澄清事实很重要，畅通救济渠道也同样重要，这需要个人、社会与法律多方面共同努力"②。再如，2020 年 12 月 17 日，新华网发表题为《面对网络暴力需要更多"绝不退缩"》的评论，指出应"以'一盘棋'理念推进构建线上联合执法机制，有效提高'施暴'成本，将法治意识和观念转化为网民的法治自觉，进一步规范和净化网络生态环境，使互联网更加风清气正"③。

在舆情持续发酵的情况下，该案引起了最高人民检察院的注意。据媒体报道，谷女士的遭遇引起网上舆情关注后，最高人民检察院检察长张军在最高检检委会会后和几位院领导共同研究了该案，一致认为检察机关应当积极履职，依法充分保障当事人的权益。张军指出，在《民法典》贯彻实施的大背景下，怎样更好保护公民的民主权利、人格权？要考虑网络时代的特殊性，让人民群众"感受"到公平正义、有安全感，维护网络社会的良好秩序。而浙江省委政法委、省公安厅也高度重视，对本案的处理给予了有力的支持和指导。④

因此，该案的走向出现了重大的转变。2020 年 12 月 25 日，杭州市公安局余杭区分局根据杭州市余杭区人民检察院的建议，对郎某、何某涉嫌诽谤的行为进行刑事立案侦查。检察机关发布的通报称："郎某、何某的行为不仅损害被害人人格权，而且经网络社会这个特定社会领域和区域得以迅速传播，严重扰乱网络社会公共秩序，给广大公众造成不安全感，严重危

---

① 参见央视新闻《女子取快递被造谣出轨案被告人诽谤罪成立获刑 1 年缓刑 2 年》，载央视网，https://news.cctv.com//ARTIjGKNWBLbNRsjdgcrGJ5u210430.shtml。

② 钟于：《被"社会性死亡"的吴女士，谁来救济？｜人民锐见》，载微信公众号"人民日报评论"，https://mp.weixin.qq.com/s/PlO-eONVKvPN9b11nH1Mvw。

③ 马剑：《面对网络暴力需要更多"绝不退缩"》，载新华网，http://www.xinhuanet.com/politics/2020-12/17/c_1126870095.htm。

④ 参见陈菲、吴帅帅《拍案｜"取快递女子被造谣出轨案"移送检察院，该案为何最高检关注？》，载微信公众号"新华社"，https://mp.weixin.qq.com/s/Q6SQDFuSa8naTniJIGsdGA。

害社会秩序，依据《刑法》第 246 条第 2 款之规定，应当按公诉程序予以追诉。"① 至此，该案由一起自诉案件转为了公诉案件。2020 年 12 月 26 日，谷女士撤回了自诉。

2021 年 2 月 26 日，杭州市余杭区人民检察院依法将被告人郎某、何某涉嫌诽谤一案向余杭区人民法院提起公诉。②2021 年 4 月 30 日，该案一审在杭州市余杭区人民法院开庭并当庭宣判。法院认为，朗某、何某的行为已经构成诽谤罪，且其行为不仅影响到了被害人，还对网络公共秩序造成很大冲击，严重危害了社会秩序。但考虑到二被告人具有自首、自愿认罪认罚等法定从宽处罚情节，能主动赔偿损失、真诚悔罪，积极修复法律关系，且系初犯，无前科劣迹，适用缓刑对所居住社区无重大不良影响等具体情况，法院最终判处二被告人有期徒刑 1 年，缓刑 2 年。而两被告人也表示服从判决，不再上诉。

对于该案的判决结果，一些网友愤愤不平。但谷女士表示，无论是实刑还是缓刑，都是刑事处罚，她都接受。她说："我站出来更多的是为了通过法律来认定，造谣、诽谤是一个违法行为。这个案子不是我个人维权的胜利，是所有反对网络暴力的人一起努力的结果。"③

二、法理研析

（一）本案公诉的合法性

在本案中，公安机关已经对朗某、何某作出了行政拘留 9 日的处罚，那么，是否可以对二人的同一诽谤行为再次立案侦查？要对二人的行为进行追诉，就要首先明确该行为是否构成犯罪，理论与实务界在这一问题上基本没有争议。

① 浙江检察：《关于朗某、何某涉嫌诽谤犯罪案的情况通报》，载微信公众号"浙江检察"，https://mp.weixin.qq.com/s/gj-zhREWVfSjDGStbd7uhA。

② 参见浙江检察《浙江检察机关依法对被告人郎某、何某涉嫌诽谤一案提起公诉》，载微信公众号"浙江检察"，https://mp.weixin.qq.com/s/ngswC2vwWQ1_ZiAZ9qT7PQ。

③ 肖薇薇：《"取快递被造谣出轨案"造谣者获缓刑，当事人：不后悔摘口罩维权》，载新京报，https://www.bjnews.com.cn/detail/161977854815699.html。

我国《刑法》第 246 条第 1 款规定："以暴力或者其他方法公然侮辱他人或者捏造事实诽谤他人，情节严重的，处三年以下有期徒刑、拘役、管制或者剥夺政治权利。"就本案而言，认定罪与非罪的关键在于对本条中"情节严重"的判断。根据 2013 年最高人民法院、最高人民检察院发布的《关于办理利用信息网络实施诽谤等刑事案件适用法律若干问题的解释》第 2 条，利用信息网络诽谤他人，"同一诽谤信息实际被点击、浏览次数达到五千次以上，或者被转发次数达到五百次以上的"，应认定为《刑法》第 246 条第 1 款规定的"情节严重"。本案中，有关谣言的网民阅读数远大于五千次，达到情节严重的标准，足以定罪。而这也是法院受理谷女士自诉材料，进行刑事立案的原因。

紧接着的问题在于，朗某与何某可能构成的罪行是《刑法》第 246 条规定的侮辱诽谤罪，该条第 2 款明确"前款罪，告诉的才处理，但是严重危害社会秩序和国家利益的除外"。而根据我国《刑事诉讼法》第 210 条，"告诉才处理"的案件属于自诉案件。那么，本案是否满足提起公诉的条件？换言之，检察机关提起公诉是否合法？

我国采取了公诉为主、自诉为辅的犯罪追诉方式，即绝大多数案件由国家追诉，少部分案件属于自诉范畴。《刑事诉讼法》第 210 条规定了三类自诉案件，即告诉才处理的案件、被害人有证据证明的轻微刑事案件和公诉转自诉案件。其中，告诉才处理的案件类型是由《刑法》确认的，立法之所以规定告诉才处理，主要是出于保护被害人意志的考量，其基本法理在于："如被害人不欲将其被害事实公开，则国家不应对所发生之犯罪予以诉追，亦即于重视被害人利益之前提下，国家放弃其所负处罚犯罪之任务。"[1] 相应地，我国《刑事诉讼法》选择将告诉才处理的案件纳入自诉案件的范畴。主流观点认为，我国对于告诉才处理的案件采取了绝对自诉的模式，只不过当被害人告诉的行为侵犯的利益超出个人利益的范围，或者超出被害人个人决定的范畴时，这类案件就要遵循公诉程序处理。据此，大多学者也是从实体

---

[1] 蔡墩铭：《刑事诉讼法论》（修订版），台湾五南图书出版公司 1993 年版，第 297 页。

法的层面讨论本案是否符合公诉条件的，即认为，本案中检察机关公诉合法与否的关键在于对《刑法》第246条第2款中"严重危害社会秩序和国家利益"的理解。换言之，如果朗某、何某二人的行为达到"严重危害社会秩序和国家利益"的程度，公权力机关就可以介入并提起公诉。

《关于办理利用信息网络实施诽谤等刑事案件适用法律若干问题的解释》第3条规定："利用信息网络诽谤他人，具有下列情形之一的，应当认定为《刑法》第246条第2款规定的'严重危害社会秩序和国家利益'：（1）引发群体性事件的；（2）引发公共秩序混乱的；（3）引发民族、宗教冲突的；（4）诽谤多人，造成恶劣社会影响的；（5）损害国家形象，严重危害国家利益的；（6）造成恶劣国际影响的；（7）其他严重危害社会秩序和国家利益的情形。"有观点认为，本案郎某、何某的行为在前述第2项"引发公共秩序混乱"或者第7项"其他严重危害社会秩序和国家利益的情形"中存在着一定的裁量空间[1]；也有观点认为，二人的行为明显不符合前6项情形，但可用兜底条款来解释[2]。但无论采何种解释，理论和实务界人士均认为朗某与何某的行为属于"严重危害社会秩序和国家利益"。具体而言：

第一，网络空间秩序也属于社会公共秩序。根据《第47次中国互联网络发展状况统计报告》，截至2020年12月，我国网民规模已达9.89亿人，[3]可见，网络空间已经成为亿万民众共同的精神家园。尤其是在Web3.0时代，网络社会已经被赋予社会意义，成为人类生存、生活、生产的实实在在的现实场域。在本案中，朗某等人的诽谤行为也并不局限于网络环境，而是"脱虚向实"，对被害人的现实工作、生活造成巨大影响，使得被害人自觉"社会性死亡"。因此，网络空间秩序也属于社会公共秩序，与现实生活秩序一样，同样需要有序、稳定、规范的要求。

---

① 参见熊秋红《论公诉与自诉的关系》，载《中国刑事法杂志》2021年第1期，第35页。

② 参见丁灵敏、孔凡宇、周兴文《网络诽谤犯罪"自诉转公诉"的法理评析——以杭州诽谤案为视角》，载《中国检察官》2021年第10期，第11页。

③ 参见中共中央网络安全和信息化委员会办公室、中华人民共和国国家互联网信息办公室、中国互联网络信息中心《第47次中国互联网络发展状况统计报告》，第17页，载中华人民共和国国家互联网信息办公室网站，http://www.cac.gov.cn/2021-02/03/c_1613923423079314.htm。

第二，利用信息网络实施诽谤所产生的社会危害，远甚于传统熟人社会的诽谤。分析本案中有关谣言信息的传播过程可以发现，相较于传统诽谤而言，网络诽谤的传播速度更快、范围更广、影响力更大。在传统熟人社会，诽谤行为往往表现为在社区、村镇张贴大字报，邻居、亲友间口口相传等，这种行为的影响范围是局部的。而在网络诽谤中，虚假信息的传播范围被无限放大，对被害人造成更大伤害。例如，本案中，某微信公众号于2020年8月8日发布了《这谁的老婆，你的头已经绿到发光啦！》的文章后，短短两三天内，点击量就达到了1万多次，这样的传播速度、广度是传统熟人社会的诽谤难以达到的。此外，在匿名机制的保护之下，网络舆论更加不理性，不少言论或裹挟着情绪冲动，或夹杂着不明真相，很多"键盘侠"基于只言片语、一鳞半爪就急于对被害人进行道德审判，对被害人造成的伤害更大。

第三，针对不特定人的诽谤造成社会的不安全感，危害社会秩序。在传统熟人社会的诽谤中，诽谤行为往往针对特定的个体，并不会造成不特定公众的恐慌和安全感下降。但在本案中，朗某等人与被害人素不相识，被害人是行为人随机挑选的，这就意味着社会中的每一个自然人都有可能成为潜在的侵害目标。正如光明网中刊载的评论文章指出的那样："取个快递生活就变了天，吴女士在这场遭遇的起始只是做了一件你我平时都会做的事情。这样说来，她有可能是我们身边的每一个人，甚至是我们自己。"[1] 这种不特定性伤害的行为会导致人人自危，威胁社会秩序。其结果是：公众在人格权和隐私权方面的安全感下降，因为感觉到"被偷拍、被诽谤"是防不胜防的，这种恐慌情绪甚至可能引发社交自由萎缩。[2]

第四，本案的诽谤行为和危害结果之间有因果关系。在关于本案的讨论中，也有观点认为朗某、何某仅在微信群发布视频、聊天截图，相关内容的广泛传播是由第三方将视频和聊天截图打包转发给其他微信群，或者将微信

---

[1] 张永群：《光明时评：陷入"社会性死亡"的吴女士，只能自认倒霉么》，载百家号"光明网"，https://m.gmw.cn/baijia/2020-12/13/34458822.html。

[2] 参见车浩《杭州诽谤案为何能转为公诉》，《检察日报》2020年12月30日第3版。

公众号冠以博人眼球的标题，这是营销需求导致的，认为这些危害后果不宜评价为由被告人引发。但客观而言，朗某与何某作为成年人，理应知道网络社会具有开放性等的特点。无论是何种形式的转发扩散，在网络空间散布的相关信息本质上仍然是由朗某、何某拍摄的视频和捏造的聊天记录截图组成的诽谤信息，故而朗某、何某的诽谤行为与最终诽谤信息在网络空间散布程度具有刑法上的因果关系。此外，本案中，第三人的传播、转发行为在网络空间领域并不异常，他人的传播、转发行为无法阻断朗某、何某的诽谤行为与本案结果之间的因果关系。①

总之，检察机关将这一案件认定为"其他严重危害社会秩序"的情形，有着充分的理据。正如最高人民检察院第一检察厅厅长苗生明在接受记者采访时表示的那样，该案"已经远不是传统的社区传播的影响范围，社会危害也远非受害人个人所能承受，影响'围观'群众对国家法治、个人安全、社会治理的信心，实际造成了对社会秩序的严重损害。"②

（二）本案公诉的必要性

前文论述了检察机关提起公诉的合法性，那么，在被告已经受到公安机关作出的行政拘留9日的处罚，且法院已经立案受理被害人刑事自诉的情况下，再行启动公诉程序是否有必要呢？对于这一问题，理论和实务界也给出了肯定的答案，主要理由在于：

首先，本案符合国家追诉的条件，涉及公共利益，提起公诉是权力机关的职责所在。我国古代就有"有功必赏，有罪必罚，则为善者日进，为恶者日止"的说法，当前，公权力机关对犯罪的追诉也仍奉行职权原则。具体而言，从保护国家和人民利益的角度出发，公安机关必须主动负责地追究犯罪，如认为有犯罪事实需要追究刑事责任时，应当立案侦查。检察机关是代表国家行使公诉权的机关，对于公安机关移送起诉的案件和自己侦查终结的

---

① 参见丁灵敏、孔凡宇、周兴文《网络诽谤犯罪"自诉转公诉"的法理评析——以杭州诽谤案为视角》，载《中国检察官》2021年第10期，第11页。

② 郭璐璐：《苗生明谈杭州诽谤案：依法惩治网络违法犯罪》，载正义网，http://news.jcrb.com/jsxw/2021/202102/t20210202_2248768.html.

案件，认为符合法律规定的起诉条件时，原则上也应向人民法院提起公诉。本案中，朗某等人的行为侵害了公共秩序和社会利益，从维护公共利益的角度出发，对朗某、何某提起公诉不仅属于公权力机关的职权范畴，也是其职责所在。

其次，网络诽谤案件的刑事自诉存在着诸多现实困境，公权力的介入能有效弥补这些不足。实践中，刑事自诉对于被害人而言是一条"畏途"，最大的困难在于取证难、证明难。在取证问题上，网络谣言传播迅速、传播范围广、传播内容易变，自诉人作为普通公民，知识和能力有限，难以辨别诽谤者、传播者。此外，由于缺乏必要的手段和能力，自诉人也难以获得发布诽谤信息者的 IP 地址，难以确定网络中用户资料与被告人身份信息的一致性，难以全面收集诽谤信息的浏览、点击、转发数量等证据。在证明问题上，自诉案件与公诉案件一样，定罪要达到证据确实、充分的标准，但依靠自诉人自身的能力很难完成证明被告有罪的任务，自诉人面临极高的败诉风险。正如浙江省人民检察院在本案的案件通报中写的那样，"与以往口口相传、社区传播诽谤不同，类似本案被害人谷某遭受的网络诽谤案件发生后，寄望于公民个人按照刑事自诉程序自行取证或者由公安机关协助取证，以追诉犯罪、维护权益，显然会遇到重重困难，只有公安、司法机关依法启动公诉程序，才能及时有效追诉犯罪、维护被害人合法权益"①。

最后，公权力介入本案的处理具有宣示意义。本案中谷女士的遭遇并非个别现象，近年来，以"罗冠军事件""清华学姐事件"等为代表的网络暴力对当事人造成了极大伤害，这种充斥着戾气的现象也引发社会的担忧。"社会性死亡"成为 2020 年的网络热词，人们对这一现象不寒而栗，在人格权和隐私权方面的安全感下降，甚至有网友称之为互联网时代的"数字谋杀"。在此背景下，人民网三评"社会性死亡"②，舆论形成了呼吁阳光健康的

---

① 浙江检察：《浙江检察机关依法对被告人郎某、何某涉嫌诽谤一案提起公诉》，载微信公众号"浙江检察"2021 年 2 月 26 日，https://mp.weixin.qq.com/s/ngswC2vwWQ1_ZiAZ9qT7PQ。

② 参见行远《人民网三评社会性死亡》，载人民网，http://opinion.people.com.cn/GB/8213/420650/434889/index.html，2021 年 11 月 8 日访问。

数字化生存的积极诉求，公众与媒体均呼吁提高造谣成本，畅通维权渠道，加大法律方面的惩罚。因此，本案中公权力机关介入自诉更多的是表达了一种态度，向社会传递"网络空间不是法外之地"的信号，警醒每一个人都要对自己的网络言行负责，彰显了政法机关依法惩治网络乱象的坚定决心。同时，该案"自诉转公诉"的处理也形成了一个先例，即当通过网络实施的侮辱诽谤行为严重冒犯社会公序良俗时，就可以认为是"严重危害社会秩序"，进而通过公诉程序予以处理。①

（三）自诉转公诉的程序衔接

从前述分析可以看出，公权力机关对本案被告人提起公诉是合法的，也是必要的，但进一步的问题在于，本案中法院已经受理了谷女士提起的刑事自诉，检察机关提起公诉导致了"一案两诉"的出现。

从理论上来说，这种"一案两诉"具有违背程序正当性原理的风险。首先，在"一案两诉"的情况下，被告客观上比其他被告承担了更多的诉讼负担，这是违背公平原则的。其次，从司法尊严的角度来说，司法机关是社会正义的捍卫者，不得为达目的不择手段，这就要求检察机关在打击犯罪时不得滥用公诉权，不得使用违法或者违背社会伦理底线的手段打击犯罪。最后，公民享有处于安定状态的基本人权，拥有各种资源和权力的国家机关不能因为公民一项罪行，反复使其处于持续的、焦灼的、不安全的状态中。

尽管有学者认为，"随着公诉程序的启动和推进，自诉会被公诉吸收或者合一"②，但是对于公诉程序是否可以自动"吸收"自诉程序，学术界存在较大争议。而且在我国现行法中，并不存在公诉程序自动"吸收"或者"合并"自诉的程序设计。那么，如何处理这种"一案两诉"的情况呢？为此，不少学者提出了相应的程序衔接方案。总体而言，为了保证程序衔接的顺畅性，学者们均建议公权力机关说服被害人撤回自诉。本案中，检察机关会同公安机关，在刑事立案后一起向被害人解释了自诉转公诉的原因和必要性，

---

① 参见时延安《"自诉转公诉"的法理分析》，载《中国刑事法杂志》2021年第1期，第62页。

② 樊崇义：《诽谤罪之自诉转公诉程序衔接——评杭州朗某、何某涉嫌诽谤犯罪案》，载正义网2020年12月28日，http://news.jcrb.com/jsxw/2020/202012/t20201228_2236963.html。

获得被害人谷女士的支持和肯定，后谷女士在公安机关立案侦查后的第二天，即 2020 年 12 月 26 日向法院申请撤回了自诉，由此保证了程序正当性。

那么，抛开本案的特殊性不谈，如果在其他案件中，被害人不撤回自诉，应当如何处理？对此，学者们持有不同的看法，有观点认为，自诉人不愿撤诉的，法院应中止诉讼，待公诉案件起诉到法院后，再行并案审理，此时，被害人不能作为自诉人出现，而只能在附带民事诉讼中作为原告出现。[①] 也有观点认为，如果被害人拒绝撤回自诉的，人民法院应当裁定终止审理。[②] 可见，尽管本案已经顺利解决，但不少问题还有待进一步澄清。

三、本案启示

（一）构建清朗的网络空间

本案的被害人谷女士曾无奈地表示，"我不是没有错，我是什么都没做"。在网络时代，与谷女士一样有类似经历的受害人还有很多。例如，在 2020 年的"罗冠军事件"中，罗冠军因没有与前女友梁某处理好分手事宜，被梁某污蔑其在大学期间嫖娼、强奸女同学等。这一"爆料"引发舆论声讨，有网友因此曝光了罗冠军本人及家人的信息、工作单位等，使得罗冠军及其家人遭受了长时间的网络暴力，导致罗冠军被单位开除，半年之内 3 次搬家，3 次换工作，社会关系全面崩塌，声誉尽毁。而在本案的朗某、何某二人已经因为网络诽谤获刑之后，实践中肆意诽谤他人的现象也仍然屡见不鲜。2021 年 11 月，抖音平台的一名女网红为了吸引流量，拍下一位建筑工人模样的男了过马路的视频，在视频中配文称："聊了六个月的网友今天终于要见面了"。"白富美"与"民工"的反差效果使得该视频在短短几天内收获 200 多万阅读量及 5 万多点赞。但对于视频中正常过马路的史先生而言，这一吸睛举动给他带来了无穷的麻烦，朋友、妻子、儿子看到视频后纷纷打

---

① 参见时延安《"自诉转公诉"的法理分析》，载《中国刑事法杂志》2021 年第 1 期，第 59—61 页。

② 参见吴宏耀《告诉才处理犯罪的追诉制度：历史回顾与理论反思》，载《中国刑事法杂志》2021 年第 1 期，第 39—50 页；邓思清：《论自诉转公诉的规范构造》，载《西南政法大学学报》2021 年第 4 期，第 20 页。

电话质问他，引发家庭矛盾。①

这样的事情似乎每天都在发生，在出轨、异性网友等抓人眼球的关键词下，人性的窥私欲在网络上被轻松满足，但公众的不安全感也在急剧上升。人们不禁会恐慌：今天他们遭受恶意偷拍和无端诽谤，明天会不会作为"路人甲"的你我，在不经意间成为他人发泄消遣的工具？"人之多言，亦可畏也"，层出不穷的案例启示我们，"社会性死亡"的单都不该由受害者来买，公众期待着一个风清气正的网络空间，而公安司法机关也应担起应有的职责。

首先，应畅通被害人的救济渠道。对于遭受网络诽谤的被害人而言，他们最需要的并不是同情，而是畅通的救济渠道，是法律和社会能帮助他们恢复名誉、评估并弥补损失。本案中的谷女士是不幸的，莫名其妙的谣言毁了她原本平静的生活，但她又是幸运的，虽然前期的维权时间漫长，但案件最终由于公权力机关的介入而得到较为圆满的解决。实践中，不少自诉案件的被害人在遭受伤害之后往往不了了之、自认倒霉，或放弃刑事追责、仅追究加害者的民事责任。这是因为，我国的刑事自诉在客观上存在太多障碍，即使被害人找到律师，律师也会建议他们选择更加"可行"的维权途径。这种现象应当引起理论和实务界的反思，面对无数遭受无辜侵害的潜在的、现实的受害者，司法机关不能作壁上观，法律赋予被害人的自诉权也不应沦为"镜中花，水中月"。因此，应畅通既有的权利救济渠道，在取证、举证和证明方面为被害人提供更多的制度保障。

其次，应提高网络诽谤的违法成本。越来越多的案例表明，某一个"吃瓜群众"也可能会在不经意之间成为其他"群众"眼里的"瓜"，如果不对网络诽谤进行规制，那么下一个被"社会性死亡"的人，可能就是我们自己。因此，从诉讼法的角度来说，公权力机关对被害人的权利和公共利益应有更强的敏锐性，正如本案中表现出来的那样，通过个案的宣示作用强化对网络违法犯罪的惩治态度，引导社会树立起"网络不是法外之地"的观念。

---

① 参见《女子拍路人谎称是网聊6个月的网友，该罚！》，载百家号"中国青年网"2021年11月8日，https://baijiahao.baidu.com/s?id=1715814095440153376&wfr=spider&for=pc。

但在个案的引导之外，更加重要的是应构建起普遍适用的规则。在前述女网红造谣路人案中，路人史先生也在压力下报警，但即使造谣视频获得200万阅读量和5万多点赞，警方最终也只给出了罚款500元、责令道歉的处罚。对于这样的处罚结果，不少网友表示感到"心寒"，认为"法不责众"，"除非事情闹大，官方对于这种诽谤行为根本不会管"。诚然，我们很难从媒体报道的只言片语中窥见案件全貌，也不宜脱离具体案情对处罚结果进行评价。然而，从网民对警方处置结果的态度来看，"杭州女子取快递被造谣出轨案"的宣示作用似乎并没有想象中那么大，实践中对网络诽谤的处理没有形成统一的规则，反而给公众留下一种"选择性处罚"的印象。这表明，个案的宣示作用是有限的，朗某、何某网络诽谤案的审理结束仅仅是一个开始，公安司法机关要实现自身的政治担当，就要按照规则去处理个案，尽快统一类似案件的处罚尺度，建立和完善检察官担当自诉制度、代为告诉制度，积极回应社会公众的需求。正如有学者提出的那样："规则是普遍适用的，不能一案一议。如果说在某个案子中有舆情了，就严办快办来顺应民意，下个案子没舆情了又拉倒，缺乏前后一致的、可普遍适用的规则，那么，司法者越有担当，就越不是法治而是德治。"①

此外，构建清朗的网络空间还需要多方面共治共管。例如，提高网民的数字素养，出台个人网络信息安全保护的相关法规，完善网络平台的监管体系，要求对虚构的短视频进行标识，对以造谣、炒作、"删帖"等活动为盈利手段的所谓"网络公关公司""策划营销组织"进行规制等。总之，正如习近平总书记所说的那样："网络空间天朗气清、生态良好，符合人民利益。网络空间乌烟瘴气、生态恶化，不符合人民利益。"人民对美好生活的新期待在客观上需要构建清朗的网络环境，营造良好的数字生态。

（二）反思告诉才处理案件的程序选择

在本案中，告诉才处理案件的程序选择问题也值得进一步思考。传统的主流观点认为，在《刑事诉讼法》规定的三种自诉类型中，告诉才处理的

---

① 车浩：《杭州诽谤案能转为公诉吗？》，载微信公众号"中国法律评论"2020年12月28日，https://mp.weixin.qq.com/s/Fo78s9dAEW4GZBeH8yR6vg。

案件是"纯粹的自诉案件"。例如，有学者认为，综合刑法与刑事诉讼法的规定，有三点是明确的："第一，属于告诉才处理的刑事案件有4种；第二，所谓'告诉'，实为'起诉'，不含控告；第三，规定为告诉才处理的案件，只能自诉，不能公诉。"① 但从本案的有关讨论中可以看出，关于"告诉才处理"的程序选择问题可能还有诸多讨论的空间。简言之，告诉才处理的案件只能自诉吗？

一个值得关注的现象是，刑法学界和刑诉法学界关于"告诉"的理解存在一些偏差。"告诉才处理"的案件类型是由《刑法》规定的，在关于本案的讨论中，有刑法学者认为，《刑法》中"告诉"的内涵可进行较为宽泛的解释，从语义上包括被害人向公安机关的告发。② 但主流刑事诉讼理论和司法实践将"告诉才处理"的"告诉"理解为仅限于被害人向法院直接起诉，不包括向公安机关、检察机关控告或报案。从上述不同的理解中可以看出，刑事诉讼学者及司法实践在一定意义上对刑法中"告诉才处理"的"告诉"进行了限缩解释。

然而，从历史解释的角度看，刑事诉讼法规定的"告诉"不仅仅是向法院自诉，也包括向公安机关的控告。在1957年《刑事诉讼法草案（草稿）》中，关于自诉的规定是第246条，该条第1款规定："刑法（草案）第228条、第243条、第244条、第257条规定的犯罪，被害人或者他的法定代理人可以用自诉状或者口诉向人民法院提起自诉。"③ 从该规定中不难看出，该条是授权性条款，即对于特定的犯罪，被害人或其他法定代理人"可以"向法院提起自诉，而非限制被害人的权利，要求这类案件"只能"自诉。根据文义，在这些案件中，如果被害人不愿意提起自诉，也可以选择公诉程序。直至1963年《刑事诉讼法草案（六稿）》，立法都沿袭了这一规定。1979年《刑事诉讼法》第13条规定："告诉才处理和其他不需要进行侦查的轻微的

---

① 熊秋红：《论公诉与自诉的关系》，载《中国刑事法杂志》2021年第1期，第28页。

② 参见时延安：《"自诉转公诉"的法理分析》，载《中国刑事法杂志》2021年第1期，第57页。

③ 参见吴宏耀、种松志主编《中国刑事诉讼法典百年》（中册），中国政法大学出版社2012年版，第491页。

刑事案件，由人民法院直接受理，并可以进行调解。"仅从文义上看，本条中的"由人民法院直接受理"不能被当然解释成"只能"由人民法院直接受理，从而不能向公安机关、检察机关控告。理由在于，主流观点也认为本条中规定的"其他不需要进行侦查的轻微刑事案件"中，被害人并不垄断起诉权，人民检察院可以提起公诉。因此，在同一个条款中，将一部分案件解释为"可以自诉"，而另一部分案件却"只能自诉"的学理解释在逻辑上似乎难以自圆其说。①

从《刑事诉讼法》内部体系的角度来说，告诉才处理的案件也并非仅能向人民法院起诉。我国《刑事诉讼法》关于告诉才处理的规定有两处：一是在第 210 条关于自诉案件范围的规定中；二是在第 16 条关于依法免除刑事责任的规定中。根据《刑事诉讼法》第 16 条第 2 款规定，"依照刑法告诉才处理的犯罪，没有告诉或者撤回告诉的"，应撤案，或者不起诉，或者宣告无罪。考虑到该条文在《刑事诉讼法》中所处的位置，可以明确的是，其是作为刑事诉讼的原则被立法确定下来的。一个普遍的共识是，刑事诉讼法中的原则统领整部刑事诉讼法，贯穿于刑事诉讼的各个阶段。因此，第 16 条第 2 款关于"告诉才处理"的规定不太可能仅仅针对刑事自诉。而且，第 16 条其他款的规定也并不仅仅针对某一诉讼阶段，无论是"情节显著轻微、危害不大，不认为是犯罪"，还是"犯罪已过追诉时效期限"，抑或"犯罪嫌疑人、被告人死亡"，都可能在所有的诉讼阶段发生。没有理由认为同一条规定中的某一款针对特定的诉讼阶段，而其余款适用于整个刑事诉讼程序。因此，不宜将告诉才处理的案件理解为只能向人民法院起诉。

从整个法体系的角度来看，也难以得出告诉才处理的案件仅能向法院自诉的结论。认为告诉才处理是"纯粹自诉"案件的一个重要论据是《刑法》第 98 条的规定。该条规定："本法所称告诉才处理，是指被害人告诉才处理。如果被害人因受强制、威吓无法告诉的，人民检察院和被害人的近亲属也可以告诉。"但有刑法学者认为，本条只是规定了告诉主体，并没有规定

---

① 参见吴宏耀《告诉才处理犯罪的追诉制度：历史回顾与理论反思》，载《中国刑事法杂志》2021年第 1 期，第 47 页。

"告诉"与"处理"的含义。①实际上，告诉才处理与自诉承载着不同的法律功能，不能将二者简单等同起来。告诉才处理的犯罪是将对犯罪追诉与否的决定权赋予被害人，主要目的是基于隐私权、家庭伦理关系等因素保护被害人的追诉意志。而自诉案件是对部分事实清楚、证据充足、被害人有诉讼能力的案件，免除公安机关侦查和检察院审查起诉程序，是国家追诉的例外，只是为了减轻追诉机关的负担。②如果将告诉才处理的案件理解为只能自诉，那么就混淆了这两种制度设计的区别，使得《刑法》规定的告诉才处理的法律功能发生异化，导致实践中相关案件的处理更在乎犯罪的严重程度、案情是否复杂、是否适合被害人自诉，而不是更在意对被害人的保护。

因此，关于《刑事诉讼法》第210条"自诉案件包括"告诉才处理的案件的规定，也可以理解为是一种"可以自诉"的授权性规定，该项规定本身并不改变告诉才处理案件属于公诉案件的本性。③如果采取这种解释，那么在类似本案的诽谤案中，如果被害人不愿意追诉，公权力机关就必须尊重被害人的追诉意愿，放弃追诉；如果被害人愿意追诉，则其可以自行向法院提起自诉，也可以向公安机关、检察机关控告，寻求公诉程序的保护。在这种解释框架下，本案中遇到的自诉转公诉和合法性、必要性等问题也就都能迎刃而解了。

（三）理顺公诉与自诉的关系

在关于本案的讨论中，自诉与公诉的关系问题也成为人们关注的重点。有观点认为，自诉权来源于公诉权的让渡，国家可以根据需要收回自诉权由自己行使；也有观点认为，自诉和公诉具有天然的同一性，只是案件的分配不同而已；还有观点认为，公诉与自诉是一种此消彼长的关系。④有学者梳理了世界范围内的相关争论，认为自诉与公诉关系的理论基础可分为被害人

① 参见张明楷《网络诽谤的争议问题探究》，载《中国法学》2015年第3期，第78页。
② 参见张明楷《网络诽谤的争议问题探究》，载《中国法学》2015年第3期，第78页。
③ 参见吴宏耀《告诉才处理犯罪的追诉制度：历史回顾与理论反思》，载《中国刑事法杂志》2021年第1期，第50页。
④ 参见樊崇义、苗生明、黄生林《自诉与公诉的转换衔接及理论基础》，载《人民检察》2021年第13期，第40-41页。

自诉权固有论、国家公诉权让渡论、公诉权与自诉权合理分配论三种。[①] 虽然不同观点所选择的理论基础有所区别，但从国内的相关讨论来看，理论和实务界人士在坚持国家追诉主义这一立场上基本达成了共识，大多数人都认为公诉应当优先于自诉。笔者认为，国家追诉主义的立场是符合历史发展进程、符合我国司法实践需要的，在理解自诉与公诉的关系时也应坚持这一立场。

首先，从历史发展的角度来看，世界范围内刑事追诉权的发展总体呈现国家追诉逐渐取代私人追诉的趋势。客观而言，这一历史趋势有其必然性，是人们对犯罪本质的认识不断深化的结果。随着社会矛盾的复杂化，人们逐渐认识到犯罪不仅仅侵害了社会成员的个体利益，同时也侵害了社会的整体利益，因为它破坏了社会的安定状态和社会成员的安全感，危害了国家经济、政治等赖以存在和发展所需的秩序。从我国《刑法》第 10 条关于犯罪的概念中也可发现，我国《刑法》中规定的犯罪行为最本质、具有决定意义的特征就是社会危害性。[②] 基于"犯罪是侵害社会整体利益的行为"这一认识，所有的自诉案件实际上都侵害了社会公共利益，都属于公权力机关的职责范围，只不过由于资源配置等原因，国家将一部分起诉权力交由当事人行使，以减轻自身负担。因此，在我国，自诉无法脱离公诉而存在，自诉也只是公诉的补充。

其次，国家追诉在实现正义、追诉犯罪方面优于私人追诉。具体而言：其一，国家追诉更能有效实现刑事诉讼的公正、秩序价值。私人追诉往往会受到被害人复仇情绪、恐惧心理等影响，而国家追诉将实现正义作为第一要义，可以避免私人起诉容易产生的报复观念和滥诉的弊端，也有利于起诉标准的统一。其二，国家追诉可以有效保护被害人、追诉犯罪。刑事案件是已经发生的事实，查明这种事实是一个相当复杂的过程，被害人个人难以承受调查案件事实、收集证据所需的资源投入，也缺乏相应的能力和手段。因

---

① 参见熊秋红《论公诉与自诉的关系》，载《中国刑事法杂志》2021 年第 1 期，第 23–25 页。

② 参见高铭暄《中华人民共和国刑法的孕育诞生和发展完善》，北京大学出版社 2012 年版，第 20 页。

此，国家行使对犯罪的追诉权更加合理。前文述及，在与本案相类似的网络诽谤案件中，不少受害者之所以放弃维权，很大程度上就是因为刑事自诉是一条"畏途"，难以达到定罪的目的。

从国家公诉主义的角度来看，《刑事诉讼法》中关于公诉转自诉案件的规定也值得进一步思考。根据 1996 年修正的《刑事诉讼法》，被害人不服不起诉决定可向上一级检察机关申诉，也可向人民法院起诉。显然，这样的修改意在更好地保护被害人的利益，是为了解决实践中有案不立、有罪不究的问题，同时也是对国家公诉机关正确行使权力、严格执法的一种制约。然而，该制度存在理论和操作上的问题。从理论上来说，以自诉制约公诉不符合刑事起诉的历史发展趋势[①]；从操作上来说，被害人难以完成取证、质证、证明等诉讼活动，使得法律赋予被害人的自诉权不具有"可兑现性"。更为现实的问题是，是否受理被害人的自诉完全由人民法院决定，而且如果法院受理大量的公诉转自诉案件，不仅影响原不起诉决定的检察官绩效考核，还可能会引起法、检关系的紧张，甚至冲突。因此，对于公诉转自诉的案件，法院通常不受理，或说服自诉人撤诉，或主动与检察机关协商由检察机关重新侦查起诉。[②]

当然，坚持国家追诉的立场并不意味着对当事人权利的全盘否定，而是说，对被害人的权利保障应以更有效的方式进行。为此，如果进一步改革能够保留自诉制度，那就应进行适当改革，关注被害人的诉讼能力问题，保障被害人权利的"可兑现性"。但更为有效、可行的改革方向是，将关注的重点放在如何通过公诉方式救济被害人权利的问题上。例如，当检察机关作出不起诉决定时，不是寄希望于让被害人自己向法院起诉，而是借鉴域外的强制起诉制度或准予起诉制度，通过司法审查的方式，以公诉方式来救济被害人的权利。

[①] 参见陈卫东、李洪江《论不起诉制度》，载《中国法学》1997 年第 1 期，第 97 页；邓思清：《完善我国检察官自由裁量权制约机制之构想》，载《法商研究》2003 年第 5 期，第 91 页。

[②] 参见刘磊《不起诉裁量权审查机制的本土化构建》，载《东方法学》2010 年第 3 期，第 65 页。

四、结语

勒庞在《乌合之众》一书中提出："群体一直徘徊在无意识边缘，随时准备服从所有暗示，具有无法诉诸理性的人所特有的那种强烈冲动，丧失了所有批判思考能力。"①毫无疑问，"已婚富婆出轨快递小哥"的故事就是极具感染力和传播性的暗示，不少网民在受到这种被编造暗示之后，甘愿充当制造"雪崩"的一片"雪花"，全然不顾"雪崩"可能给被害人带来的灾难。但在网络时代，任何人都可能成为电影《搜索》里的叶蓝秋，也可能成为本案中被造谣出轨的谷女士。

在我国，一个全球最为庞大、生机勃勃的数字社会已经形成，数字生活俨然成为人民群众的重要生活方式。本案的意义不仅仅在于被害人谷女士获得了她期待已久的刑事判决，还在于案件本身起到的宣示作用：司法机关得以通过个案释放出"网络不是法外之地"的强烈信号。此外，随着讨论的深入，关于网络诽谤的规制、告诉才处理犯罪的追诉理论、自诉与公诉的关系等问题得到进一步的反思，而这也可能推动我国的追诉制度向着更合乎立法本意的方向发展。

（王汀）

---

① ［法］古斯塔夫·勒庞：《乌合之众》，杨献军译，台海出版社 2019 年版，第 37 页。

"地狱门前徘徊"的悲剧与警示

——评赵正永受贿案的法理情问题

一、案情介绍

2019年1月9日央视专题片《一抓到底正风纪——秦岭违建整治始末》将遮盖赵正永严重违纪违法问题的大幕撕开了一条缝隙。随后，中央纪委国家监委于2019年1月15日通报，陕西省委原书记赵正永涉嫌严重违纪违法，接受中央纪委国家监委纪律审查和监察调查。至此，赵正永完成了从安徽省宣城地区水阳乡双丰村上山下乡知青，到陕西省委书记、第十二届全国人民代表大会内务司法委员会副主任委员，再到一名死缓犯的转变。这一过程令人不禁唏嘘，其中滋味或许只有他自己能够体会了。仔细分析赵正永案这一悲剧所涉及的情理法问题，以此为鉴，警示来者，意义重大。之所以将赵正永案称为一场悲剧，是因为他没有珍重党和人民的托付，没有珍惜党和人民给予的事业，辜负了党和人民对他的培养，是晚节不保的典型例子，他用权力的"双刃剑"刺伤了自己，也刺伤了家人，他自此将在监狱中了却残年，用每一个日日夜夜悔过他对党和人民犯下的罪行。

根据赵正永的履历，自1968年开始从一名上山下乡的知青开始，仕途上一直顺风顺水，每几年进步一个台阶，直到2012年末2013年初成为陕西省委书记，2016年4月成为第十二届全国人民代表大会内务司法委员会副主任委员。2001年6月之前，赵正永一直在安徽省任职，此后转任陕西。而他的贪腐问题主要发生在2003年至2016年在陕西省任职的期间。赵正永曾撰文痛批"两面人""两面派",而他这个"两面人""两面派"也最终在一些关键问题上露出了马脚。据称,赵正永的落马与干预千亿矿权案、整治秦岭违建不力、被同僚举报等有关。① 此后,赵正永贪腐问题的千头万绪,被抽丝剥茧地暴露在党和人民面前。赵正永被查后,据媒体报道②,赵正永利用职务便利和影响力,在陕西的石油、煤炭、天然气、地产等领域,利用俞洊、姚春雷、王湧、李华等多个利益"代理人"大肆攫取非法利益。其在煤炭集团的利益"代理人"姚春雷,通过海南德璟投资的安纳塔拉酒店致使陕煤集团的财务性投资亏损7亿元,只为给赵正永一家提供冬日避霾度假的去处。

赵正永被查前后,赵的妻子、弟弟、女儿等多名直系亲属甚至远亲也接连被调查或被要求协助调查。赵的妻子孙建辉被指擅权干政,利用陕西的能源地产等项目敛财。赵的弟弟赵正发利用赵的影响力在陕西承揽工程项目。赵的独女在某全国性股份制商业银行陕西分行工作时,利用赵的影响力拉存款,获得提成2000万元左右。赵的远房外甥、陕西省纪委预防腐败办公室原主任胡传祥对赵攀附贴靠,因贪腐数额巨大被查。赵正永一手制造的家族式腐败,酿成了他个人和家庭的悲剧。其行为严重污染、破坏了陕西的政治生态和发展环境,给党和人民的利益造成了严重的损害。赵正永受贿案也再次说明,谁不对人民以及人民所赋予的权力心存敬畏,谁就将付出惨痛的代价。这也警示居庙堂之高者为官须要两袖清风,真正做到为人民服务;欺骗党和人民、丧失理想信念、出卖自己的人格者,在法律亮出利剑时,必将付出惨痛的代价。

据中国法院网报道③,2020年7月31日,天津市第一中级人民法院对第十二届全国人大内务司法委员会原副主任委员、陕西省委原书记赵正永受贿案公开宣判。经法院审理查明,自2003年至2018年,赵正永利用职务上的便利,为有关单位和个人在工程承揽、企业经营、职务晋升、工作调动等事

---

① 陈惟杉:《赵正永落马内幕》,载《中国经济周刊》2019年第2期。

② 《陕西省委书记赵正永落马一周年》,载财新网2021年1月14日;https://datanews.caixin.com/m/2020-01-14/101503939.html,2021年11月10日访问。

③ 《中共陕西省委原书记赵正永受贿案一审宣判》,载中国法院网,2020年7月31日;https://www.chinacourt.org/article/detail/2020/07/id/5385939.shtml,2021年11月2日访问。

项上谋取利益，单独或伙同其妻等人非法收受他人给予的财物，折合人民币共计 7.17 亿余元。其中，2.9 亿余元尚未实际取得，属于犯罪未遂。最终，法院以受贿罪判处被告人赵正永死刑，缓期二年执行，剥夺政治权利终身，并处没收个人全部财产，在其死刑缓期执行二年期满依法减为无期徒刑后，终身监禁，不得减刑、假释。赵正永当庭表示服从法院判决，不上诉。赵正永距"地狱"仅一门之隔。至此，备受社会各界关注的赵正永案尘埃落定。因而，经过短暂的时间沉淀，此时分析赵正永受贿案的法理问题与社会意义正当其时。

二、赵正永的行为构成受贿罪于法有据

天津市第一中级人民法院认为，被告人赵正永的行为构成受贿罪。根据法院查明的事实可知，认定赵正永的行为构成受贿罪，完全符合刑法的规定，这充分体现了中央依法治国和用法治手段打击腐败犯罪的决心。

受贿罪是指国家工作人员利用职务上的便利索取他人财物，或者是非法收受他人财物，为他人谋取利益构成犯罪的行为。我国《刑法》对受贿罪规定了完整的罪名体系。根据学者的梳理，本罪的基本法条是我国《刑法》第 385 条与第 386 条，第 385 条第 1 款为本罪的典型构成，第 2 款是本罪的准型构成；第 386 条是对本罪法定刑的规定。第 388 条斡旋受贿成立本罪的准型构成；第 163 条第 3 款是国企人员受贿成立本罪的注意规定；第 184 条第 2 款是国有金融机构人员受贿成立本罪的注意规定；第 399 条第 4 款是本罪与有关犯罪成立想象竞合犯的处罚。[1] 下面根据我国《刑法》的规定，结合法院公布的赵正永的犯罪事实，具体分析赵正永案为何体现了依法治国的精神。根据我国四要件的犯罪构成体系，赵正永的犯罪事实完全满足了贪污罪的构成要件。

（一）受贿罪的主体要件

贪污罪的犯罪主体是特殊主体。所谓特殊主体，是指在自然人犯罪中

---

① 张小虎：《刑法学》，北京大学出版社 2015 年版，第 638—639 页。

行为人构成特定犯罪除具备构成犯罪所需的刑事责任能力之外，还需具备刑法所规定的特定身份。贪污罪的特定身份是国家工作人员这一身份要求。显然，赵正永属于国家工作人员。我国《刑法》第93条对国家工作人员的含义作了明确规定。我国《刑法》所称国家工作人员，是指国家机关中从事公务的人员，国有公司、企业、事业单位、人民团体中从事公务的人员和国家机关、国有公司、企业、事业单位委派到非国有公司、企业、事业单位、社会团体从事公务的人员，以及其他依照法律从事公务的人员，以国家工作人员论。根据2003年11月13日最高人民法院《全国法院审理经济犯罪案件工作座谈会纪要》（以下简称《座谈会纪要》）就贪污贿赂犯罪和渎职犯罪的主体问题所作的解释，刑法中所称的国家机关工作人员，是指在国家机关中从事公务的人员，包括在各级国家权力机关、行政机关、司法机关和军事机关中从事公务的人员。在乡（镇）以上中国共产党机关、人民政协机关中从事公务的人员，司法实践中也应当视为国家机关工作人员。赵正永在任上时属于国家工作人员自不待言。根据《座谈会纪要》的规定，赵正永在任职中共陕西省委常委、政法委书记、中共陕西省委副书记、中共陕西省委书记等职务时，亦属于国家工作人员。可以肯定的是，赵正永在陕西十六年之久，且一直身居高位，并于2012年末成为陕西省委负责人，直至2016年3月卸任。作为曾经主政一方的官员，赵正永的贪腐行为造成了极其恶劣的影响。本来权力越大，责任越大，而赵正永却把手中的权力膨胀到了无法无天、为己谋私的地步。他这种担当重要职位的国家工作人员一旦贪腐，造成的危害后果范围更广。赵正永落马后，他的老部下也接连落马，如榆林市原市委书记胡志强等人也受到了《刑法》的严厉制裁。其中号称赵正永外甥的陕西省纪委预防腐败室原主任胡传祥，纪委内部通报他贪腐金额达上亿元。赵正永落马后，赵"圈子里"的人、陕西省政府原副省长陈国强以受贿罪被判处有期徒刑十三年，并处罚金人民币三百万元。陕西出现"地方塌方式腐败"，与赵正永主政期间带坏了的风气不无关系。

（二）受贿罪的客体要件

赵正永案的恶劣影响在于他的违法犯罪行为不仅污染了廉政制度的"水

体"，更污染了"水源"。正因如此，在赵正永案发后一周内，陕西省委负责同志便主持召开常委会（扩大）会议，会议强调要坚决与赵正永划清界限，坚决肃清赵正永流毒和恶劣影响。此外，陕西省委还专门成立了肃清赵正永流毒和以案促改工作领导小组。陕西各地市组织了"肃清赵正永流毒和以案促改"专题学习活动。从刑法角度分析，赵正永的违法犯罪行为对受贿罪的保护客体造成了严重的损害。一般认为，我国《刑法》规定的受贿罪所侵犯的客体是国家工作人员的职务廉洁性。[1] 实际上，在受贿罪的保护客体这一问题上，存在两种不同的立场，并据此演化出不同的学说。[2] 罗马法的立场认为，受贿罪的客体是职务行为的不可收买性。因而，即使国家工作人员客观公正地履行职务，但如果他接受或索取与职务行为结成对价的不正当报酬，他的行为就构成受贿罪。而日耳曼法坚持的立场则是，受贿罪的保护客体是职务行为的纯洁性、公正性以及不可侵犯性。根据这一立场，国家工作人员构成受贿罪需满足两项要求：一项要求是，其实施了违法或者不正当的职务行为。另一项要求是，其索取或接受了不正当的报酬。在受贿罪的保护客体方面具体还存在以下不同的学说：信赖说认为，受贿罪的保护客体是职务行为的公正性本身或者公众对职务行为的公正性的信赖。纯洁性说则认为，受贿罪的保护客体是职务行为的公正性或者职务行为的不可侵犯性。国家意志篡改说则认为，受贿行为的实质损害在于国家工作人员因为收受贿赂而不能依法公正、客观地履行公务，从而使国家意志被无端阻挠与违法篡改。职务的不可收买性说则认为，国家工作人员执行职务不得收受任何报酬，其职务具有不可收买性，受贿行为损害了职务行为的无报酬性、不可收买性。根据我国《刑法》的规定，应当认为，只要行为人将自己的职务行为与他人所提供的财物结成对价就应当认定行为人成立受贿罪，这样的行为既损害了职务的廉洁性，也损害了职务的公正性。根据法院的认定，赵正永利用职务上的便利，为有关单位和个人在工程承揽、企业经营、职务晋升、工作调动等事项上谋取利益，单独或伙同其妻等人非法收受他人给予的财物，

---

[1] 高铭暄、马克昌主编：《刑法学》（第8版），北京大学出版社2017年版，第633页。

[2] 张明楷：《刑法学》（下）（第6版），法律出版社2021年版，第1582–1583页。

共计折合人民币 7.17 亿余元。担任地方主要领导职务者所拥有的权力，在一些人眼里是庄严肃穆造福于民的国家公器，而在赵正永眼里却是价值 7.17 亿余元的私家财产。在这样的巨额财富面前，赵正永手中所握有的权力便没有任何的廉洁性与公正性可言了。

本罪的犯罪对象是贿赂，也即行为人实施受贿行为所索取、收受的财物。赵正永非法收受他人给予的财物，共计折合人民币 7.17 亿余元。赵正永究竟收受了何种贿赂，官方并未进行详尽的披露，但是其折合而成的令人咋舌的 7.17 亿余元巨资，已足以令人浮想联翩。实际上，通过对刑法学上贿赂这一学术用语的详尽分析，也能对赵正永所收受的贿赂有一个大概的了解。所谓贿赂，学界有财物说、财产性利益说、利益说等观点。利益说包纳的对象过于广泛，而为我国《刑法》所不采。根据我国《刑法》的规定，贿赂应当具有财产属性，非财产性利益不属于贿赂，例如，性贿赂便不属于这里的贿赂。当然不将非财产性利益纳入贿赂的范围之内的做法，也面临着不少批评。的确有时候非财产性贿赂对职务公正性的损害比财产性贿赂更甚。学界普遍认为，贿赂既包括财物也包括财产性利益，或者更准确地说，认为财物包括财产性利益。而且我国司法实践中对财物与财产性利益的认定比较广泛。最高人民法院与最高人民检察院出台的《关于办理贪污贿赂刑事案件适用法律若干问题的解释》第 12 条规定：贿赂犯罪中的"财物"，包括货币、物品和财产性利益。财产性利益包括可以折算为货币的物质利益，如房屋装修、债务免除等，以及需要支付货币的其他利益，如会员服务、旅游等。后者的犯罪数额，以实际支付或者应当支付的数额计算。根据媒体的披露，赵正永及其家人收受贿赂恰恰包含接受旅游、酒店服务这一项，而且从此足以看出赵正永敛财手段的"穷凶极恶"，着实令人瞠目结舌。赵正永一家是海南三亚鹿回头景区的五星级酒店安纳塔拉度假酒店的常客，赵正永一家在赵落马前最后一次到海南三亚避寒时使用的客房正是该酒店一套 800 平方米面朝大海的独栋别墅。实际上，安纳塔拉度假酒店是陕西煤业化工集团有限责任公司的全资子公司海南德璟置业投资有限公司的财务投资资产。而这一最终亏损近 7 亿元的财务投资的初衷，仅仅是赵正永在陕煤集团的利益代理人姚春雷为了给赵正永一家提供冬日在三亚度假的住处。姚春雷的行为实际上是在用国有资产向赵正永行贿，而赵正永也心安理得地接受了。根据《刑法》的规定，这7亿元的亏损无法算入赵正永收受贿赂的范围之内，否则他已经双脚踏进地狱之门了。所以赵正永"售卖"权力所造成的损害远远超过了7.17亿余元的纸面含义。包括陕西省委省政府的多位高级别官员在内的众多举报者，反映的赵正永的问题包括买官卖官以及作风问题等。中央第十一巡视组向陕西省委反馈的巡视"回头看"也指出了其存在的众多问题，如干部选任程序不够规范、选人用人问题反映集中，以及矿产资源领域存在廉洁风险等。这无疑与赵正永污染了廉政的水源有重大关系。一位厅级干部称"赵正永把省委组织部变成个人权力的橡皮图章，把党的干部变成了家臣，把公权力私有化，极大地恶化了陕西政治气氛。这是陕西官场出现塌方式腐败的根源所在，应该认真反思，引以为戒"①。

（三）受贿罪的主观要件

受贿罪的主观方面是故意。实际上，对于赵正永这样级别的官员的受贿行为，认定受贿的故意在特定情况下比较"玄妙"。当然根据以往媒体所披露的"大老虎"们的贪腐经历，用真金白银与权力结成对价的行为的确很常见。如在某"高官巨贪"的受贿案中，行贿受贿的行为十分赤裸裸，最终的结局也十分讽刺。有的思想不正的官员为了"进步"直接"搭天线"行贿现金，并在成箱的现金中附上个人履历。而这箱现金在被办案人员查封前并未被拆封，箱中的履历最终成了认定行贿者构成犯罪的证据。而据媒体报道，有一些行贿行为则要"体面"得多，往往讲究长期的"感情"投资。这些行贿者在给受贿者输送利益时显得"无欲无求"，表现出一番"情谊无价"的姿态。很多官员甚至在不知不觉中被"围猎"。在这样的情况下认定行为人对受贿行为的故意，就需要仔细考究。因此有必要对受贿罪主观故意的原理进行一番分析。准确理解受贿罪的主观故意，需要注意从三个方面把握。首先，行为人具有收受或索取贿赂的意思，即具有索取或者接受他人财物的意

---

① 萧辉、罗国平：《赵正永的"两手"》，载《党员文摘》2019年第8期。

思。其次，行为人认识到自己索取、收受贿赂的行为是在将自己的职务行为与对方提供的财物结成对价，也即认识到他人提供的财物是用于"收买"自己的职务行为。最后，行为人对职务廉洁性的损害后果持希望或者放任的态度。对上述三个方面的把握不能过于机械，否则高官受贿中存在的部分"情谊投资"的情形，会对受贿故意的认定造成障碍，因此在认定受贿罪的故意时不能过于严格死板。例如，在前面所提到的赵正永一家接受他人提供的酒店和旅游服务的情况中，即使赵正永在洋溢着"情谊"的气氛中，并未察觉到自己其实是在被"围猎"，也不影响受贿罪故意的认定。当然根据媒体所披露的情况，从侧面能够反映出赵正永其实是甘于被围猎、乐于被围猎的。

此外，在认定受贿的故意时应当特别注意最高人民法院刑二庭于2010年4月7日的相关规定。这一文件指出，对于收受财物后于案发前退还或上交所收财物的，应当区分情况作出不同处理：收受请托人财物后及时退还或者上交的，因其受贿故意不能确定，同时为了感化、教育潜在受贿犯罪分子，故不宜以受贿处理；受贿后因自身或者与其受贿有关联的人、事被查处，为掩饰犯罪而退还或者上交的，因受贿行为既已完毕，且无主动悔罪之意思，故不影响受贿罪的认定。所以，在认定受贿罪的故意时，一定要根据案件的具体事实严格把握认定标准，同时要有适当的灵活性。应当注意的是，这里所指收受请托人财物后及时退还或上交的是指，行为人本身并不存在受贿的故意，暂时收下财物仅是"缓兵之计"。而且由于受贿行为十分隐蔽，行为人在案发前能够退还或上交所收受财物，一般足以认定其不存在受贿的故意。

（四）受贿罪的客观要件

在法院最终认定的赵正永受贿的7.17亿余元受贿数额中，真正放在赵正永名下的财产应当寥寥无几。实践中，行为人为了逃避刑法的严惩，往往绞尽脑汁想出各种"规避"刑法制裁的受贿方式。行贿者也会千方百计想出各种行贿方式为其解决"后顾之忧"。例如，在赵正永案中，赵正永在陕西的煤炭、天然气、地产等行业拥有多双"白手套"。这些"白手套"与赵正永的权力黑手结成了利益同盟。这些"白手套"通过自己的"人肉"给赵正永建"防火墙"，造"隔离带"，使赵正永逃避法律的制裁，同时自身也通过这些"付出"来获得"回报"。因此对受贿罪客观方面的基本原理进行把握，对于穿透他们设置的"障眼法"，追究赵正永受贿罪的刑事责任至关重要。

受贿罪包括基准构成与准型构成两种构成类型。[①] 基准构成是指国家工作人员利用职务上的便利，索取他人财物，或者非法收受他人财物，为他人谋取利益的行为。准型构成是指国家工作人员在经济往来中受贿，以及斡旋受贿的情形。在经济往来中受贿是指国家工作人员在经济往来中，违反国家规定，收受各种名义的回扣、手续费，归个人所有的情形。斡旋受贿是指，国家工作人员利用本人职权或者地位形成的便利条件，通过其他国家工作人员职务上的行为，为请托人谋取不正当利益，索取请托人财物或者收受请托人财物的情形。由于基准构成中的行为方式体现了受贿罪认定的核心规则。因此下文重点对基准构成的客观方面的要素进行分析。

基准构成的客观方面表现为行为人利用职务上的便利，索取他人财物，或者非法收受他人财物，并为他人谋取利益的行为。因而，其行为方式有两种：一种是利用职务上的便利索取他人财物，即索取贿赂的行为。索取的变现方式多种多样，包括主动向他人索要、勒索财物，他人因被索取而被动地交付财物。索要和勒索行为本身也应当作广义的理解，如国家工作人员向请托人要求借款，且事后拒不归还的，也属于索取贿赂的行为。在索贿的情形中，不需要存在"为他人谋取利益"的行为或承诺，也可以构成受贿罪。另一种是利用职务上的便利，非法收受他人财物，并为他人谋取利益的行为，即收受贿赂的行为。收受贿赂在客观上体现为行为人对请托人给予的财物予以接受。在收受贿赂的情形中，行为人构成受贿罪还需存在为他人谋取利益的情况。收受贿赂的形式多样，在实践中收受贿赂的形式可谓花样百出。最高人民法院、最高人民检察院《关于办理受贿刑事案件适用法律若干问题的意见》对以交易形式收受贿赂，收受干股、以开办公司等合作投资名义收受贿赂，以委托请托人投资证券、期货或者其他委托理财的名义收受贿赂，以

---

① 张小虎：《刑法学》，北京大学出版社 2015 年版，第 639–641 页。

赌博形式收受贿赂，特定关系人"挂名"领取薪酬等收受贿赂的可能形式做了较为详尽的规定。尽管该意见对各种形式的通过合法形式掩盖的受贿行为做了种种防范，但是仍然不能够完全解决实践中的问题。如前所述，赵正永的独女在陕西某银行任职时，通过"拉存款"合法合规地从银行获得了2000万元人民币左右的提成。尽管赵正永案发后，面对公众的质疑，该银行的工作人员回应称，赵正永女儿所获得的2000万元的提成，完全符合法律法规的规定。的确，在这样的情况下，法律在形式上挑不出任何问题。而且在这样的情况下，想要挖出深埋地下的"犯罪黑线"难之又难。但是任何一个达到正常知识水平的普通人都能得出的结论是，如果赵正永的女儿没有赵正永权力的加持，她不可能拉来如此数额巨大的存款，因而也不会得到如此数额巨大的提成。此外，上述索取和收受贿赂的行为也包括要求请托者将财物给予第三人，该财物归第三人所有的情况。实际上，受贿罪客观方面的核心要点在于"利用职务上的便利"以及"为他人谋取利益"的认定。

1. "利用职务上的便利"的认定

利用职务上的便利，包括两种情形，即直接利用职务之便与间接利用职务之便。直接利用职务之便是指行为人直接利用因自己主管、负责等职权而形成的职务上的便利。间接利用职务之便，是指行为人利用自己的职权所形成的制约关系，而利用他人职务范围内的权力形成的便利。根据最高人民检察院《关于人民检察院直接受理立案侦查案件立案标准的规定（试行）》规定，受贿罪中"利用职务上的便利"，是指利用本人职务范围内的权力，即自己职务上主管、负责或者承办某项公共事务的职权及其所形成的便利条件。这一规定实际上还不够明确。具体来说，应当认为利用职务上的便利，既包括行为人本人职务范围内的权力所形成的便利，也包括行为人利用职务上隶属关系形成的对其他国家工作人员的制约关系而形成的便利。最高人民法院《全国法院审理经济犯罪案件工作座谈会纪要》对"利用职务上的便利"的认定就是在此意义上作出的。该纪要指出受贿罪的"利用职务上的便利"，既包括利用本人职务上主管、负责、承办某项公共事务的职权，也包括利用职务上有隶属、制约关系的其他国家工作人员的职权。担任单位领导职务的国家工作人员通过不属于自己主管的下级部门的国家工作人员的职务为他人谋取利益的，应当认定为"利用职务上的便利"为他人谋取利益。该纪要指明在行为人利用职务上隶属关系形成的对其他国家工作人员的制约关系而形成的便利的情况下，只要存在上下级领导关系就可以认定为利用职务之便。对此有学者指出，虽然没有"职务主管"未必就没有"职务领导"的命题成立，但是也不能据此认为只要属于"单位上级领导"就存在"职务领导"，例如公安局长对其下属可以认定"职务领导"，但认定公安局副局长对并非其分管的某个职能部门的下属存在"职务领导"就不合适。① 在赵正永案中，由于赵正永是主政陕西的"一把手"，他对其下属都可以认定存在"职务领导"。虽然媒体的报道与最终案件事实的认定无关，但是相关报道也能佐证赵正永利用职务便利的广泛性。据称，赵正永在陕西任职时非常霸道，手伸得长、事管得细，在他当省长时，什么事情自己就定了，很少按组织原则向省委书记汇报，而在他当省委书记的时候则经常管政府的事。②

2. "为他人谋取利益"的认定

这里的利益既可以是正当的，也可以是不正当的。在收受贿赂的情况下，只有为他人谋取利益的才构成受贿罪。对"为他人谋取利益"这一要素的性质，学说上存在不同的见解。有观点认为"为他人谋取利益"是主观要素，也即当行为人非法收受他人贿赂时，主观上有为他人谋取利益的意图和打算，就满足"为他人谋取利益"的成立要件。将为他人谋取利益作为主观要素有利于适度界定受贿罪的成立范围。但这种观点将"为他人谋取利益"定位为主观要素，使得这一要素在实践中并不容易证明，往往需要借助客观条件进行推定，因而比较容易遭受质疑。另有学者指出，这种观点容易鼓励国家工作人员只收钱不办事。③

还有观点认为"为他人谋取利益"属于客观的构成要素。其中，又有

---

① 张小虎：《居间受贿中"利用职权地位条件"的规范解读》，载《国家检察官学院学报》2019年第1期。

② 周群峰：《"三圈书记"赵正永》，载《中国新闻周刊》2019年第4期。

③ 张明楷：《刑法分则解释原理》（第2版），中国人民大学出版社2011年版，第309页。

不同的观点。客观的构成要素说中的一种观点认为，"为他人谋取利益"是指行为人客观上实施了为他人谋取利益的行为，且产生了为他人谋得利益的客观结果。另一种观点认为，"为他人谋取利益"是指只要客观上实施了为他人谋取利益的行为即可，也即虽然不要求行为人实际上为他人谋得了利益，但是行为人要在实际上实施了为他人谋取利益的行为。显然这样的观点将为他人谋取利益的成立范围限制得非常狭窄，会将众多承诺了为他人谋取利益，但还未来得及实施客观谋利行为的情况排除在受贿罪的规制范围之外。因而，这种观点也为司法解释所不取。最高人民法院《全国法院审理经济犯罪案件工作座谈会纪要》对"为他人谋取利益"的认定作了解释，纪要指出，为他人谋取利益包括承诺、实施和实现三个阶段的行为。只要具有其中一个阶段的行为，如国家工作人员收受他人财物时，根据他人提出的具体请托事项，承诺为他人谋取利益的，就具备了为他人谋取利益的要件。明知他人有具体请托事项而收受其财物的，视为承诺为他人谋取利益。因此，为他人谋取利益不等于为他人谋得了利益，甚至不需要行为人切实实施谋取的行为，只要行为人作出承诺行为，承诺为他人谋取利益的，就已满足构成受贿罪所需要的为他人谋取利益的要求。另有司法解释将承诺为他人谋取利益作了较为详细的规定。根据最高人民法院、最高人民检察院《关于办理贪污贿赂刑事案件适用法律若干问题的解释》第13条的规定，三种情形应当认定为"为他人谋取利益"分别是：（1）实际或者承诺为他人谋取利益的；（2）明知他人有具体请托事项的；（3）履职时未被请托，但事后基于该履职事由收受他人财物的。此外，国家工作人员索取、收受具有上下级关系的下属或者具有行政管理关系的被管理人员的财物价值3万元以上，可能影响职权行使的，也被视为承诺为他人谋取利益。赵正永与陕西海安实业有限公司董事长俞洧的纠葛往事，典型地体现了赵正永"为他人谋取利益"的猖獗。据《赵正永的"两手"》一文披露，俞洧和赵正永两人的父辈是世交，两人在青少年时代就已熟识，两人的妻子也是密友。有这层关系的加持，俞洧通过赵正永的关系专门做延长石油的生意。据外界估计，俞洧从延长石油捞走的钱不下亿元。

此外，赵正永案中共同受贿与受贿罪的既未遂问题也值得关注。首先，就共同犯罪来说，赵正永案具有家族式腐败的特点。赵正永的妻子孙建辉依仗其丈夫的的权力，通过陕西的能源、地产等项目大肆敛财，因而她获得了"陕西于姐"的称号。根据最高人民法院《全国法院审理经济犯罪案件工作座谈会纪要》的规定，非国家工作人员与国家工作人员勾结，伙同受贿的，应当以受贿罪的共犯追究刑事责任。非国家工作人员是否构成受贿罪共犯，取决于双方有无共同受贿的故意和行为。国家工作人员的近亲属向国家工作人员代为转达请托事项，收受请托人财物并告知该国家工作人员，或者国家工作人员明知其近亲属收受了他人财物，仍按照近亲属的要求利用职权为他人谋取利益的，对该国家工作人员应认定为受贿罪，其近亲属以受贿罪共犯论处。近亲属以外的其他人与国家工作人员通谋，由国家工作人员利用职务上的便利为请托人谋取利益，收受请托人财物后双方共同占有的，构成受贿罪共犯。在受贿罪的既遂与未遂这一问题上，值得关注的一点是在赵正永受贿的7.17亿余元人民币中，有2.9亿余元尚未实际取得，这部分被认定为属于犯罪未遂。按照通说"取得说"受贿罪既遂的成立标准是受贿人实际取得行贿人给付的财物、实际领受财产性利益。所以，这2.9亿余元是赵正永截至案发时尚未实际取得的财物或实际领受的财产性利益。

三、情理法的交融：赵正永案的审判做到了罪责刑相适应

赵正永案最后的量刑结果可谓"死罪可免，活罪难逃"，法院综合法律效果和社会效果给他留下了在"地狱门前徘徊"的一线生机。天津市第一中级人民法院认为，被告人赵正永的行为构成受贿罪，且受贿数额特别巨大，犯罪情节特别严重，社会影响特别恶劣，给国家和人民利益造成特别重大损失，论罪应当判处死刑。鉴于其收受部分财物系犯罪未遂，如实供述全部犯罪事实，认罪悔罪，赃款赃物均已查封、扣押、冻结在案，具有法定、酌定从轻处罚情节，对其判处死刑，可不立即执行。同时，根据赵正永的犯罪事实和情节，决定在其死刑缓期执行两年期满依法减为无期徒刑后，终身监禁，不得减刑、假释。赵正永案的量刑有两点值得关注：一是赵正永被判处

死刑缓期两年执行；二是对赵正永适用终身监禁的规定。可以说，对赵正永判处上述刑罚，做到了罪责刑相适应，体现了情理法的交融。因而有必要对死刑缓期两年执行制度以及终身监禁制度背后的法理与情理作一详尽的阐述。

废除死刑问题一直是理论上一项争议较大的议题，但在我国具体的司法实践中极少轻言废除死刑。而在理论上基于社会治安状况和社会心理的考量，死刑废除论的支持者也多主张暂时地、阶段性地保留死刑。实际上，死刑缓期两年执行制度与终身监禁制度，可以看作死刑存废论之间的折中与调和，为的是缓和生刑与死刑之间的刑量坡度，因而为严格限制死刑的适用留下足够的缓冲地带。

（一）死刑缓期两年执行的适用

死刑缓期两年执行并不是独立的刑种，而仅是一种特殊的死刑执行方式。死缓制度产生于新中国成立初期的"镇反"运动之中。死缓制度为的是给已经达到罪大恶极，但尚未达到不杀不足以平民愤程度的死刑犯一个改过从新的机会。也即判处死缓的犯罪分子，应当满足被判处死刑，但不必立即执行的两个条件。

首先，被告人应当被判处死刑。我国《刑法》第48条第1款前段规定，死刑只适用于罪行极其严重的犯罪分子。最高人民法院《关于贯彻宽严相济刑事政策的若干意见》第29条规定，要准确理解和严格执行"保留死刑，严格控制和慎重适用死刑"的政策，对于罪行极其严重的犯罪分子，论罪应当判处死刑的，要坚决依法判处死刑。要依法严格控制死刑的适用，统一死刑案件的裁判标准，确保死刑只适用于极少数罪行极其严重的犯罪分子。拟判处死刑的具体案件定罪或者量刑的证据必须确实、充分，得出唯一结论。该意见在宽严相济刑事政策的基础上，对死刑适用的政策进行了解读，并对死刑适用的实体和证据问题作出了解答。针对死刑问题，我国当前的主流观点和死刑政策是应当保留死刑但严格限制死刑的适用范围。例如，我国《刑法》第49条对适用死刑的对象进行了严格限制，犯罪的时候不满十八周岁的人和审判的时候怀孕的妇女，绝对不能适用死刑，审判的时候已满七十五周岁的人，除非以特别残忍手段致人死亡的，也不得适用死刑。也有学者提出"总体原则废除死刑，故意命案保留死刑"的基本思想①，以期根据罪案类型的具体划分，来区分和限制死刑的适用。也有学者主张建立死刑犹豫程序以限制死刑适用。② 对死刑的限制适用，还体现在分则具体罪名的规定或适用之中。在受贿罪中死刑的适用，便体现了坚持保留死刑，但严格控制和慎重适用死刑的官方态度。根据最高人民法院、最高人民检察院《关于办理贪污贿赂刑事案件适用法律若干问题的解释》第4条的规定，如果行为人的受贿行为满足受贿数额特别巨大、犯罪情节特别严重、社会影响特别恶劣、给国家和人民利益造成特别重大损失等几项要求的，可以判处行为人死刑。根据该解释的规定，受贿数额在300万元以上的，属于数额特别巨大。同时，如果行为人受贿数额在150万元以上不满300万元，且存在曾因贪污、受贿、挪用公款受过党纪、行政处分，曾因故意犯罪受过刑事追究，将赃款赃物用于非法活动，拒不交代赃款赃物去向或者拒不配合追缴工作，致使无法追缴，或者造成恶劣影响或者其他严重后果等情形的，也存在死刑适用的可能。多次受贿未经处理的，受贿数额累计计算。

自新中国成立以来，因贪污贿赂被判处死刑的犯罪分子并不鲜见，但实际上因为贪污贿赂犯罪被判处死刑立即执行的犯罪分子却不多见，比较知名的判处死刑立即执行的案件有刘青山和张子善案，以及成克杰案。这些案件都是依法严厉打击严重刑事犯罪的体现。本案的处理实际上是符合我国保留死刑但严格限制死刑适用范围的理念的。这种理念的具体体现是，在非故意命案的犯罪中配备死刑这一法定刑的犯罪在减少，保留死刑的与非故意命案相关的罪名在实践中的死刑适用也在减少。例如，2007年最高人民法院《关于进一步加强刑事审判工作的决定》坚持死刑只适用于罪行极其严重的犯罪分子，并在此前提下正确处理严格控制、慎重适用死刑与依法严厉惩罚严重刑事犯罪的关系。该决定认为，一方面要充分考虑维护社会稳定的实际

---

① 张小虎：《废除死刑的理论预期与保留死刑的现实必然——论我国死刑制度的完善》，载《社会科学研究》2007年第1期。

② 时延安：《论死刑犹豫程序的建立》，载《法制日报》2004年6月3日。

需要，充分考虑社会和公众的接受程度，对那些罪行极其严重，性质极其恶劣，社会危害极大，罪证确实充分，必须依法判处死刑立即执行的，坚决依法判处死刑立即执行。而对于具有法定从轻、减轻情节的，依法从轻或者减轻处罚，一般不判处死刑立即执行。

其次，被告人不必判处死刑立即执行。我国《刑法》第48条第1款后段规定，对于应当判处死刑的犯罪分子，如果不是必须立即执行的，可以判处死刑同时宣告缓期二年执行。这里的"可以判处死刑同时宣告缓期二年执行"中的"可以"，除非特殊情况，一般应当理解为"应当"。如根据最高人民法院《关于贯彻宽严相济刑事政策的若干意见》第29条规定，对于罪行极其严重，但只要是依法可不立即执行的，就不应当判处死刑立即执行。也即应当在判处死刑的同时宣告缓期二年执行。具体来看，最高人民法院、最高人民检察院《关于办理贪污贿赂刑事案件适用法律若干问题的解释》第4条的规定，因受贿行为被判处死刑的犯罪分子，如果具有自首，立功，如实供述自己罪行、真诚悔罪、积极退赃，或者避免、减少损害结果的发生等情节，不是必须立即执行的，可以判处死刑缓期二年执行。

根据我国《刑法》第50条的规定，判处死刑缓期执行的犯罪分子，在死刑缓期执行期间，如果没有实施故意犯罪的，在两年的死缓考验期期满后，减为无期徒刑；如果犯罪分子在死缓考验期确有重大立功表现的，考验期期满后减为25年有期徒刑；如果犯罪分子在考验期间故意犯罪达到情节恶劣程度的，报请最高人民法院核准后执行死刑；如果在考验期间故意犯罪但未执行死刑的，死刑缓期执行的期间重新计算。所以只要被判处死缓的犯罪分子不是"一心求死"，最终极少会被执行死刑。

（二）终身监禁的适用

根据我国《刑法》的规定，如果行为人受贿数额特别巨大，并使国家和人民利益遭受特别重大损失的，处无期徒刑或者死刑，并处没收财产。其中，对于被判处死刑缓期执行的犯罪分子，人民法院可以根据其犯罪情节等情况同时决定在其死刑缓期执行两年期满依法减为无期徒刑后，终身监禁，不得减刑、假释。

　　赵正永案中适用终身监禁制度，所引发的一个令人深思的问题是，到底是终身监禁制度"救了赵正永一命"，还是随着终身监禁制度的出台，赵正永遭受到了更为严厉的处罚。这涉及赵正永案量刑的合理性问题，以及刑法的基本价值观问题。厘清这一问题，首先需要明确终身监禁制度的体系定位，即其到底是对贪污贿赂犯罪应当判处死刑缓期两年执行的刑罚的加重处罚的措施，还是死刑立即执行的刑罚的替代措施。此外，在认定属于死刑立即执行的刑罚替代措施的情况下，有学者对如何防止类似的死刑替代措施侵犯人权的问题进行了详尽的论述。[①] 这一问题对于刑法颁布后实施的贪污贿赂犯罪的量刑有一定影响，但是其并不涉及刑法的原则性问题。对这一问题的理解，对于新法颁布实施前发生的贪污贿赂行为的处理则尤为重要，事关罪刑法定原则中重法不得溯及既往原则的适用问题。有一种观点比较务实地解决了这一问题。[②] 这种观点一方面认为，对于终身监禁制度施行前实施的贪污、受贿罪，终身监禁只适用于原本应当被判处死刑的立即执行者，这是因为根据罪刑法定原则，禁止溯及既往规则是指禁止对犯罪人的不利溯及。如果是有利于犯罪人的溯及既往并不违背罪刑法定原则。如果行为人实施的贪污贿赂犯罪，依法应当判处死刑立即执行的，在终身监禁制度生效实施后，对其判处死刑缓期两年执行，并适用终身监禁，对犯罪人更为有利。该观点另一方面认为，对于终身监禁制度施行后实施的贪污、受贿罪，终身监禁既适用于原本应当被判处死刑立即执行的犯罪人，也适用于之前部分原本应当被判处死刑缓期两年的犯罪人，因为在这两种情况下适用死刑缓期两年执行并适用终身监禁，并不违反罪刑法定原则的要求。但是这种观点没有解决的问题是，其并未对终身监禁制度有一个准确清晰的定位。也可以这样认为，这种观点既将终身监禁制度视为死刑立即执行的一种替代措施，也将其视为死刑缓期两年执行的加重处罚措

①　时延安：《死刑立即执行替代措施的实践与反思》，载《法律科学》（西北政法大学学报）2017年第2期。

②　黄京平：《终身监禁的法律定位与司法适用》，载《北京联合大学学报》（人文社会科学版）2015年第4期。

施，因而可以在罪刑法定原则的指导下，根据具体问题的实际情况予以灵活处理。根据公开信息显示，赵正永所实施的受贿行为主要发生在2003年至2016年期间。其中，大部分的受贿行为应当是在终身监禁制度生效之前实施的。因而，如果要在不违背刑法基本原则的前提下，对于赵正永适用终身监禁制度，那么他在终身监禁制度生效之前所实施的受贿行为，应当属于依法应判处死刑立即执行的行为。根据法院所公布的信息，赵正永受贿案的合议庭也是这样认为的。合议庭的表述为"鉴于其收受部分财物系犯罪未遂，如实供述全部犯罪事实，认罪悔罪，赃款赃物均已查封、扣押、冻结在案，具有法定、酌定从轻处罚情节，对其判处死刑，可不立即执行。同时，根据赵正永的犯罪事实和情节，决定在其死刑缓期执行两年期满依法减为无期徒刑后，终身监禁，不得减刑、假释"。合议庭上述表达的确切含义应当是指赵正永的受贿行为，按照修正前刑法的规定适用死刑立即执行能够做到罪责刑相适应，只是《刑法》修正之后，随着终身监禁制度的出台，对其适用死刑缓期两年执行并同时适用终身监禁，也属于符合罪责刑相适应原则的处理结果，因此便不再对其判处死刑立即执行。

实际上，最高人民法院《关于〈中华人民共和国刑法修正案（九）〉时间效力问题的解释》第8条的规定，也体现了上述意思。该规定指出，对于2015年10月31日以前实施贪污、受贿行为，罪行极其严重，根据修正前刑法判处死刑缓期执行不能体现罪刑相适应原则，而根据修正后刑法判处死刑缓期执行同时决定在其死刑缓期执行两年期满依法减为无期徒刑后，终身监禁，不得减刑、假释可以罚当其罪的，适用修止后《刑法》第383条第4款的规定。根据修正前刑法判处死刑缓期执行足以罚当其罪的，不适用修正后《刑法》第383条第4款的规定。对这一司法解释的理解，对于罪刑法定原则的贯彻实施至关重要。"根据修正前刑法判处死刑缓期执行不能体现罪刑相适应原则，而根据修正后刑法判处死刑缓期执行同时决定在其死刑缓期执行两年期满依法减为无期徒刑后，终身监禁，不得减刑、假释可以罚当其罪的"行为，应当是指为人所实施的行为，按照修正前刑法的规定，在终身监禁制度出台之前，即应当被判处死刑立即执行，因为"根据修正前刑法判处死刑缓期执行不能体现罪刑相适应原则"，随着终身监禁制度的出台，原本适用死刑缓期两年执行不能体现罪责刑相适应的处理结果，在适用死刑缓期两年执行时同时适用终身监禁就变得能够体现罪责刑相适应了。因此按照司法解释的精神，终身监禁制度应当是死刑立即执行的替代措施。在终身监禁制度出来之后，按照修正前的刑法应当判处死刑缓期两年执行的贪污贿赂行为不能同时适用终身监禁。这就是该司法解释规定的准确含义。

通过上述分析可以得出结论，对赵正永以受贿罪判处死刑缓期两年执行，并同时适用终身监禁，做到了罪责刑相适应，而且完全符合罪刑法定原则的要求。仅法院认定的赵正永受贿案的7.17亿余元人民币的巨额贿赂，就已经是数额特别巨大的底线标准300万元人民币的239倍。而且他作为身兼要职的领导干部，其实施受贿行为的破坏力和影响力，远远不是7.17亿余元这一庞大的数字所能完整概括的。实际上，赵正永案的判决结果表明，我国司法实践中对死刑的适用，尤其是死刑立即执行的适用已经是非常的克制了。实际上这得益于各种死刑替代措施的出台，使得生刑和死刑之间的区隔越来越合理，逐渐改变了以往生刑过轻死刑过重的不合理的刑罚体系格局。

四、结语

本文主要对赵正永受贿案涉及的刑法问题进行了分析。但应当指出的是，受贿问题仅是赵正永问题的一个方面。赵正永从主政一方的党的干部，变身为违法犯罪的犯罪分子，他的问题是全方位的，政治思想滑坡、作风不正、道德败坏，昭示了他走向违法犯罪道路的必然性。根据中央纪委国家监委对赵正永的"双开"通报，除利用职权肆无忌惮聚钱敛财外，赵正永还对党中央决策部署思想上不重视、政治上不负责、工作上不认真，阳奉阴违、自行其是、敷衍塞责、应付了事，与党离心离德，无视组织一再教育帮助挽救，多次欺骗组织，对抗组织审查，是典型的"两面人""两面派"；违反中央八项规定精神，大搞特权活动；违背党的组织路线，培植个人势力，搞团团伙伙，纵容亲属肆意插手干部选拔任用工作，严重破坏选人用人制度；道德败坏，家风不正，对家人、亲属失管失教。赵正永从一名上山下乡知青、一名出色的文学青年，到成为一名主政一方的省委书记，再到成为阶下囚、死缓犯。他的经历发人深省。实际上，他的落马只是时间的问题，因为在此之前他的人格早已经从内向外地溃烂了，金玉其外实则败絮其中。看似一时的辉煌浩瀚在一阵大风过后便烟消云散了，因为他的根早已经不扎在人民群众之中，他已经对不起人民群众的检验与时间的检验。如今，他在过去自己酿成的苦果，只能由他一人在监狱中孤独地仔细品尝。

赵正永案给社会带来了深刻的影响，应当认识到，必须在思想上纠正错误认识，在制度上扎牢反腐败的笼子，克服消极腐败思想，提高廉洁奉公的意识是重中之重。党的十八大报告指出，精神懈怠危险、能力不足危险、脱离群众危险、消极腐败危险更加尖锐地摆在全党面前。党的十八大报告还指出，反对腐败、建设廉洁政治，是党一贯坚持的鲜明政治立场，是人民关注的重大政治问题。这个问题如果解决不好，就会对党造成致命伤害，甚至亡党亡国。赵正永案发生后，陕西各地召开了以案促改肃清赵正永流毒的民主生活会，这有利于在思想上纠正错误认识。实际上，根据对赵正永相关情况的通报可知，思想未摆正，是赵正永问题的根源。从法律制度的角度看，在制度上扎牢反腐败的笼子，是打击贪污贿赂犯罪的核心问题。构建反腐败的体制机制，在制度的制约下实现"不能腐"，为权力在阳光下运行创造条件是反腐败的重要目标。《刑法》在其中发挥的作用是，筑牢其作为保障法的地位，同时对腐败行为零容忍。例如，受贿罪的唯数额论曾遭受批评，经过《刑法》修正增加了根据情节量刑的相关规定，目前受贿罪的规定逐渐趋于完善。根据司法解释的相关规定，当前受贿罪的相关规定对于受贿行为并未采取零容忍的政策。根据最高人民法院、最高人民检察院《关于办理贪污贿赂刑事案件适用法律若干问题的解释》第1条规定，贪污或者受贿数额在3万元以上不满20万元的，才能认定为"数额较大"，才能对相应的贪污或受贿行为入罪。贪污、受贿数额在1万元以上不满3万元的，需要存在特定的情形才能认定为具有"其他较重情节"，否则不能追究行为人的刑事责任。在当前反腐败的高压态势下，受贿罪的相关规定还需继续完善，对于贪污或者受贿问题，刑法必须充分发挥其打击犯罪的功能。实际上，随着社会的发展与制度的完善，社会对贪污、贿赂犯罪的容忍度会越来越低。根据社会经济形势的发展，调高贪污贿赂犯罪的入罪标准，实际上有违社会发展的趋势。社会越发展，制度越完善，规则本身会越来越严密，公众的规则意识也会不断增强，因而将来贪污贿赂行为的零容忍政策最终会获得大多数人的认可。当然也有观点从社会文化的角度认为，对于此类"微型"违法行为应当适当容忍。实际上这种观点混淆了事情的本质，在我国的社会文化中、日常生活中基于情谊的财物来往的确是一种普遍的文化现象，但这种文化现象不足以否定对受贿罪的零容忍政策。因为这实际上是两种性质不同的行为，将两者进行混淆，并用传统的文化现象去证明本质违法行为的合理性十分不恰当。当然，对贪污贿赂零容忍政策的实施，可能还需要刑事实体法或者刑事程序法上的制度配套建设，甚至需要投入更多的司法资源。但是这样的政策对于廉政制度的建设完善以及廉洁文化的养成至关重要，因而对其投入更多的法治资源是值得的。

（马振华）

正义容不得半点瑕疵

——王书金强奸、故意杀人案

2020 年 11 月 24 日，河北省邯郸市中级人民法院对最高人民法院发回重新审理的被告人王书金故意杀人、强奸案进行公开宣判，认为被告人王书金故意非法剥夺他人生命，致三人死亡；以暴力胁迫手段强奸妇女，其行为构成故意杀人罪、强奸罪，应依法数罪并罚。王书金犯罪动机卑劣，犯罪情节及后果均特别严重，社会危害极大，虽有自首情节，亦不足以对其从轻处罚。遂被告人王书金犯故意杀人罪，被判处死刑，剥夺政治权利终身；犯强奸罪，被判处有期徒刑十五年，剥夺政治权利五年；决定执行死刑，剥夺政治权利终身。这累累罪状，无不牵连着一个个被害人家庭的悲痛与煎熬，落网 16 年后，"变态淫魔"王书金终于伏法。2021 年 2 月 2 日，王书金在邯郸市中级人民法院被执行死刑。

然而，王书金案最为戏剧性的转折在于，2005 年，身背数起强奸、杀人案的王书金在被抓获时供述自己是 1994 年石家庄西郊玉米地奸杀康某某案的真凶，可这起案件的"凶手"聂树斌早在 1995 年就被处以死刑，"一案两凶"瞬间引发社会广泛关注。接踵而至的是王书金、聂树斌、康某某三个人的命运交错，被害人康某某被强奸杀害，真凶至今不明；聂树斌案经过二十载岁月终昭雪，他却早已被剥夺了年轻的生命；王书金坚称自己是聂树斌案的真凶，法院始终未予以认定，如今也已被执行死刑。"一案两凶"牵涉三条生命，这个特殊案例讲述了命运的悲凉，更是在召唤司法的公正，传递着正义不容瑕疵的有力声音。

一、案情回顾

（一）劣迹满满，逃案十年

1967 年 12 月 1 日，王书金出生在河北广平县十里铺乡南寺郎固村的一个农村家庭，小学文化。家中一共有七个孩子，王书金排行老五，他后面还有两个妹妹。王书金从小由哥哥管教，"哥哥对他基本是张嘴就骂，抬手就打"。他自小性格内向孤僻，而且顽劣，很少与人来往，平时下地干活从来不走大路，还经常偷村民的东西，有几次把村民的衣服偷了后，埋在村北的一块沙地里。

1982 年，河北省广平县人民法院以王书金犯有强奸罪，判处其有期徒刑 3 年。广平县人民法院经开庭审理查明，王书金于 1982 年 7 月 13 日下午看见一名 7 岁幼女路过此地，王心生歹意，追至村东一牲口棚企图强奸。当幼女哭骂时，王书金怕有人发现，又将幼女抱至路边玉米地里摁在地上，使用摁、拧、掐的手段，将其奸污，致使该幼女身心受到摧残。此时王书金尚不足 15 岁。出狱后，家里人通过姐姐换亲，为他娶了一个媳妇，但夫妻关系长期不睦。因为生理需要得不到满足，王书金把目光瞄到了附近野外单身行走的女子身上，从 1992 年开始走上了他强奸杀人的不归路，犯下累累罪行。

1995 年 10 月 3 日，村里一个失踪女孩的尸体从一个枯井里被打捞起来，与此同时，王书金也不见了，他犯下最后一起命案后，离开妻儿，逃到三百多公里外的河南省荥阳市，化名"王永军"，再次娶妻（未办理结婚证）生子，一待就是十年。逃亡的十年间，王书金没有再犯案，并对第二任妻子隐瞒了自己真实的身份。潜逃后，他的前妻就带着孩子改嫁到别的村。王书金与第二任妻子育有二儿一女，过起了普通人的生活。[①] 他曾把第一个儿子以 4000 元价格"送人"，后来警方打拐查到买家，将王书金刑拘一个月，但其并未暴露。

2005 年 1 月 17 日晚，河南荥阳县索河路派出所指导员石国斌和同伴来

---

① 醉坚强：《王书金案发回重审：作案 6 起奸杀 4 人，辩护律师：他一天都不想多活，曾称对不起》，搜狐网，http://news.163.com/18/1024/15/DUT2HK82000187VE.html；访问。

到王书金住处，以排查户口为由将他传唤到派出所。因为石国斌接到"线人"报告，说"大王"（王书金外号）形迹可疑，平时见到警察或警车就躲，特别是河北牌照的车辆。2005年1月18日，王书金被河北广平县警方押回并被刑事拘留，同年2月22日被逮捕。经讯问，王书金称自己一共犯下六起案件：四起强奸杀人案，两起强奸案，其中就包括那起与聂树斌案高度吻合的石家庄市西郊玉米地强奸杀人案。

王书金供述：

1. 强奸杀害张某芬。

"1992年或1993年农历冬天的一个上午，我在本村与邻村交叉的那个桥北约有1公里的地方，看见土路上过来一个女的，我搂住这个女的到东北一个变压器的小房那儿，把她强奸了。然后抽出女的裤腰带，勒她的脖子，一直勒到她不动为止。我在变压器小房南侧挖了一个坑，将她埋到里边，然后把坑旁的麦秸往上边一撒就走了。"

2. 强奸杀害刘某某。

"我杀死我们村那女人有一年多的时间后，好像是个秋天，那天上午，我看从杜村出来一个女的，便拽住她的头发和袖子到麦秸垛北侧，把她掐昏过去，强奸了。然后又向她的胸部、肚子上踩了五六脚，我看她彻底死了，就把她埋了。这女人有一个塑料袋，里边装着一个未打完的毛衣，我把毛衣袖子都撕下来，当坎肩穿，拿走了，其余衣物扔在水渠那儿了。"

3. 强奸贾某某并杀人未遂。

"那年秋天的一个中午，我在广平县闫小寨东那个桥南边发现有一个女的骑着自行车顺着水渠东沿的南北土路往南走，就从东边出来拦住她说'下来'。那个女的害怕了，我就搂住她的双手，在南边玉米地里强奸了她。然后我掐住那个女的脖子，把她掐倒了。我掐她时，她还喊救命啊。我正在掐她时，听见西边路上有三马车响声，掐死她来不及了，就松开她跑了。"

4. 强奸杀害张某芳。

"1995 年农历八月份的一天傍晚，我在我村到泊头村的路北侧地里干活。回家时天黑，与一个女的撞车了，我和这个女的吵起来。我看旁边没有人，就把这个女的掐昏过去，然后扛起她，走到不远的一个垄沟内，强奸了她。当时这个女的一直反抗，但她劲没我大。我强奸完后怕她告我，又掐她的脖子，掐得她不动了，就向她肚子上踩了不知多少脚。我感觉她活不成了，便把她扔进附近的一个枯井里，又向井里扔了些草。我骑着女的车子到北盐池村，把车子扔到村南一条街上，步行回家了。"

5. 在广平县强奸一妇女。

"大约 1994 年，在广平县的一条土路上过来一个女的，我看见周围没有人，就将那女的拉到玉米地。那女的吓得喘不上来气，一直哭，把她强奸了。后来我把我来时带的一件女式衣服给了她，说'快走吧，别让人看见了'，然后我就跑了。"

6. 强奸杀害康某某。

"……见一个妇女骑着自行车，往这边来了，头一回见她，从那个地往北走了，我就注意她。我第二次从车间的楼上看她又过来一回，这是第二次见她。第三次，就对她实施强奸了。（我）蹲在那等着她，她骑着自行车走到那个路口，我就开始拽她，她就骑着自行车往北跑，跑了一段路，（我）拽住这个后车架，把她拽倒了，我就开始掐她脖子，掐得她不吭声了，我就拽着她两个胳膊，拽到玉米地里边……我看她不动，赶紧跑出去把自行车又给推到玉米地里边。我发现她又坐起来了，我又把她按倒那儿，继续掐她，把她掐得不动了，就开始进行强奸。作案后，想拿回康某某的衣服给老婆穿，但是发现死者衣服里有钥匙（怕盘查），就（将钥匙）扔给死者约 1 米处，拿回的衣服就暂时隐埋在暂住工地附近约 20 米处。"①

---

① 戴越：《王书金案，没完》，澎湃新闻网，https://mp.weixin.qq.com/s/s7zz2HFAMg9vvSAgRxmk-w。

（二）聂树斌案，命运交叉

2005 年 1 月 23 日，当王书金被押到石家庄指认现场时，当地村干部却说："十年前这里确实发生过凶杀案，但是十年前凶手已经被枪毙了，怎么又来一个？"时间回到 1994 年 8 月，石家庄市西郊一块玉米地里发生一起强奸杀人案。死者康某某，女，1956 年出生，生前是石家庄某液压件厂工人，是一名扫图员，据称自幼喜欢练武。1990 年，液压件厂从井陉矿区迁到石家庄市，康某某随厂迁居，与丈夫在工厂附近的孔寨村租房居住。1994 年 8 月 5 日 17 时 40 分许，她如常下班，但却没有回家，从此有如人间蒸发。6 天后，即 8 月 11 日 11 时 30 分许，康某某的家属及同事在孔寨村西玉米地内发现了她的尸体，其殁年 38 岁。

案发现场描述：1. 衣着：上身穿白色背心一件，背心撩至乳上；颈部缠绕短袖花衬衣一件，衬衣背部有一缝合三角口；下身赤裸；足穿白色尼龙袜一双。2. 检验所见：死者头东脚西呈仰卧位，双臂屈曲呈上举姿势，双下肢屈曲呈"O"形分开；尸体已高度腐败，尸体及周围布满蛆虫，蛆虫长 1 厘米；尸长 152 厘米，头发色黑，长 20 厘米，双眼、鼻尖及口唇缺如；左右七颗牙齿因高度腐败自然脱落，头枕部头皮缺如；前额及颞部头皮见明显皮下出血及创口；仅剩头颅，颅骨完整，未见骨折，颈部皮肤缺如，未发现舌骨、甲状软骨骨折；胸腹部皮肤完整未发现明显损伤；背部皮肤因腐败缺如，胸腹腔各脏器呈糜烂状，未发现明显创口，四肢未发现明显损伤及骨折。根据尸体检验所见，除颈部有衣服缠绕外，全身未发现明显创口及骨折，结合案情分析，康某某符合窒息死亡。

1994 年 9 月 23 日下午，20 岁的电焊工聂树斌在石家庄市电化厂宿舍区被警方抓走。10 月 1 日，聂树斌被刑事拘留。1995 年 3 月 3 日，石家庄市人民检察院以聂树斌犯故意杀人罪、强奸妇女罪，向石家庄市中级人民法院提起公诉。"聂树斌于 1994 年 8 月 5 日 17 时许，骑自行车尾随下班的石家庄市液压件厂女工康某某，至石郊孔寨村的石粉路中段，聂故意用自行车将骑车前行的康某某别倒，拖至路东玉米地内，用拳猛击康的头、面部，致康昏迷后，将康强奸。而后用随身携带的花上衣猛勒康的颈部，致康窒息死

137

亡。"一审判决聂树斌"犯故意杀人罪，判处死刑；犯强奸妇女罪，判处死刑。决定执行死刑。"聂树斌不服，向河北省高级人民法院提出上诉。1995年4月25日，河北省高级人民法院作出终审判决。"本判决并为核准以故意杀人罪判处被告人聂树斌死刑；以强奸妇女罪判处被告人聂树斌有期徒刑十五年，决定执行死刑。"两天后，聂树斌被处决，殁年21岁。从此，聂树斌家人便展开了长达21年的艰难申诉之路。

（三）"一案两凶"，谁是真凶

聂树斌是在没有足够证据的情况下，仅凭其口供被枪决的，而且存在多处疑点：1. 没有确定被害人的具体死亡时间；2. 没有提取被害人阴道内混合物体液进行检验，致使关键证据缺失；3. 被害人家属否认死者颈上那件短袖花衬衣是死者家的；4. 钥匙和短袖花衬衣是康某某案的两件重要物证，但聂树斌在供词中始终没有提到钥匙。

聂树斌被枪决的近十年后，2005年1月，曾犯下多起强奸杀人案的王书金在河南落网，随即主动供述自己是石家庄市西郊玉米地强奸杀人案的真凶，除了他对案件细节的描述外，另一重大证据就是他提到了钥匙和花衬衫。钥匙的出现，被媒体称为"打开了聂案疑点的大门"。但王书金迟迟不被认定为真凶的原因是：1. 他对案件细节的描述前后不一，且与现场勘查情况有不少出入。比如，钥匙放置的地方，他说过"在车把上挂着"，也说过"在自行车的车篓里"，但案发现场那辆自行车没有车篓。又比如，他又说自己曾拿过那串钥匙，后来扔了，扔的位置、方位有多个描述版本。2. 他对康某某的身高的描述有误。王书金说"感觉她跟我身高差不多"，王书金身高1.72米，但康某某尸长仅1.52米，其丈夫称，康某某的实际身高是1.58米。关于这一点，王书金的律师称，被害人当时穿着高跟鞋，头发往上梳，导致王书金误以为跟他差不多高，因此描述没问题。3. 关于作案时被害人的状态。王书金首次供述称，"强奸时那女的清醒着"，后来再审时他又改口说"掐她不动后进行强奸的"。4. 王书金说，他杀人的手段都是"先掐晕后强奸，之后再踩"，康某某案也是如此，"双脚踩的，用力很大""踩的时候我听见她肋骨折了，咯嘣咯嘣的声音"，但康某某并无肋骨骨折。死刑判决是一件大事，哪怕有一处疑点都不行，何况还有这么多处疑点。但王书金一死后，康某某案的真凶就很难再找出来了，就像当年的"呼格案"一样，尽管后来赵志红主动承认是他作的案，但最终也未被认定他就是真凶。

2007年3月12日，河北省邯郸市中级人民法院作出一审判决，以故意杀人罪判处王书金死刑，剥夺政治权利终身；以强奸罪判处王书金有期徒刑十四年，剥夺政治权利五年；数罪并罚，决定对王书金执行死刑，剥夺政治权利终身。王书金不服，以其主动供述的石家庄市西郊玉米地强奸杀人案未被起诉为由上诉至河北省高级人民法院。2007年7月31日，河北省高级人民法院二审第一次开庭审理王书金案，之后，该案一直未有结果，直至2013年6月25日，河北省高级人民法院在邯郸市中级人民法院再次开庭审理此案。在本案的再次庭审中，王书金的辩护人指出，关于上诉人供述石家庄西郊玉米地案，应当认定系上诉人王书金所为；河北省人民检察院出庭检察官则认为王书金上诉理由不成立，石家庄西郊玉米地案并非王书金所为，指出王书金的供述中关于被害人尸体特征、杀人手段、作案时间以及被害人身高四处与该案实际情况不符，并向法庭举示了相关证据。2013年9月22日，河北省高级人民法院作出二审裁定，驳回上诉，维持原判，并对王书金供述的石家庄西郊强奸杀人事实不予认定。同时，该案报最高人民法院核准死刑。

2014年12月12日，最高人民法院指令山东省高级人民法院复查聂树斌案；聂案于2015年6月、2015年9月、2015年12月、2016年3月经过四次延期后，2016年6月，山东省高级人民法院经过复查后认为聂树斌故意杀人罪、强奸妇女罪证据不确实、不充分，建议最高人民法院依照审判监督程序重新审理。最高人民法院经审查，同意山东省高级人民法院意见，于2016年6月6日决定依照审判监督程序，提审聂树斌案。2016年12月2日，最高人民法院第二巡回法庭宣告：撤销原审判决，改判聂树斌无罪。2017年3月30日，河北省高级人民法院寄送国家赔偿决定书，赔偿聂树斌家属268万余元。

2020 年 11 月 9 日，最高人民法院撤销河北省高级人民法院第二审裁定和邯郸市中级人民法院第一审判决，将王书金案发回重审。2020 年 11 月 24 日，邯郸市中级人民法院对发回重审的被告人王书金故意杀人、强奸案进行公开宣判，以故意杀人罪判处被告人王书金死刑，剥夺政治权利终身；犯强奸罪判处有期徒刑十五年，剥夺政治权利五年；决定执行死刑，剥夺政治权利终身。同时对附带民事部分依法作出判决。2020 年 12 月 22 日，王书金案重审并二审宣判，其犯故意杀人罪和强奸罪，判处死刑。针对王书金坚称自己是聂树斌案真凶这一主张，法院未予认定。

二、法理研判

（一）疑案还是冤案

疑案和冤案，都属于错案的范畴。但就一个可能存在错误的陈年旧案而言，究竟是疑案还是冤案，在法律界限上并不很明确，所以一般人很难分清楚二者之间的差异，在审判实践中也很难明确它们的界限。根据《刑事诉讼法》的规定，疑案和冤案可以这样划分：凡是不能认定原审被告人有罪的，为疑案；凡是能够认定原审被告人无罪的，系冤案。就疑案而言，通常是案件中既有证据证明原审被告人涉嫌犯罪，也有证据证明原审被告人无罪。有时候，虽然法官内心觉得原审被告人就是罪犯，但由于证据不足或者定罪证据形不成完整的链条，故不能认定原审被告人有罪。因此，疑案的原审被告人实际上既可能是真正的罪犯，也可能是没有实施犯罪的无辜者，故从客观真相而言是或然的、不确定的状态。而与疑案完全不同的是，冤案是一种确定的状态，即不仅不能认定原审被告人有罪，而且还能认定原审被告人无罪，从而排除其实施了犯罪的可能性。冤案最常见的有两种情形：一是被害人重现，如湖北佘祥林案和河南赵作海案，都是司法机关认定的被害人"死而复活"；二是真凶再现，如云南杜培武案和安徽于英生案，都是发现了案件真凶。另外，也存在虽然没有发现案件真凶，但能够排除原审被告人作案可能的冤案，如原审被告人当年被认定为强奸杀人案的真凶，20 多年后，由于 DNA 技术的应用，发现现场血型和精液并非原审被告人所留，至于是谁的无法查清，法院据此宣告原审被告人无罪。这样的无罪就是洗冤式的无罪。

就法官处理刑事再审案件而言，最理想的结果是能够查清案件的事实真相，明确原审被告人究竟是冤枉的还是无法摆脱嫌疑的，以体现"冤有头、债有主"。但遗憾的是，由于时过境迁、办案能力水平等原因，查清案件事实真相非常不易，以致一些本应作为冤案处理的错案，只能作为疑案处理，这是司法实践中经常遇到的一大遗憾。在聂树斌案再审的过程中，合议庭同样也面临这样的困惑，即最终以何种方式向社会公布再审结果的问题。[①]

聂树斌案再审后的处理结果，无论是在法律上还是在实践中，都可能有三种情形：第一种是维持原判。虽然对启动再审的案件来说，出现这种结果的可能性相对较小，因为再审通常是在发现错误后才启动的，但是，并不能完全排除这种可能性，聂树斌案启动再审后同样不能排除这种可能性，当时就有一些人担心会出现这种结果。实践中常有一些案件，启动再审以后又维持原判。第二种是明确宣布聂树斌案是冤案。这是申诉人及其代理人以及社会上许多人的期盼，他们在心理上早就认为聂树斌是被冤枉的，希望再审能够还聂树斌以清白，按照 2018 年《刑事诉讼法》第 200 条第 2 项即冤案的规定明确认定聂树斌无罪。第三种是明确聂树斌案为疑案，按照《刑事诉讼法》第 200 条第 3 项的规定即疑罪从无原则宣告聂树斌无罪。这个处理结果很多人也能认同、接受，他们认为这个案件时过境迁，证据存在瑕疵乃至缺失，很难查清客观真相。同时，按照疑罪处理，既符合法律规定，也比较主动、稳妥，合议庭经反复讨论后，最后得出的也是这个结论。

另案被告人王书金虽然一直承认系本案真凶，但有关办案机关没有认定，在一定程度上也影响了对聂树斌案的再审处理。王书金于 2005 年 1 月 17 日晚被河南省荥阳市公安机关抓获后，当天夜里就供认了包括聂树斌案在内的 4 起强奸杀人行为，在其近 40 次有罪供述中，其中有 21 次涉及石家庄市西郊玉米地案（聂树斌案）的犯罪事实。在这 21 份供述笔录中，除了

---

① 胡云腾：《聂树斌案再审：由来、问题与意义》，载《中国法学》2017 年第 4 期。

在河北政法机关复查聂树斌案时提讯王书金，王书金改称只奸尸而没有奸杀被害人以外，其余供述均供认他杀害了被害人。2016 年 8 月再审合议庭去河北磁县法院当庭提讯王书金时，王书金还一再声称自己是该案的凶手。正因为王书金供述自己系本案真凶，致使本案出现了一案两凶的独特现象。也正是因为王书金十多年来稳定供述自己系本案真凶，所以申诉人及其代理人以及社会公众都认为王书金系聂树斌案真凶。但是，检察机关并没有指控王书金实施本案犯罪，所以，人民法院无从认定王书金究竟是否系本案真凶。同时，王书金的供述虽然属于聂树斌案宣判后出现的新证据，且是对聂树斌有利的新证据，但由于王书金是否是本案真凶，不属于聂树斌案的再审范围，所以再审合议庭没有对王书金是否系本案真凶作出结论。就本案被害人康某某遇害而言，如果不是共同犯罪的话，凶手有三种可能：一是王书金所为；二是聂树斌所为；三是其他人所为。如果能够认定系其中一人所为，就能排除其他人所为的可能性，如果不能认定系其中一人所为，当然也就无法排除其他人所为的可能性。因此，由于河北办案机关至今没有认定康某某被害系王书金或者系其他人所为，故也无法排除聂树斌所为的可能性。

（二）存疑不起诉

凡需要提起公诉的案件，一律由人民检察院审查决定。[①] 同时，2018 年《刑事诉讼法》第 176 条明确了检察院提起公诉在实体上要满足犯罪事实已经查清，证据确实、充分这一证据条件以及应当依法追究被告人刑事责任这一罪责条件。[②] 据此，检察院对案件审查后，认为案件在证据方面不满足起诉条件，即认为犯罪事实并未达到"证据确实、充分"的标准时，应当依法作出不起诉决定（在程序上需经过补充侦查），谓之证据不足不起诉，或谓之存疑不起诉。存疑不起诉存在的理论依据在于无罪推定原则以及诉讼及时原则。

---

① 《刑事诉讼法》第 169 条。

② 《刑事诉讼法》第 176 条：人民检察院认为犯罪嫌疑人的犯罪事实已经查清，证据确实、充分，依法应当追究刑事责任的，应当作出起诉决定，按照审判管辖的规定，向人民法院提起公诉，并将案卷材料、证据移送人民法院。

联合国《公民权利和政治权利国际公约》明确规定：凡受刑事控告者，在未依法证实有罪之前，应有权被视为无罪。[①] 此谓无罪推定原则，无罪推定原则具有实体法和程序法上多重内涵，在程序法上，一方面确立了在刑事诉讼过程中被追诉人的诉讼地位；另一方面确定了刑事诉讼中应当由检察院承担证明被告有罪的证明责任。当检察院无法将被告人的犯罪事实证明到"证据确实、充分"的证明标准时，被告人依然受到无罪推定的保护，即法院应当依法判决被告人无罪，这是无罪推定原则在实体法上的体现，为疑案的处理提供了依据，即"疑罪从无"[②]。我国《刑事诉讼法》在诸多方面已经体现了无罪推定原则：首先，要求检察院提起公诉必须达到"犯罪事实已经查清，证据确实、充分"，并且在庭审中检察机关应当向法庭出示、提供指控证据，确立了检察院承担证明被告人有罪的证明责任；其次，法庭经过审理，只有控方指控达到了"案件事实清楚，证据确实、充分，依据法律认定被告人有罪的"，人民法院才能判决被告人有罪，由此体现了控方提供证据证明应当达到"证据确实、充分"的法定证明标准；最后，不仅法院对于证据不足，不能认定被告人有罪的，应当作出指控的犯罪不能成立的无罪判决，而且对于补充侦查的案件，人民检察院仍然认为证据不足，不符合起诉条件的，可以作出不起诉的决定，由此体现了"疑罪从无"的要求。[③]

诉讼及时原则是指现代刑事诉讼不仅要求查明案件的事实真相，惩罚犯罪和保障人权，而且要求迅速、及时地执行刑事程序以实现诉讼的高效化。[④] 诉讼及时原则一方面是对人权保障价值的遵循；另一方面是对国家司法资源的节约。对被追诉人而言，刑事诉讼过程本身是一种侵害，其人身自由受到限制，其财产被扣押，人格受到贬损，同时，刑事诉讼过程使其法律地位处于不确定状态，故保障人权的价值必然要求诉讼的及时性。对国家而言，刑

---

① 《公民权利和政治权利国际公约》第 14 条第 2 款。

② 张建伟：《刑事诉讼法通义》，北京大学出版社 2016 年版，第 483、485 页。

③ 顾永忠：《〈刑事诉讼法修正案（草案）〉中无罪推定原则的名实辨析》，载《法学》2011 年第 12 期。

④ 谢佑平、万毅：《法理视野中的刑事诉讼效率和期间：及时性原则研究》，载《法律科学》2003 年第 2 期。

事诉讼需要国家投入大量的司法资源，而司法资源的有限性决定了刑事诉讼制度的设计必须做到最少的投入获取最大的收益，实现在经济效益上的合理性。对于经过补充侦查而检察院仍然认为没有达到"犯罪事实已经查清，证据确实、充分"的案件，根据无罪推定原则，应当作出疑罪从无处理；而根据诉讼及时原则的要求，检察机关应当及时作出不起诉决定，及时终止错误的刑事追诉程序，一来减少刑事诉讼程序对被追诉人的伤害，实现人权的保障；二来防止未达到起诉条件的案件进入刑事审判程序而浪费国家司法资源。

针对王书金涉嫌的系列强奸、杀人案，检察机关通过审查，认为王书金所供述的其他几起强奸、杀人犯罪事实已经查清，证据确实、充分，符合起诉条件，检察机关依法提起公诉，而对于王书金供述的石家庄西郊玉米地案，虽然存在王书金的供述以及其他相应证据，但检察机关仍然认为该案存在疑点，并未达到"证据确实、充分"的证明标准，不符合起诉条件，故在对王书金的起诉书中并未指控这一犯罪事实，实际上是对这一犯罪事实作出了存疑不起诉的处理。该种处理一来体现了疑罪从无的精神；二来及时终止了对未达到"证据确实、充分"案件的追诉，节约了司法资源。

或许有观点指出，根据定罪权专属于人民法院的原则，只有中立的法院才有权力作出有罪或者无罪的宣告，而检察机关通过不起诉的方式实际上宣告了王书金（石家庄西郊玉米地案）无罪，是否僭越了人民法院的专属定罪权。对此，需要指出的是：首先，这种观点是对定罪权专属原则的误解，定罪权专属仅仅要求确定一个人有罪的权力专属于法院，而确定一个人无罪的权力并不专属于法院，相反，根据无罪推定原则，在法院确定一个人有罪之前，法律上应当推定其无罪，故检察院通过不起诉的方式确定犯罪嫌疑人无罪并未僭越定罪权专属原则，相反，对于证据不足不符合起诉条件的案件如果不及时通过不起诉决定终止刑事追诉，一来将使本该受到无罪推定原则保护的犯罪嫌疑人继续遭受长时间的限制；二来将造成司法资源的大量浪费，违反诉讼及时原则。值得注意的是，存疑不起诉仅仅是根据目前的证据分析，认为对该犯罪嫌疑人所涉嫌的犯罪行为无法达到起诉条件而终止追诉，并不妨碍在日后发现新证据符合起诉条件时检察院重新提起公诉，故《人民检察院刑事诉讼规则》规定，人民检察院根据刑事诉讼法第一百七十五条第四款规定决定不起诉的，在发现新的证据，符合起诉条件时，可以提起公诉。[①]

（三）审判范围受起诉范围限制

检察院的提起公诉本身是其行使控诉职能的一种方式，同时也具有启动审判程序以及划定审判范围的意义。近代刑事诉讼普遍要求实现控审分离原则，控诉、审判、辩护三大职能相互制约，以保障诉讼公正。其中控诉职能对于审判职能的制约体现在启动审判程序和划定审判范围。首先，控诉是审判程序启动的前提，没有起诉，就不能有审判，只有具有起诉权的机关和个人向法院起诉，法院才能开启审判，取得对案件的审判权，这是起诉所具有的启动审判程序的功能。当然，如果通过起诉启动了审判程序，法院的审判范围不受限制的话，控审分离也就仅仅具有形式上的意义，故实质上的控审分离还要求法院的审判范围受到起诉范围的限制，也即法院的审判范围受到起诉指控的人和事的限制。一方面，法院的审判范围受起诉指控的人的限制，对于共同犯罪案件，法院审判范围限于起诉指控之人，对于未起诉之共同犯罪人，法院不得进行审判；另一方面，法院审判范围受起诉指控之事的限制，对于未起诉之犯罪事实，法院不得进行审判。

审判范围受起诉范围限制的必要性体现在控审分离原则以及充分保护辩护权两个方面：一方面，是控审分离原则的要求，在纠问制诉讼中，裁判者可以不受限制地进行追诉，在诉讼中集控诉和审判职能于一身，裁判者不具有中立性，而被告人的辩护权无从行使，正是为了制约裁判者强大的审判权，近代刑事诉讼出现了控审分离，通过控诉与辩护职能制约审判职能，使裁判者处于中立、被动地位，防止司法专横，实现对被告人人权的保障。另一方面，是对被告人辩护权的保障，辩护权是针对控诉而生的一种防御权，如果控诉方没有提出明确的指控，辩护方便无从进行辩护准备并有针对性地进行辩护。如果裁判者针对未加指控的犯罪事实进行审判，使得指控来自裁

[①]《人民检察院刑事诉讼规则（试行）》第369条。

判者，不仅裁判者的中立地位受损，同时使得辩护方的辩护权难以行使。①

王书金案在二审的庭审中出现王书金及辩护人坚称石家庄西郊玉米地案是王书金所为，而出庭检察院答辩认为该案并非王书金所为，双方就此举证、质证并展开激烈辩论，这一令人不解的局面实则是法庭并未坚持审判范围受起诉范围限制的原则。

首先，检察院指控王书金的犯罪事实是王书金强奸三人并杀害其中两人，并未指控其在石家庄西郊玉米地强奸、杀人的犯罪事实，故本案的审理范围应当仅仅局限于王书金强奸三人并杀害其中两人的犯罪事实。在庭审中，当王书金及辩护人提及石家庄西郊玉米地的强奸、杀人案时，法院应当明确以该犯罪事实检察院未提出指控，不属于法院审理范围为由将该犯罪事实排除在审理程序之外。正是因为法院没能坚持审判范围受起诉范围限制的原则，错误地将检察院未指控之犯罪事实纳入审理范围，方才出现在法庭上辩方极力证明犯罪事实成立，而控方极力否认犯罪事实的尴尬局面，使得庭审误入歧途。

其次，关于王书金案的判决书中未提及石家庄西郊玉米地强奸、杀人案的做法无疑是正确的，其理由依然在于审判范围受起诉范围限制原则，既然该犯罪事实检察院未提出指控，故不属于审理范围，也当然不应作为法院裁判的依据，因此王书金案的判决中对石家庄西郊玉米地强奸、杀人案只字不提的做法不应受到社会质疑。

（四）疑罪从无

《刑事诉讼法》规定，对被告人定罪量刑必须做到"证据确实、充分"，具体而言包括三个方面的要求："（一）定罪量刑的事实都有证据证明；（二）据以定罪量刑的证据均经法定程序查证属实；（三）综合全案证据，对所认定事实已排除合理怀疑"②。从而从正、反两个方面阐述了"证据确实、充分"这一证明标准，并且为"证据确实、充分"这一抽象标准提供

---

① 戴鹏：《事实上的无罪与法律上的无罪——聂树斌案与王书金案逻辑分析》，载《天津法学》2017年第2期。

② 《刑事诉讼法》第55条。

了切实可行的证明方法。即对被告人定罪量刑，要做到"证据确实、充分"，一方面要着眼于建构，从积极和肯定方面要求定罪量刑的事实均有经过法定程序查证属实的证据证明；另一方面，要着眼于解构，从消极和否定方面发现证明过程中的薄弱环节，发现疑点、排除疑点，即首先从证明的过程中发现疑点，然后对疑点进行检验，分析疑点是否合乎理性，最后进行疑点排除，通过综合分析或者运用证据能否排除疑点①。进而从正反两个方面通过证据建构案件事实，排除疑点，做到"证据确实、充分"。

"排除合理怀疑"证明标准的确立，是使"无罪推定"得以实现的条件。②"正是在这一标准确立之后，无罪推定原则才引申出这样一条著名规则：如果对被告人有罪的证明存在合理的怀疑，则应作有利于被告的推定或解释"③。如前文所述，无罪推定原则要求控方承担证明责任，只有控方通过证据将犯罪事实证明到法定证明标准时，控方方能卸去证明责任，如果案件存在合理的怀疑，且控方无法将其排除时，则案件没有达到"证据确实、充分"的法定标准，控方应当承担证明责任的不利后果，即法院应当作出指控不能成立，被告人无罪的判决。据此分析王书金、聂树斌案。

对于王书金涉嫌石家庄西郊玉米地案，案件没能达到"证据确实、充分"的标准。检方称王书金供述中关于被害人尸体特征、杀人手段、作案时间以及被害人身高四处与案件实际情况不符，故从正面建构而言，本案没有达到据以定罪量刑的事实都有证据证明，据以定罪量刑的证据均经法定程序查证属实的标准；从反面解构而言，本案存在聂树斌作案的可能（仅仅是"可能"）这一合理的怀疑，并且这一合理怀疑无法得到排除，故应当作出对王书金有利的推定，作疑罪从无处理，本案中检察院对王书金涉嫌石家庄西郊玉米地案作出了存疑不起诉即是基于这种处理。

对于聂树斌涉嫌石家庄西郊玉米地案，案件亦没能达到"证据确实、充

---

① 龙宗智：《中国法语境中的"排除合理怀疑"》，载《中外法学》2012年第6期。
② 龙宗智：《中国法语境中的"排除合理怀疑"》，载《中外法学》2012年第6期。
③ 汤维建、陈开欣：《试论英美证据法上的刑事证明标准》，载《中国政法大学学报》1993年第4期。

分"的标准。"聂树斌强奸、杀人案所依据的证据是聂树斌的有罪供述与本案其他在案证据相互印证，但聂树斌作案的时间、作案工具的来源、被害人死亡时间和原因等不能确认，聂树斌供述的真实性不能确认，聂树斌供述与在案证据的一致性存疑"①。故从正面建构而言，本案没有达到据以定罪量刑的事实都有证据证明，据以定罪量刑的证据均经法定程序查证属实的标准，从反面解构而言，虽然王书金作案没有达到"证据确实、充分"的标准，但王书金作案的可能性是存在的，是合理的，结合现有证据，无法完全排除这种可能，故王书金作案的可能即是聂树斌强奸、杀人一案的合理怀疑。本案没能排除合理怀疑，故应当作出对聂树斌有利的推定，即作疑罪从无处理，本案再审判决宣告聂树斌无罪，即是疑罪从无的判决。

综上所述，对于石家庄西郊玉米地的强奸、杀人案，从已知的情况看，存在王书金作案和聂树斌作案的可能（当然，不排除还有其他人作案的可能），对其二人均应当适用疑罪从无。即对聂树斌而言，王书金作案是一种合理怀疑，这种怀疑得不到排除，则应当对聂树斌适用疑罪从无；同样，对王书金而言，聂树斌作案是一种合理怀疑，这种怀疑得不到排除，则应当对王书金同样适用疑罪从无。

对王书金案和聂树斌案的分析不应陷入非此即彼的逻辑误区。2013年王书金案二审二次开庭之所以备受关注的一个原因就是因为大家希望在对王书金案件的审理中找到聂树斌案的答案，但是值得注意的是，如果法院判决石家庄西郊玉米地案是王书金所为，仅仅是聂树斌无罪的充分而不必要条件。具言之，如果法院判决石家庄西郊玉米地强奸杀人案是王书金所为，那么聂树斌一定无罪；但是绝对不能得出如果该案不是王书金所为，则聂树斌案的有罪判决即是正确的结论。或许正是在这种错误逻辑的引导下，检察机关希望通过在王书金一案中否认石家庄西郊玉米地案是王书金所为而论证聂树斌的有罪判决正确，才出现了在王书金案的庭审中检方不顾审判范围受起诉范围限制这一原则而极力论证石家庄西郊玉米地强奸、杀人一案并非王书

---

① 中华人民共和国最高人民法院刑事判决书（2016）最高法刑再3号（聂树斌案再审判决书）。

金所为这一尴尬局面。

当然，公众可能会质疑，对王书金和聂树斌均适用疑罪从无，那么就没有人为石家庄西郊玉米地案负责了吗？对此，需要指出两点，当然也是本案可能出现的两种情形：首先，由于受侦查规律的限制，最终本案确实无法收集确实、充分的证据证明犯罪事实，这是客观条件所限，同时也是坚持无罪推定原则所必须承受的代价。其次，根据疑罪从无规则作出无罪处理，不论是存疑不起诉、证据不足而撤回起诉，还是法院因为证据不足而作出指控不能成立的无罪判决，都不妨碍检察院根据新的犯罪事实重新提起公诉。①故案件经过侦查发现另有犯罪嫌疑人，或者发现王书金或聂树斌涉嫌本案新的证据，符合起诉条件的，人民检察院应当重新提起公诉。但具体到本案而言，聂树斌已经死亡，依照《刑事诉讼法》规定不追究其刑事责任，而王书金也已经被执行死刑，也存在同样的问题。

三、反思与启示

（一）全面落实证据裁判原则

1979 年《刑事诉讼法》第 35 条规定："对一切案件的判处都要重证据，重调查研究，不轻信口供。"1996 年《刑事诉讼法》第 46 条、2012 年《刑事诉讼法》第 53 条以及 2018 年《刑事诉讼法》第 55 条均作了相同的规定。这些法律规定都强调证据在办理刑事案件中的重要作用，但《刑事诉讼法》并没有明确规定证据裁判原则。证据裁判原则是执法机关从《刑事诉讼法》的规定中总结出来的，并通过司法政策文件的形式加以规定的。2007 年最高人民法院、最高人民检察院、公安部和司法部联合出台的《关于进一步严格依法办案确保办理死刑案件质量的意见》规定："坚持证据裁判原则，重证据、不轻信口供。""对一切案件的判处都要重证据。"将立法中的重证据要求提升为证据裁判原则，更凸显出证据在刑事案件中的重要地位，更强调有罪判决必须以确实、充分的证据为依据。法官在把握证据裁判原则时要严

---

①《人民检察院刑事诉讼规则》第 369 条，第 424 条第 3 款、第 4 款、第 5 款以及《最高人民法院关于适用〈中华人民共和国刑事诉讼法〉的解释》第 295 条第 1 款第 4 项规定。

格把握好三点：一是司法机关认定任何案件事实都必须有相应的证据加以证明，坚持有一份证据说一分话，没有证据不得认定事实。二是任何证据都必须具有证明力，证据的证明力必须真实可靠，证明力不足或者存在疑问的证据，不能作为认定事实的依据；证据达不到确实、充分的，不能认定案件事实。三是证据的来源或者证据的形式必须合乎法律规定，形式不合法的证据、来源不合法的证据或者系刑讯逼供等非法方法取得的证据，应当予以排除或者舍弃，不得作为定罪量刑的依据。①

王书金案始末便是对证据裁判原则的较好诠释。2020 年 11 月 24 日，河北省邯郸市中级人民法院对发回重审的被告人王书金故意杀人、强奸案进行公开宣判。法院认定其曾强奸杀害三人，另有一人在遭强奸后，其杀害未遂。最终法院以故意杀人罪、强奸罪判处其死刑，剥夺政治权利终身。王书金自称是"聂树斌案真凶"，法院未予以认定。此前的判决中，法院对公诉机关指控王书金的 4 起犯罪事实只认定了 3 起，而在最高法死刑复核过程中，出现了新的证据。历经重审，法院明确认定了王书金 4 起犯罪事实，恰恰体现了"证据裁判"的法律原则和"不枉不纵"的法律精神。1993 年，河南女子张某芬回娘家时突然失踪。急疯了的家人四处寻找，只留下一个被悲伤压垮的家庭，和活不见人、死不见尸的徒劳无功。直到 12 年后，落网的王书金带着警方掘出她的遗骨，人们才知道这个女人的最后命运：被强奸，被杀戮。重见天日时，从遗体上已无法辨别她的身份。哪怕是法院没有判决，相信很多人心底都在呐喊：王书金，该死！在法律的天平上，法院判其死刑是罚当其罪；在人心的天平上，王书金同样天理难容！但即使是对王书金这样百死莫赎的人来说，法律也应给他个明白，也要给所有人一个明白，这是司法对公道的道义所在。单从结果而论，与 13 年前的死刑判决相比，尽管王书金的结局没有丝毫改变，但多年来围绕该案发生的努力绝非绕回原点。王书金首次受审时，限于当时的技术水平，其中一名惨遭杀害的张某芬，遗骨身份无法得到认定，她也因此成为判决书中"消失的被害人"。

---

① 樊崇义：《只有程序公正才能实现实体公正》，载《法学杂志》2010 年第 7 期。

而在最高法死刑复核阶段，公安机关新作出的 DNA 鉴定意见成为扭转乾坤的关键。正是因为对证据裁判的坚持，这起被埋没 27 年的案件才得以沉冤昭雪。这也是司法机关在"聂树斌案真凶"问题上打上问号的原因。尽管王书金一再声称聂所涉及的强奸杀人案是其所为，但其口供与案发现场的重大矛盾让疑云凝聚不散。

媒体对王书金案的长期关注，也让王书金的罪行广为人知。杀人偿命是人们最朴素的正义观，对待恶魔，法律的态度与此别无二致。但法律在伸张正义的同时更具审慎精神，不强加任何罪行，不放过任何蛛丝马迹，死刑判得"明明白白"，让群众感受到公平正义，让全社会感受到法律的严肃和权威。① 王书金恶贯满盈的一生也从此进入倒计时，三名被害人的在天之灵，正在无言见证。经最高人民法院核准并下达执行死刑命令，河北省邯郸市中级人民法院于 2021 年 2 月 2 日对犯故意杀人罪、强奸罪的罪犯王书金执行了死刑。②

在案件中，要想还原真相，唯有证据，绝非靠猜、靠蒙、靠感情用事、靠经验直觉。无论被告人如何受千夫所指、案件性质如何骇人听闻、舆论关注如何人声鼎沸，司法机关也无权在刑事案件中进行"选择性裁判"。如果把并非王书金所为的案件强安在他的头上，无异于一边惩治一个恶魔，一边又放走了另一个杀人恶魔。"真凶"不明的遗憾绝不能用强加罪行来弥补，这会让公正荡然无存。③ 2019 年尘埃落定的"长跑"案件赵志红案，与王书金案有着惊人的相似。同样是犯下多起强奸杀人罪行，同样是关联到致无辜者枉死的错案，同样是一口咬定揽下"真凶"罪名，最终也同样是因为"败"给证据，而未予以认定。正义就该这么较真，容不得半点瑕疵，否则就是用一个错案代替另一个错案。公平正义从来不是"看起来很美"的轻松

---

① 罗沙、奚丹霓：《让王书金"明明白白"伏法！》，检察日报正义网，2020 年 11 月 24 日，https://mp.weixin.qq.com/s/xM3WSiWE_cnsQ3eWkwJoig；2021 年 11 月 7 日访问。

② 人民法院新闻传媒总社：《王书金案重审宣判："真凶"不明的遗憾，绝不用强加罪行弥补！》，载人民法院报 - 中国法院网微信公众号，2021 年 2 月 2 日推送。

③ 苏航：《王书金案重审宣判："真凶"不明的遗憾，绝不用强加罪行弥补！》，载最高人民法院微信公众号，2020 年 11 月 25 日推送。

旅途，而是在追寻事实的道路上负重而行。

（二）大力推进司法制度改革

王书金、聂树斌、康某某三人的命运因一起强奸杀人案交织在一起，造成的结果是可悲的。被害人康某某被强奸杀害，真凶至今不明；聂树斌被冤假错案剥夺了 20 岁的年轻生命；王书金则试图主动卷入案件，但犯罪人的身份一直不被认可，如今也被执行了死刑。一起案件牵涉到三条生命，这里掺杂了命运的悲凉，却也暴露了司法制度的漏洞与落后。聂树斌案告诉我们，命运每个人都无法掌控，我们唯一能做的就是改进司法制度，避免冤假错案的发生。王书金在审讯期间主动供述了 6 起强奸犯罪行为，而法院最终认定了 4 起，其中 2 起尤其是聂树斌案那起，法院认为证据不足，无法认定王书金实施了强奸行为。

王书金案因为外界无法看到卷宗和证据，所以无法根据新闻发表评价。总之两派的观点一直对立，相信王书金是聂树斌案真凶的，认为王书金供述了大量的作案杀人细节，与现场比较符合，而且"人之将死其言也善"，供述的可信度较高。而不相信王书金是聂树斌案真凶的，则认为其不过是以要求法院认定自己有重大立功表现为由借机苟活，折腾办案机关。但从审判证据的角度看，时间过去太久了，实在难以找到像样的人证、物证和印证王书金的供述，仅仅根据口供确实无法认定王书金的犯罪。但是一个案件中，没有坚持同样的审查标准才是司法最大的遗憾。显然在为王书金出罪的时候，司法机关坚持了严格的证据标准，而在让聂树斌入罪的时候，则明显降低了认定的标准。让法律实现追求事实与公正的功能，就必须严格司法，规范办案，杜绝孤证定案。

严格司法是公正司法的前提和基础，也是确保法律实施的重要途径。严格司法是指严格按照法定程序办案，不折不扣地把党领导人民制定的法律实施到位。[①] 申言之，它要求司法机关在处理案件时要坚持以事实为根据、以法律为准绳的基本原则，在事实认定中要符合客观真相，强调办案结果要符

[①] 周强：《推进严格司法》，载《人民日报》2014 年 11 月 14 日，第 6 版。

合实体公正、办案过程要符合程序公正。规范办案是要求司法机关严格按照法律规定的程序和操作规程，确保案件办理的每个环节都规范到位，严控办案中可能出现的瑕疵。为确保严格司法、规范办案，各部门除强调依法办案外，还各自出台了相关的规定，规范本部门的办案行为。例如，公安部出台了《公安机关办理刑事案件程序规定》《公安业务档案管理办法》《公安机关档案类别划分与档号编写办法》等规范公安机关刑事案件办理程序、档案管理；最高人民检察院出台了《人民检察院刑事诉讼规则》《人民检察院案件流程监控工作规定（试行）》等规范人民检察院案件处理程序、流程；最高人民法院出台了《法官行为规范》《关于庭审活动录音录像的若干规定》等规范法官行为和庭审活动中的录音录像工作。这些制度的实施对于推进严格司法、规范办案起到了重要作用。党的十八届四中全会通过的《中共中央关于全面推进依法治国若干重大问题的决定》提出："推进以审判为中心的诉讼制度改革，确保侦查、审查起诉的案件事实证据经得起法律的检验。"推进以审判为中心的诉讼制度改革，其目的就是要切实发挥审判程序应有的终局裁断功能及其对审前程序的制约引导功能。[1] 这就要求人民法院在行使审判权时重视对办案机关、检察机关移送的案卷材料仔细审查，及时发现其中存在的瑕疵，对于严重违规办案获得的证据，作出不利于控方的判决。防止事实不清、证据不足的案件或者违反法律程序的案件"带病"进入起诉、审判程序，造成起点错、跟着错、错到底的现象发生。[2]

公正司法是当代法治社会的主旋律。《中共中央关于全面推进依法治国若干重大问题的决定》明确指出："公正是法治的生命线。司法公正对社会公正具有重要引领作用，司法不公对社会公正具有致命破坏作用。必须完善司法管理体制和司法权力运行机制，规范司法行为，加强对司法活动的监督，努力让人民群众在每一个司法案件中感受到公平正义。"司法公正包括实体公正和程序公正两个方面，两者相互依存，不可偏废，司法机关应当努

① 沈德咏：《论以审判为中心的诉讼制度改革》，载《中国法学》2015 年第 3 期。
② 孟建柱：《主动适应形势新变化 坚持以法治为引领 切实提高政法机关服务大局的能力和水平》，载《人民法院报》2015 年 1 月 22 日第 1 版。

力兼顾两者的价值平衡。司法机关追求实体公正，不能以违背和破坏程序为代价，应当防止那种只求结果、不要过程、省略程序、违反程序等问题。①程序不公正、程序违规违法，不仅严重影响程序正义，而且会严重危害实体公正。

对案件的审理应基于程序公正的要求来评判相关事实，重视程序公正的重要性，坚决摒弃重实体、轻程序，重口供、轻其他证据等做法，坚决杜绝指供、诱供，甚至刑讯逼供，严把程序关，严格依法规范办案，从而促进办案机关和办案人员树立正当程序意识，注重程序公正价值，将严格司法和规范办案落实到位，继而推进我国法治进程真正步入正轨并良性运转。

四、结语

王书金被执行死刑，聂树斌案昭雪，这个可以载入中国法制史册的案件，历经26年的"拉锯"与"踢皮球"终于"熬"到了终点。不该有息事宁人，不该有顺水推舟，不该在旧的伤痕上覆盖新的错误。办理王书金案，必须有经得起任何叩问的严谨。绵延几十年的悲剧需要尽快了结，但宣读判决书的，一定应是公平与正义的最强音。围绕王书金案，所有的迷茫、疑虑与争议终会平息，但有些事永不能忘——那就是用扎实证据给案件盖棺定论的底气，是主动回应舆论围观探问的坦诚，更是历尽千辛终能坦然面对受害者的良心。在案件不确定的种种可能中，只有法律和司法程序才是确定的。坚持用证据说话，让司法托举起案件的真相，正义才不会蒙尘。

（安娜）

---

① 中共中央政法委员会：《社会主义法治理念读本》，中国长安出版社2009年版，第152页。

496万元，一个冤案的"价格"

——张玉环"故意杀人"再审无罪案

引言

2020 年 10 月 30 日，一纸载有 496 万元的国家赔偿决定书被送至张玉环手中。这一决定，刷新了吉林金哲宏获得的 468 万元国家赔偿的记录，但是对于本文的主人公张玉环而言，则是 27 年失去自由的弥补。也正是这一纸文书，让张玉环再次梦回 27 年前，回想起那 9778 天日复一日的噩梦。或许对于 53 岁的张玉环而言，真正重要的不是这一笔庞大数目的赔偿，而是 2020 年 8 月 4 日，江西省高级人民法院敲下的那一声法槌——最终对一个"疑案"的无罪判决。

一、案件回顾

（一）"失踪"疑云

1993 年 10 月 24 日中午，江西省南昌市进贤县凰龄乡张家村的平静被一通电话打破了。报警者情绪激动，声称两个孩子找不到了。原来，报警者是两个孩子的伯父，两个孩子一个 6 岁、一个 4 岁，他们在本该回家的时候却久久未归，伯父心急之下，就决定报警求助。接警后，警方很重视，第一时间派出警力前去张家村寻找失踪儿童。同时，当地村民也自发组织人员去寻找。时间流逝，天色渐晚，孩子却还没有被找到，焦虑阴郁笼罩在每个人的心上。其后，搜索范围一度扩大到了村外。终于在第二天，也就是 1993

年 10 月 25 日上午，在村外的下马塘水库，两个孩子被找到了，准确来说，是孩子的尸体被打捞了上来。孩子被找到了，但却以另一种形式和他们的家人见了面。两个孩子的家人号啕大哭，一片静默之下，大家第一时间就隐约地意识到，事情的性质已经完全不同了。

起初，因为孩子被找到了，公安机关本想就此结束此事。但就在准备对孩子进行下葬时，有村民发现两男童的脖颈处有他杀痕迹。由此，一桩凶杀案浮出了水面，把以往和谐的邻里关系完全打破，大家开始相互担心、疑神疑鬼，目光从寻找失踪的孩子进而转向了寻找可怕的杀人凶手。所有人都知道这是一起重大的凶杀案，警方为此更为重视，设立了专案组快速跟进，第一时间就开始了调查工作，组织警力寻找破案线索。经过紧锣密鼓的安排，在对全村 61 户村民逐户排查后，警方掌握了一条重大线索——同村村民、两个孩子的邻居张玉环有重大嫌疑。其后警方的破案报告证实了这一点："张玉环在接受警方问话时，'神情紧张，不停地两手搓擦'。"为了进一步查明真相，警方在报案后的第三天，也就是 1993 年 10 月 27 日，将张玉环带到派出所进行调查。而张玉环这一走，就是 27 年。

（二）"27 年" 之始

张玉环，本文的主角，何许人也？简而言之，一农民而已。没有任何特别身份、没有任何犯罪前科的他又为何会被怀疑有重大嫌疑呢？证人的证言是一方面，而更为具体的原因是他手上的伤。其后公安机关的文书可以说明这一点——"进贤县公安局法医于 1993 年 10 月 27 日作出的人体损伤检验证明，证实张玉环左食指和右中指的掌指关节背侧的伤痕手抓可形成，损伤时间约有 3—4 天。"这是什么意思呢？也就是说，张玉环在 10 月 24 日或是 10 月 25 日，手上的痕迹很可能是被手抓的。而依据其后的材料可知，孩子的尸体被送去检验，南昌市公安局于 1993 年 11 月 10 日作出的法医学鉴定书显示，一个孩子的死因是绳套勒下颌压迫颈前导致窒息而死亡，另一个孩子的死因是扼压颈部导致窒息而死亡，并且两个孩子均是在死后被抛尸入水。即两个孩子的直接死因是被勒死的，在其他证据不能证明被害人被限制行动的情况下，很合理地就可以想到被害人与凶手之间存在肢体上的争斗。

但是不巧的是，张玉环对自己手上的伤痕解释不清，加之他接受排查时神情紧张，很难不让人联想到他没有经历过什么。或许当时警方也有一样的想法，张玉环在被带走调查的当日，也就是1993年10月27日，张玉环被收容审查。

在被收容后，张玉环的真实经历我们无从得知，或许张玉环本人对其经历最有发言权，但是在经过9778天日复一日的关押后，他本人或许都不再记得，或许记得也不想再讲述。我们只得从公安的笔录与材料中了解到侦查阶段的片段，或许，这些即使不完整的片段也不是我们想要的真实。据辩护律师尚满庆介绍，讯问期间，张玉环共做出了六份笔录，其中两份是有罪供述。第一份有罪供述形成于1993年11月3日，询问笔录显示，张玉环自述，事发当天，他看到两名受害男童在本村一处水塘边玩耍，想起张某甲曾偷盗过自家的油盐，自己找其父母理论时，没有得到满意答复，便想趁机教训他，并随之起了杀意，最后在水塘旁的菜园处，用在水塘边捡来的"蛇皮袋做的绳子"勒死了张某甲。为了灭口，将张某乙也一并杀害。在当年11月4日做出的第二份有罪供述中，张玉环此前交代的杀人地点变成了自家住宅，杀人工具变成了自家"屋檐下一根用封麻袋口的绳子纺成的大人手指粗的麻绳"，杀人起因则是看到张某甲和张某乙在自己屋前将阶檐上的土往下面扒后，联想到张某甲以前打过他儿子，还盗过他家的油、盐，进而对两个孩子起了杀意。[1] 在这两份有罪供述中，张玉环交代的杀人地点、杀人工具和杀人动机均有所出入，但最终，它们成了警方据以认定张玉环故意杀人的主要证据。事实真相究竟如何？我想对于这个过去了近30年的旧案来说已经失去了其原有的新鲜价值，更有价值的不是犯罪嫌疑人或是公安机关怎么认为，而是他们在那个时候有没有说真话、张玉环有没有被刑讯逼供。但是不管如何，当时的公安机关是按照张玉环于1993年11月4日的口供加上其他的一些证据定了案，并于1993年12月19日提请县人民检察院批准逮捕杀人凶手张玉环。同年12月29日，张玉环被检方批准逮捕。1994年

---

① 张胜坡：《张玉环：被羁押9778天后，无罪释放》，载《焦点人物》2020年9月。

1月，南昌市人民检察院以张玉环犯故意杀人罪向南昌市中级人民法院提起公诉。

（三）漫漫长长申诉之路

1995年1月，南昌市中级人民法院对此案作出一审判决，认定张玉环故意杀人案"基本事实清楚，基本证据充分"，依法判处张玉环死刑，缓期两年执行。由于时间已经过去快30年，当年一审裁判文书难以寻觅。而对于一个坚信自己未曾犯罪的人来说，依靠正当方式寻求救济再合理不过了，于是在一审后，张玉环向江西省高级人民法院提出上诉，称其"没有杀害两个被害人的犯罪动机，其在侦查阶段所作的两次有罪供述系刑讯逼供，原审法院凭此认定其故意杀人是错误的"。1995年3月，江西省高级人民法院发布刑事裁定书，认为一审判决事实不清，证据不足，裁定撤销一审判决，发回南昌市中级人民法院重审。2001年，南昌市中级人民法院再次审理后，认定"张玉环仅仅因生活中的一些小摩擦而对被害人张某甲心怀不满，继而用手掐、绳勒的方法致张某甲死亡，而后为灭口又将被害人张某乙掐死，其行为已构成故意杀人罪，应依法惩处。原审判决定罪准确，量刑适当，审判程序合法"。而张玉环仍不服，再次向江西省高级人民法院提出了上诉，2001年11月，江西省高级人民法院驳回了他的上诉，并裁定"维持并核准原判"。张玉环随之被送往南昌监狱服刑。在此，依照我国的"两审终审制"原则，张玉环丧失了司法救济的权利，除了例外时的再审外，没有任何力量能撼动"死缓"这个生效裁判。

此后，张玉环及其亲属、代理人持续申诉。在南昌监狱服刑期间，张玉环由原来的死缓逐渐减刑。2004年2月，江西省高级人民法院裁定将其刑罚减为无期徒刑，剥夺政治权利终身；2006年4月，江西省高级人民法院裁定将其刑罚减为有期徒刑十九年，剥夺政治权利改为九年；2011年2月，南昌市中级人民法院裁定，减去有期徒刑一年四个月；2013年8月，再度减去有期徒刑八个月；2016年2月，再度减去有期徒刑一年一个月二十天，剥夺政治权利九年不变。尽管减刑给张玉环带来了希望，却没有从根本上改变张玉环"杀人犯"的名号。而终于在2019年，再审程序被成功启动了——这一年的 3 月，江西省高级人民法院认定张玉环提出的申诉理由符合重新审判条件，决定由江西省高级人民法院组成合议庭再审张玉环故意杀人案。而再审的结果正如大家所知晓的一样——江西省高级人民法院于 2020 年 8 月 4 日宣判张玉环案因"疑罪从无"被判决最终无罪。再审判决认为："原审被告人张玉环的有罪供述真实性存疑，依法不能作为定案的根据。除张玉环有罪供述外，没有直接证据证明张玉环实施了犯罪行为，间接证据亦不能形成完整锁链。原审据以定案的证据没有达到确实、充分的法定证明标准，认定张玉环犯故意杀人罪的事实不清、证据不足，按照疑罪从无的原则，不能认定张玉环有罪。"认定"原审被告人张玉环无罪"。最后，时间回到本文开头的 2020 年 10 月 30 日，张玉环申请国家赔偿成功，并获得 496 万元。① 这 496 万元，或许可以弥补物质上的损失，但精神上的苦痛是否能够得以弥补？

可以总结一下，张玉环案先后实质性经历了中院一审被判"死缓"、中院"第二次一审"再判"死缓"、高院再审最终被认定无罪，一共经历了三场实质性的审判活动，前后跨越 25 年之久。而单论再审的提起，就间隔了 17 年之久，而其权利救济之旅，实则有 19 年之长，我们可想而知，张玉环在监狱中那年复一年的日子里做出了多少不为人知的努力。事后张玉环的哥哥张民强说，他每次探视都会给弟弟张玉环带去一百个信封和一百张邮票，他让弟弟每周给相关申诉单位写一封信。张民强说，经年累月下来，张玉环自己寄出的信至少有上千封，经他的手寄出的也有两三百封。② 而就是各方主体坚持不懈的努力，最终让这个案件有了再次被司法提及的机会。

二、法理分析：张玉环案为何是冤假错案

张玉环在经过了 9778 天的牢狱生活后获得了自由，也从形式意义上摆脱了"杀人犯"的名号。但是对于这一结果，社会上仍有很多民众不认可，

---

① 以上案情介绍来源于江西省南昌市中级人民法院、江西省高级人民法院关于张玉环故意杀人案的裁判文书。

② 张胜坡：《张玉环：被羁押 9778 天后，无罪释放》，载《焦点人物》2020 年 9 月。

有人说："张玉环不是凶手，谁是凶手？"也有人说："如果张玉环无罪，那死去的两个孩子的生命谁来负责偿还？有谁考虑过死去孩子的父母吗？"还有人说："张玉环和他的律师都没法证明他是清白的，法院怎么能判无罪？"①诸如此类的话语不胜枚举。我们都是普通人，不能完全再现案发当时的具体情况，我们也没有时间机器能够回到那时候看看到底发生了什么，我们所能做的，就是通过这些证据的碎片，去探寻案件客观真相的那一轮"水中之月"。客观上来说，张玉环是犯罪嫌疑人，也真的有可能是杀人凶手，但即便如此，张玉环案仍是一个冤假错案。

（一）无罪推定

之所以说张玉环案是一个冤案，是因为依据"无罪推定"原则，不能依据证明标准证明其犯了罪，那么就要判定其无罪。但是，这在很多人看来是无法接受的，我们可以理解那些因为"真凶再现""亡者归来"而认定的冤假错案，而张玉环案中，我们没办法严格证明张玉环没有杀人，也没有找到比张玉环更有杀人嫌疑的对象，为什么还要放过这个有嫌疑的人，甚至最后认为他无罪？

其实，这是一个法治理念问题。欲探究无罪推定必须以对其历史发展的考察作为起点。无罪推定原则的起源可追溯至古代罗马法的"有疑，为被告人的利益"和"一切主张在未证明前推定其不成立"这两项著名原则。在8世纪，法兰克法律也有体现无罪推定原则的表达：并非起诉本身，而是有罪判决使之成为真正的罪犯。意大利学者贝卡利亚更是系统性地论述了"无罪推定"原则，他表述如下："在法官判决之前，一个人是不能被称为罪犯的。只要还不能断定他已经侵犯了给予他公共保护的契约，社会就不能取消对他的公共保护。"贝卡利亚进一步指出："犯罪或者是肯定的，或者是不肯定的。如果犯罪是肯定的，对他只能适用法律所规定的刑罚，而没有必要折磨他，因为他交代与否已经无所谓了。如果犯罪是不肯定的，就不应折磨一

---

① 申鹏洁：《张玉环回去了，当年的受害者家人却"逃离"了，有村民觉得他是有关系》，河南都市频道：https://baijiahao.baidu.com/s？id=1674623772091723298&wfr=spider&for=pc，2021年11月9日访问。

个无辜者，因为，在法律看来，他的罪行并没有得到证实。"① 很明显，贝卡利亚这一思想的提出，是在"天赋人权"、"自由平等"等近代启蒙思想引导下向中世纪纠问式诉讼制度盛行的有罪推定原则提出的挑战，反映了新兴市民阶级废除封建专横司法制度的时代要求，体现了刑事司法走向民主法治的发展方向。其后，1789 年《法国人权宣言》第 9 条规定："任何人在宣判有罪之前应当视为无罪。"1895 年美国联邦最高法院通过案例明确宣布了在刑事司法中实行无罪推定的原则："有利于被告人的无罪推定原则是无可置疑的法律，是带有公理性质的和最基本的，它的执行是我国刑事司法最根本的内容。"我国加入的《公民权利和政治权利国际公约》第 14 条第 2 款规定："凡受刑事控告者，在未依法证实有罪之前，应有权被视为无罪。"② 不仅在理论上，在实践中也是如此，如美国的"世纪大审判"——辛普森案，法官也是基于"无罪推定"最终认定辛普森无罪。我们可以看出：西方法治国家普遍将无罪推定作为一项刑事司法原则规定，并在实践中大量运用。

一般认为，无罪推定原则至少包含以下几方面内容：其一，举证责任。犯罪嫌疑人、被告人不承担证明自己有罪的责任（不强迫自证其罪），证明有罪的责任由控方承担。其二，禁止有罪预判。当且仅当法院的判决确定有罪时，被告人才能被当作罪犯看待，任何组织和个人不能在有罪宣判前就预判犯罪嫌疑人、被告人有罪并给予其不当的待遇。其三，有罪须严格证明。法院宣告被告人有罪时需要达到法定的证明标准，如果不能达到，即不能确定被告人有罪。另外，有学者从不强迫自证其罪的原则上又引申出了犯罪嫌疑人、被告人的沉默权。由此，一个完整的体系得以呈现，它是保护基本人权的基础。③

反观我国，无罪推定在中国的发展可谓曲折而悠长。我国最早关于无罪推定的有关表述出现在 1957 年草拟的《刑事诉讼法（草案）》第 5 条，其规定："被告人在有罪判决发生法律效力以前，应当假定为无罪的人。"这是新

---

① [意]切萨雷·贝卡利亚：《论犯罪与刑罚》，黄风译，商务印书馆 2018 年第 1 版，第 XXII 页。

② 陈光中：《论无罪推定原则及其在中国的适用》，载《法学杂志》2013 年第 10 期。

③ 参见杨宇冠：《重论无罪推定》，载《国家检察官学院学报》2005 年第 3 期。

中国迄今在立法草案中明确规定无罪推定原则的唯一草案。但可惜只是昙花一现，其后进行的整风"反右"运动将该原则定性为"资产阶级反动原则"而遭到批判并被废弃。在改革开放新时期，我国学者重新审视了此原则，最终在 1996 年《刑事诉讼法》第 12 条规定："未经人民法院依法判决，对任何人都不得确定有罪。"其后 2012 年修正的《刑事诉讼法》中，无罪推定原则精神得到进一步贯彻和彰显，但是，仍然没有正式确立无罪推定原则。

无罪推定在中国难以落地生根的原因是多方面的。在观念方面，主要是历史与文化因素。我国历史上从来没有实行过无罪推定。在中国封建社会的刑事司法方面，实体法和程序法不分，刑事诉讼侦查程序中所采取的各种措施，特别是逮捕、关押、拷问与实体刑法中的惩罚没有严格的区别。被官府抓捕的人从一开始就被当作有罪的人看待，社会中的许多人更分不清刑事诉讼中的未决犯和已经被判有罪的人的区别。这些观念，对中国现代的刑事司法仍然有影响。许多人，包括一些执法人员，还把犯罪嫌疑人、被告人等同于有罪的人，尤其是在某个引起民愤的案件发生之后，只要抓到犯罪嫌疑人，经过媒介的宣传，很多人就已经把犯罪嫌疑人与有罪的人等同起来了，从而导致无论是从舆论方面，还是在诉讼程序之中，许多犯罪嫌疑人、被告人已经被当作有罪的人对待。例如，在云南孙万刚冤案中，当地民众要求严惩凶手的呼声很高，给办案人员造成了很大压力，从而使得检察人员即使发现了疑点也不敢追查，只得快速"传递"案件，另外，在佘祥林冤案中，"被害人"张在玉的家人就找人写了一份"联名上书"，共有二百多名当地群众签名，要求政府严惩"杀人罪犯"佘祥林，此举给当地政府的领导造成了很大压力。[1]张玉环案中也同样如此，被害人的父母上书司法机关，写明"撤回民事诉讼，不要赔偿，要求政府严惩凶手张玉环"[2]。正是民众这些朴素的法感情与正义观念，使得他们把犯罪嫌疑人看作真正的凶手，从来都不相信被抓的"人犯"会有无罪的可能，由此，他们不能接受放纵任何一个有犯罪

---

[1] 参见"百度百科"（http://baike.baidu.com）中的"孙万刚""佘祥林"词条。

[2] 参见央视网：《无罪归来》，https://tv.cctv.com/2020/12/24/VIDEtux 3 dn 2 jqKxD 2 foHiFrQ 2012 24.shtml？spm=C 31267.PdQGws 28 DOXv.E 25 JptH 8 Kkey.22，2021 年 11 月 9 日访问。

嫌疑的人，尤其在只有一个确定的犯罪嫌疑人的情况下。

另外，物质条件也是一个令人无奈的因素。当前我国刑事侦查部门条件很有限，任务却比历史上艰巨了许多。历史上我国人口比现在少得多，相应的犯罪也比现在少；历史上犯罪手段简单，现在的犯罪更加复杂。我国一些地方的侦查和起诉部门的条件还很简陋，没有先进的物证检验所，没有现代化的仪器，缺乏专业技术人员，在这种情况下办案，对口供的依赖性难以马上改观。尤其是在基层第一线担负侦查和起诉工作的人员任务重、时间紧、责任大、经费少、设备差，在这种条件下，担负繁重的打击犯罪、维护治安的重要工作实属不易。为了尽快完成任务，在其他侦查方式有限的条件下，口供就显得特别重要，许多案件是根据口供破案的，如果再实行无罪推定，将加大侦查和起诉部门工作的困难。[①]在张玉环案中，专案组仅仅用了 6 天就宣告破案，可见破案压力之大，而能快速证明其有罪的直接证据就是张玉环的口供。因此张玉环的"有罪供述"就尤为重要，拿不下口供怎么办？刑讯逼供就因此成了"不二法门"。

综上，我国虽然有立法体现了"无罪推定"精神，但因缺少具体的细则而不能落到实处，加上民众的朴素观念与落后的物质条件，"有罪推定"实际仍然存在，这也使得"疑罪从轻""留有余地"的做法大行其道，并产生了很多冤假错案。对于张玉环案，我们可以说，即使没有找到真凶，因为依据现有的证据不能使得证明张玉环有罪达到"事实清楚，证据确实充分"的法定证明标准，那么，张玉环就应当被认定是无罪的。

（二）证据问题

张玉环案中的证据存在严重问题，其一是存在故意忽视无罪证据的情况，其二是控方提供的证据不能证明张玉环有罪。

1. 忽视无罪证据

在本案的证据中，有一份证人证言是值得我们注意的，同村的一个孩子说，她于案发当日中午 12 时见过两名被害人。如果这一说法属实的话，那

---

① 参见杨宇冠：《重论无罪推定》，载《国家检察官学院学报》2005 年第 3 期。

就会直接推翻张玉环的杀人嫌疑，这是因为，依据警方对案件事实的认定：张玉环于案发当日中午 11 时实施杀人行为。这就会导致案发时间的直接断裂，而断裂后的结果就是无法证明张玉环有行凶时间！当然，我们不排除这份证言系伪证的可能性，但是不得不承认，这份证言给了我们一个新思路，那就是：被害人的死亡时间可能不是 11 时，警方对案件基本事实的认定可能有重大错误！很遗憾的是，这份证言最终没有被警方作为证据使用，甚至对于该证言的真实性都没有进一步查证。同样地，还有类似"案发当日，张家村来了个换荒人，这个人经过了水库附近"。这种证言，警方一样没有给予关注。

事实上，这种忽视无罪证据的现象在刑事司法活动中屡见不鲜。例如，杭州叔侄案中被告人与辩护人申请警方调取监控录像以证明他们没有作案时机，警方不予回复。再如滕兴善冤案中，律师把滕兴善不可能作案的证据提交给当地公安局的办案人员，但是也没能挽回一个冤假错案。我们由此不禁要问，为什么警方会不管这些明显的无罪证据而固执地去犯错？其实，这一方面与侦查机关的职能定位有关，另一方面与我国刑事诉讼中的证据调查制度实行单轨制有关。我国《刑事诉讼法》第 3 条规定："对刑事案件的侦查、拘留、执行逮捕、预审，由公安机关负责。"法律规定公安机关为侦查机关，其职权也就只能表现为打击犯罪。而在"严打""从快从重"成为刑事政策的 20 世纪末，这种打击犯罪的功能就被放大，以至于发现与证明有罪、有重罪成了公安部门的主要活动，而费力去证明无罪、轻罪则无人问津。另外，我国证据调查实行的是单轨制。所谓单轨制证据调查，是指证据调查活动基本上由诉讼一方的证据调查人员单独进行，即由公诉方的侦查人员进行。换言之，在单轨制下，查明案情和收集证据是以检察官和警察为代表的"官方"活动，而且存在相当严重的片面性。由此，无罪证据不能进入诉讼程序，有罪证据无论真假都可以在诉讼中畅通无阻。于是，司法人员片面地根据有罪证据认定案件事实，冤错案件由此而生。而相对应地，一些国家则采用双轨制证据调查模式。所谓双轨制，是指证据调查活动由诉讼双方的证据调查人员分别进行，官方的证据调查服务于公诉方，私人或民间的证据调查服务于辩护方。① 在双轨制下，查明案情和收集证据则是控辩双方的活动，而且双方的证据调查应该得到相对平等的"武装"和保障，这就使得无罪证据可以如同有罪证据一样被合法而平等地提出，被同等地进行调查，以此来大大减少因侦查取证的片面性而导致的冤假错案。

2. 对证据的不当解读

张玉环案中，依据 2001 年南昌市中级人民法院"第二次一审"的判决书中列明的证据，该案中检察院（控方）提供的证据主要有以下几种：第一，进贤县公安局在抛尸现场提取的带有补丁的麻袋和在被告人张玉环家查获的作案用的麻绳，即麻袋和麻绳。第二，进贤县公安局的提取物证（工作服上衣一件）笔录和江西省公安厅刑事科学技术研究所所作的化验鉴定书，即物证的鉴定书。第三，进贤县公安局法医于 1993 年 10 月 27 日作出的人体损伤检验证明，即被告的伤痕检验证明。第四，南昌市公安局于 1993 年 11 月 10 日作出的法医学鉴定书，即两被害人的死因鉴定书。第五，现场勘查笔录和刑事照片，即案发现场照片。第六，证人许耀华、张小平、张鹏飞、张运海的证词，即证人证言。第七，被告人张玉环于 1993 年 11 月 3 日、11 月 4 日所作的两次有罪供述，即被告人的供述。

对以上证据进行综合性的评述：第一，对于麻绳和麻袋，控方认为麻绳是凶器，而麻袋用于抛尸，并结合被告张玉环的供述可以加以佐证。麻绳是在张玉环家里找到的，被认定为作案工具的证据只有张玉环第二次有罪供述，而在侦查阶段，张玉环前后有六份讯问笔录，很难不让人认为麻绳是否真的是作案工具，甚至会计人认为，麻绳是不是真的和本案有关。因为真正的行凶者，对其所使用的犯罪工具印象一定是非常深刻的，而张玉环仅在中间一次讯问中提到，其后不再提出，并且在其唯一一次提出时对麻绳的描述还与公安部门提取的麻绳根本不同，这种矛盾无法得到合理的说明。而麻袋是在死者所在的湖中打捞到的，这种麻袋非常常见，并且该麻袋上有两块用麻袋料缝补的补丁。后来再审中提到"张玉环妻子宋小女证明称自家破了的

---

① 参见何家弘：《当今刑事司法的十大误区》，载《清华法学》2014 年第 2 期。

麻袋是用布缝的补丁，不是用麻袋料缝的，因此认定该麻袋是抛尸工具依据不足。"或许有人会说宋小女系被告妻子，可能作伪证，真实情况是他们家里破了的麻袋是用麻袋料补的。但这无关紧要，关键是"用麻袋料缝补的麻袋"太过于常见而失去了专属于本案的证明价值，质言之，如果那个水库里还能打捞上来麻袋的话，我们是不是都可以说是曾经抛尸用的呢？再加上麻袋上没有提取到诸如指纹、血迹等生物样本，这就使得同一认定不可能实现。或许有人会说，证据二就证明了麻袋是张玉环的——因为张玉环工作服上提取的麻袋纤维，经鉴定与抛尸现场提取的麻袋都是黄麻纤维，质言之，有人曾穿着这件工作服接触过麻袋，而这个人就很可能是张玉环。固然，这种设想是完全合理的，但是我们必须要承认的是种类物不具有排他性，很难对应到唯一的个体。这里就需要引入种属证据的概念了，种属证据是指可以反映形象或客体特征与案件有关的客体的种属或先后出现的客体的种类是否相同等证据材料①，典型的种属证据如血型。在本案中，麻袋纤维就是种属证据，因为是一种种类物，并且其上也没有其他任何特征使其摆脱集合性而成为唯一的特定物，因而丧失了对应到张玉环本人的说服力。

第二，关于被告人手上的伤痕的鉴定。这份鉴定原本是用来说明被害人因被勒住而拼命反抗，抓伤了被告人，但是本案没有证据证明被害人的手指甲中存有张玉环的血液、皮肉等生物样本，并且除了张玉环本人的供述以外，没有其他任何证据能证明伤痕的来源，这不免让人怀疑是否有刑讯逼供的存在。

第三，关于案发现场照片。仅仅使用几张被告人家里的照片再结合被告人自己的供述就认定张玉环家里是案发现场，这是难以使人信服的。在一般的凶杀案件中，确定案发地时一般都可以收集到作案痕迹（如被害人挣扎时留下的鞋印）等物证。本案中，如果说真的像张玉环供述的一样——孩子是被他拖进房间，被勒死、掐死，然后被隐藏，为什么房间里没有任何痕迹存在？或许大家可以说张玉环实施凶杀行为后收拾了案发现场，导致现场没有

---

① 参见董凯：《中美刑事错案中司法鉴定致错的比较研究》，载《政法论丛》2016年第5期。

物证，但是这些反映被告家里整洁的照片又能证明什么呢？不论从哪个方面来看，照片都不能证明案发地点与具体的作案手段。

第四，关于证人证言。细看这些证言，多半属于品格证据的范畴。如有村民证言说"张玉环与两被害人关系不好，曾扬言要收拾两被害人"，再如"张玉环不老实，有很大的杀人嫌疑"等。这些证言没有指向案件事实却指向了被告人张玉环本人，并没有对案件进行描摹、还原，而是以一种人身攻击的方式将嫌疑抛向张玉环。实际上，这些品格证据的运用在英美法系国家有完善的制度性规定。如美国规定：对于证明良好品格的证据，一般以采纳为原则，以不可采纳为例外；对于证明不良品格的证据，一般以不可采纳为原则，以采纳为例外。这些规定在法理上很容易就可以说明：品格证据与案件事实没有关联性或关联性很小，而关联性又直接决定了证据资格与证明力的大小。尽管我国尚未直接规定有关品格证据的效力问题，但是依据法理，因其不能证明案件事实，应当作为无关材料来处理。

第五，关于张玉环的供述。侦查阶段，被告人一共留下了六份讯问笔录，就这六份笔录而言，极度缺少稳定性，张玉环的态度经历了从坚决不认罪到认罪但认罪时前后不一致，再到不认罪的变化。就11月3日、11月4日所作的两次有罪供述而言，杀人地点、作案工具、作案过程等方面存在明显矛盾。对于杀人地点，第一次有罪供述是在"村万事塘张建华园旁的田边"，第二次有罪供述是在"我哥哥明强的房间里"。对于勒张振荣所用的绳子，第一次有罪供述是"到万事塘水边上捡了节一尺多长的蛇皮袋作的绳子"。第二次有罪供述是"到我屋檐下拿了一根用来封麻袋的绳子纺成大人指头粗的麻绳"。对于杀害张振荣的具体情节，第一次有罪供述是先用绳子勒，后捡棍子打，第二次有罪供述是先打后勒。此外，两次有罪供述在藏尸地点、抛尸过程等方面亦存在矛盾。如果说，前几次讯问不说是为了隐瞒真相、逃避打击，那如何解释张玉环最后翻供，甚至向法院直言有刑讯逼供的情况呢？合理的推测只能是张玉环遭到了刑讯逼供。除了刑讯逼供外，"先供后证"的可能性也不能排除。"先供后证"是指侦查人员在获悉犯罪发生后，就千方百计查找犯罪嫌疑人，找到犯罪嫌疑人之后就竭尽全力拿下认罪口供，拿下口供之后再想方设法收集并补足有关的证据。简言之，先抓人，后取证。[①] 这在本案中有深刻的体现，为何张玉环于 11 月 3 日供述了作案过程，而死者的死因报告却是在其后 11 月 10 日得出结论，并且又证实了张玉环的供述？我们是不是有理由可以认为死因鉴定结论是依据犯罪嫌疑人的有罪供述作出或是改动的？尽管 2020 年 8 月 4 日的再审判决书认为，张玉环确实接触过案发现场，可能知晓死者死因，但是有关方面却不能回答一个问题，为什么在 10 月 25 日、31 日对尸体进行检查后，结果却要在有罪供述后公布，这中间的时间间隔是否有可以操作改变的空间？这不免让人有些疑虑。

综上，我们对证据进行了分析，可以看出：证明有罪的证据运用漏洞百出。基于"先供后证"的错误模式，把毫无关联性的证据、不能进行同一认定的种属证据，以及前后相互矛盾并且不能排除刑讯逼供可能的言词证据等这些荒谬的事实材料组合在一起，竟然最终成了认定案件的依据，这不免让人唏嘘不已。

（三）刑讯逼供

因为本案中的被告人供述是全案中唯一的直接证据，因此，确认该言词证据是否系刑讯逼供所得，在较大程度上决定了张玉环有罪是否能够得以证明。我们认为，张玉环案中存在有明显的刑讯逼供。为什么说张玉环被刑讯逼供了？张玉环本人的言词可以证明。据我们直接所知的，张玉环在侦查期间就喊冤，在一审判决结束时，他的最后陈述是"冤枉的"，在服刑期间，张玉环写了几百封信，其中很多都直接提到了他被刑讯逼供的事情。

实际上，刑讯逼供一直以来都是我国刑事诉讼中的顽疾之一。刑讯逼供古已有之，"不用大刑，焉得实供"的说法正是为刑讯逼供开脱。不仅在中国，在人类社会的整个司法历史中，刑讯逼供都是极为普遍的，即使到了现代文明社会，刑讯逼供仍然屡见不鲜。虽然在一些法治发达国家中，以肉体折磨为特征的"硬刑讯"已不多见，但是以精神折磨为内容的"软刑讯"仍

[①] 参见郑志浩：《侦查模式研究综述》，载《上海公安高等专科学校学报》2012 年第 3 期。

时有所闻。近年来，随着我国一批重大冤案的披露，刑讯逼供问题越来越受到国人的关注。尽管专家学者对此有清醒的认识，认为"刑讯逼供是造成冤假错案的决定性因素"，甚至绝大多数人民群众对刑讯逼供也持有不能容忍的态度，然而刑讯逼供似乎具有超强的生命力，屡禁不止。

究其原因，有很多学者从法学理论与法律实务角度来解答，认为有"片面的执法观念"、"陈旧的思维习惯"、"不良的行为环境"、"低下的侦查能力"、"乏力的监督机制"、"空泛的证据规则"、"失效的刑罚威慑"等因素。①而另有学者从认知心理学角度进行分析，提出了一些有价值的观点，在此稍作分享。

刑讯逼供可被看作是警方对自己所建构的心理学故事的一种证实手段。采用如此激烈的刑讯手段，说明警方对自己建构的故事很有信心。那警方为什么对自己构建的故事抱有这么不切实际的信心呢？在此，卡尼曼等人发展出来的过度自信理论（Overconfidence Theory），或可在一定程度上解释为什么一些刑侦机关会如此缺乏反思精神。卡尼曼认为，人有一套直觉系统，自动化运行，喜欢捷径式地思考，从而喜欢匆忙下结论，这个结论在刑事司法案件中就表现为基于侦查所得的证据编造的一个"故事"，而我们内心的理性因素对此监控并不充分。尽管是我们自己编造的"故事"，而我们却意外地倾向于相信它的真实性，并且"故事越合理，自信心越高"。在此过程中，"证据的数量和品质其实起不了什么作用，因为很少的证据也能编出很好的故事"②。而基于办案人员与犯罪嫌疑人对案件信息掌握的不对称性，办案人员往往认为自己所掌握的信息"更好"、"更全"，由此对自己编造的"故事"过度自信。然后，过度自信的心理效应已使警方办案人员确信案件事实已然在握，无罪推定、疑罪从无等原则根本没必要适用。最后回到问题本身：即使编造了"故事"，办案人员为什么还是选择刑讯逼供？这是因为警方办案人员相信自己所建构的想象性"故事"是真实的，所以不害怕选择刑讯逼供

---

① 参见何家弘：《当今刑事司法的十大误区》，载《清华法学》2014 年第 2 期。

② 参见唐丰鹤：《错案是如何生产的？——基于 61 起刑事错案的认知心理学分析》，载《法学家》2017 年第 2 期。

来证实该"故事"。在一些警方办案人员看来，犯罪嫌疑人不招供，并不代表"故事"真实性有问题，犯罪嫌疑人只是害怕随之而来的制裁，故而为了得到真相，就必须升级刑讯逼供。也就是一种结果论，即只要认为结果真实，那么过程中的瑕疵就不要过问，即使中间用了刑讯逼供手段，但是只要我得到的结论证明了我的"故事"，那就无关紧要。

另外，沉没成本效应也可以解释刑讯逼供的问题。所谓的沉没成本效应（Sunk Cost Effects）指的是，由于前期的成本投入，给决策者带来了巨大的心理负担，他为了使成本能够物有所值，而作出非理性决策的现象。沉没成本效应在刑事错案中有非常明显的反映。只不过，这里的成本，不仅包括金钱成本或办案费用，以及办案人员、机构的时间和精力成本，还包括因为锁定某个犯罪嫌疑人而放弃了侦查其他可能的犯罪嫌疑人而导致的机会成本（Opportunity Costs）。所谓机会成本，是指选择做一件事就意味着放弃做在时间上有冲突的其他事的机会。很显然，当侦查机关根据心理学故事锁定一个犯罪嫌疑人进行侦查时，办案成本就已经在支出了，随着侦查的深入，各项成本也随之攀升。在已经支付了高额成本的情况下，办案机关选择进行刑讯逼供，这种做法是不难"理解"的，因为根据沉没成本效应，办案机关如果不选择刑讯逼供打开侦查缺口，就意味着前期的所有投入都白费了，而对于办案人员来说，这从感情上是难以接受的。沉没成本效应会驱使办案机关证实前期所发现的故事，在缺乏其他办法的情况下，他们采取刑讯逼供。而一旦进行了初步刑讯逼供，如果回头，就意味着要付出更大的成本，想想可能遭遇的投诉和随之而来的处罚，不断升级刑讯逼供几乎成为唯一的选择，正所谓"开弓没有回头箭"[①]。

总而言之，张玉环案中确有刑讯逼供之嫌。依据《人民法院办理刑事案件排除非法证据规程（试行）》第1条第1款规定："采用下列非法方法收集的被告人供述，应当予以排除：（一）采用殴打、违法使用戒具等暴力方法或者变相肉刑的恶劣手段，使被告人遭受难以忍受的痛苦而违背意愿作出的

[①] 唐丰鹤：《错案是如何生产的？——基于61起刑事错案的认知心理学分析》，载《法学家》2017年第2期。

供述；（二）采用以暴力或者严重损害本人及其近亲属合法权益等进行威胁的方法，使被告人遭受难以忍受的痛苦而违背意愿作出的供述；（三）采用非法拘禁等非法限制人身自由的方法收集的被告人供述。"这些依据刑讯逼供所得来的供述应该依法予以排除，同时，据上文分析可知，除被告人供述外的其他证据根本不能达到"事实清楚，证据确实充分"的证明标准以证明张玉环有罪。

（四）程序严重违法

1. 超期羁押

在张玉环案中，我们可以很明显地提出以下问题：为什么可以对一个无罪的人关押这么长的时间？9778 天的羁押时间是不是一个例外？遗憾的是，有关资料告诉我们：羁押期长是中国刑事司法的一个普遍特点。举例来说，仅在已经平反的冤假错案中，赵作海从 1999 年 5 月 10 日被抓捕到 2003 年 2 月 13 日法院判决生效，一共被羁押了 3 年零 9 个月；佘祥林从 1994 年 4 月 11 日被抓捕到 1998 年 9 月 22 日判决生效，一共被羁押了 4 年零 5 个月；李怀亮从 2001 年 8 月 7 日被抓捕到 2013 年 4 月 25 日被无罪释放，一直处于未决羁押状态，时间长达 11 年零 8 个月。[①] 本案中，张玉环从 1993 年 10 月 27 日被抓捕到 2020 年 8 月 4 日被无罪释放，一共被羁押了 27 年。究竟是什么原因造成了羁押期间较长的问题呢？

第一，法律的规定有待改进。根据我国《刑事诉讼法》的规定，刑事拘留的时间一般是 3 天，特殊情况可延长至 7 天，对于流窜作案、多次作案、结伙作案的重大嫌疑分子可以延长至 30 天，再加上审查批捕的 7 天，犯罪嫌疑人在批准逮捕之前的羁押期限最多是 37 天。在 1996 年修改《刑事诉讼法》之前，公安机关经常采用期限更加宽泛的"收容审查"来代替刑事拘留，变相延长了犯罪嫌疑人在批捕之前的羁押时间。例如，在滕兴善冤案中，犯罪嫌疑人滕兴善于 1987 年 12 月 6 日被"收容审查"，直至 1998 年 9 月 2 日才被批准逮捕，其逮捕前羁押时间近 9 个月。对于逮捕之后的羁押期

[①] 参见"百度百科"（http://baike.baidu.com）中的"赵作海""佘祥林""李怀亮"词条。

限，我国《刑事诉讼法》也作出了明确的规定。1996 年修订的《刑事诉讼法》第 124 条规定："对犯罪嫌疑人逮捕后的侦查羁押期限不得超过 2 个月。案情复杂、期限届满不能终结的案件，可以经上一级人民检察院批准延长 1 个月。"第 126 条规定："下列案件在本法第 124 条规定的期限届满不能侦查终结的，经省、自治区、直辖市人民检察院批准或者决定，可以再延长 2 个月：（一）交通十分不便的边远地区的重大复杂案件；（二）重大的犯罪集团案件；（三）流窜作案的重大复杂案件；（四）犯罪涉及面广，取证困难的重大复杂案件。"第 127 条规定："对犯罪嫌疑人可能判处 10 年有期徒刑以上刑罚，依照本法第 126 条规定延长期限届满，仍不能侦查终结的，经省、自治区、直辖市人民检察院批准或者决定，可以再延长 2 个月。"按照上述规定，从逮捕犯罪嫌疑人至侦查终结的期限最长可以达到 7 个月。此外，1996 年《刑事诉讼法》第 138 条规定，审查起诉的期限一般为 1 个月，可以延长半个月。第 168 条规定一审的期限一般为 1 个月，至迟不得超过一个半月，有本法第 126 条规定情形之一的，经省、自治区、直辖市高级人民法院批准或者决定，可以再延长 1 个月。第 196 条规定，二审的期限一般为 1 个月，至迟不得超过一个半月，有本法第 126 条规定情形之一的，经省、自治区、直辖市高级人民法院批准或者决定，可以再延长 1 个月，但是最高人民法院受理的上诉、抗诉案件，由最高人民法院决定。按照上述规定，犯罪嫌疑人（被告人）在逮捕后至判决生效的羁押期限一般在一年左右。但是，由于发回重审和补充侦查都要重新计算期限，所以完全按照法律规定"操作"，犯罪嫌疑人（被告人）被羁押的期限也可以达到一年半以上。即便规定如此，超期羁押的情况依然屡见不鲜。[①]

第二，法律规定存在漏洞。张玉环案中经历了一次长达 6 年的"空白期"，而在这个没有司法机关管辖的期间内，张玉环一直都处于关押状态。具体来说就是二审以"原判事实不清，证据不足"发回一审法院重新审理后，一审法院应当在多长时间内组织并审理此案在当时没有具体的规定。本

---

① 参见何家弘：《当今刑事司法的十大误区》，载《清华法学》2014 年第 2 期。

案中，1995 年 3 月江西省高级人民法院裁定发回重审，当时生效的法律是 1979 年的《刑事诉讼法》。但是，1979 年的《刑事诉讼法》没有规定这种"撤销原判，发回重审"案件一审法院应当在什么时候开始审理，这便是一个巨大的法律漏洞。因此，从法理上来说，原审法院再次收到案件后延期 6 年审理也不构成程序性违法。况且，对于一个死刑案件，其关涉的利益重大，稍有不慎就容易引发更大的问题，那谁又愿意第一时间把这个"烫手的山芋"接来呢？也正是由于当时的立法漏洞，使得张玉环苦苦地等待了 6 年而没有任何进展。而后来 1996 年《刑事诉讼法》第一次修改时就补上了这个漏洞，第 194 条规定："第二审人民法院发回原审人民法院重新审判的案件，原审人民法院从收到发回的案件之日起，重新计算审理期限。"1996 年修正的规定自 1997 年 1 月 1 日开始生效，所以在 1997 年之后，原审法院即南昌市中级人民法院应当在收到案件后立即对案件进行审理，而张玉环则是没有能享受到"随收随审"的这个"优厚待遇"。

第三，司法行政化严重，效率低下。这主要反映在上述 6 年的发回重审期中，一审中级人民法院"搁置"案件的做法。有学者认为："实践中往往采取审批办案制度、案件请示制度、审委会集体决定制度等办案模式。采用行政化的办案模式能够有助于加强对个案法官的控制，在一定程度上可以看作是一种内控机制，有助于提升案件的质量。而且，集体决策办案方式还能够在一定程度上发挥着规避办案风险的作用。尽管如此，行政化办案模式有其积极的一面，但是其却从根本上否定了法官的独立性，与司法权的本质属性不符。"[1] 即司法的行政化使得法院、法官在处理案件时如同政府官员一般，将法官等同于一般的"公务员"进行管理，在薪资保障、职务晋升、纪律惩戒等方面完全类同于行政公务员。因此，从整体上而言，法官依附于法院这个集体，从根本上影响了其独立性。疑案的上下传递与层层审批，长时间的请示等行政因素使得司法效率低下，最终结果就表现为毫无作为。

---

[1] 参见陈卫东：《司法机关独立行使职权研究》，载《中国法学》2014 年第 2 期。

2.违法剥夺被告人参与权与辩护权

细心的读者可能会发现，南昌市中级人民法院两次审理的结果完全相同，而江西省高级人民法院两次审理的结果却完全不同（第一次是发回重审，第二次是维持一审判决），即同样的案情，同样的证据，由同一法院来审理为什么会出现两个截然相反的结论？这就关涉到了程序正当性的问题了。

正当程序作为一种观念，早在13世纪就出现在英国普通法之中，并在美国得到前所未有的发展。其根源于古罗马时代的"自然正义"论。在当时，为了实现自然正义，审判程序上有两项基本要求：其一，法官中立，即任何人不得做自己案件的法官。其二，程序参与，即应当给予诉讼当事人各方充分的机会来陈述本方的理由。这意味着必须将诉讼程序告知他们，并及时告知其任何可能受到的指控，以便当事人能够准备答辩。另外，有学者还认为程序的参与性应当作为程序正当原则的一部分。[①] 本案中，二审法院不开庭审理是违反程序正当原则的。因为法律上虽然规定刑事案件二审可以不开庭审理，但是当事人对一审认定的事实和证据有异议，可能影响定罪量刑的，二审就必须开庭审理。而张玉环上诉称没有杀人，其有罪供述是由于刑讯逼供所产生的，对一审证据与实体判决都提出了异议，在这种情况下，二审法院没有任何理由选择不开庭审理，但是最后结果却是不开庭审理。由于二审不开庭审理案件，书面审理的方式实质上剥夺了被告人与辩护人的辩论权，剥夺了被告人与辩护人的程序参与利益。

另外，更值得注意的是，本案终审中竟然没有律师的辩护。依照当时适用的1996年《刑事诉讼法》第34条第3款："被告人可能被判处死刑而没有委托辩护人的，人民法院应当指定承担法律援助义务的律师为其提供辩护。"即在被告人被判处死刑的案件中，应当有指定辩护或是委托辩护的存在。而张玉环案中，终审没有开庭审理，被告人没有律师辩护，在缺少了对控方有效的对抗的情况下，被告人只能听任控方再次"故技重施"——把

---

① 参见陈卫东：《正当程序的简易化与简易程序的正当化》，载《法学研究》1998年第2期。

那些有问题的证据与混乱的论证逻辑再次搬上法庭来，其结果可想而知。正如再审辩护律师王飞所言："而正因为关着门审理，就没有发现这个案子当时没有律师，一审都指定了律师，二审给忘了。我觉得这是一个简单的不应该犯的错误。我们没有发现任何一个冤假错案是它的程序足够保障了诉讼权利，最后还导致了冤案。我们发现的所有的冤假错案都是在程序上有一大堆的问题，程序得不到保障，就意味着权利得不到应有的重视，就很容易导致实体的问题查不清，或者说直接导致实体认定的错误，最后导致了错案。"[1] 不注重程序，同样也是冤案的一个成因。

三、本案启示：如何防止冤假错案的发生

张玉环案中，我们可以看到：无视无罪证据、对证据的不当解读、刑讯逼供、超期羁押、违法剥夺被告人辩论权参与权等共同造成了一起冤假错案。幸运的是，张玉环已经依据"无罪推定"原则而被判无罪。反思个案，我们可以发现很多问题，也可以通过对个案的纠正推动我国的法治一步一步地前行。但这样仅仅是事后救济，我们始终绕不开一个问题：如何才能防止冤假错案的发生？

首先，加强对侦查权的司法控制。"同犯罪斗争的成败，很大程度上决定于是否善于进行侦查工作。"侦查是查明案情的必要过程，而在这个过程中，侦查机关诸如公安机关所享有的强制处分权（拘传、拘留、逮捕、搜查、扣押等对人或对物的强制处分权，即侦查权）很可能会被滥用，在缺乏监管控制的情形下，最终会伤及犯罪嫌疑人、被告人的正当权利。这从根本上讲，与我国宪法和刑事诉讼法对公、检、法三机关相互关系及制度设计上存在着缺陷有关。由于中国的侦查权缺乏必要的司法控制，整个侦查程序几乎变成赤裸裸的"行政治罪程序"[2]。"公安是做饭的，检察是端饭的，法院是吃饭的"，这就直接说明了侦查行为缺少制约的严重后果。因此，如何控制

---

① 杨百会：《独家对话张玉环案律师王飞：冤案是如何被制造出来的？》，载《中国经济周刊》2020年8月。

② 参见陈卫东、李奋飞：《论侦查权的司法控制》，载《政法论坛》2000年第6期。

侦查权的行使，防止侦查机关和侦查人员滥用国家权力、侵犯公民权利，就成为现代侦查制度必须面对的课题。

加强对侦查权的司法控制，我认为应当从以下几个方面入手：第一，对涉及重大利益的侦查行为实行司法授权制度。这是指，对于直接关系到犯罪嫌疑人、被告人的人身与重大财产的强制处分行为如拘留、逮捕等强制措施，在实施前需要经由中立的法院进行审查批准，但是对于现行犯和紧急情况则可以自行实施。这种制度设计在我国是十分有必要的，实践中，公安机关动辄就以重大嫌疑为由直接实施抓捕行为，尽管现行法律规定公诉案件的逮捕需要有检察院的批准，但是由于检察院的职能定位与"相互配合"打击犯罪的规定，往往导致很多本无罪的人被违法关押，进而又为刑讯逼供提供了空间。实行司法授权制度，把侦查活动纳入"诉讼"的轨道之中，让之前被"闲置"的法官真正参与侦查阶段，以中立第三者的身份审查侦查权的行使，很大程度上可以减少强制措施的错误使用，维护犯罪嫌疑人的合法权益。第二，改进侦查工作体制，探索检警一体化模式。这是指人民检察院领导、指挥公安机关进行侦查工作，在保持检察院与公安机关独立、不合署办公的前提下，使检察人员参与侦查工作。这种制度设计最早起源于法国，其后德国等引进，并在大量的实践中证明了其科学性。对于我国而言，探索检警一体化模式，确定检察官在侦查阶段对公安机关的领导地位，需要做到以下几点：检察机关有权命令、指挥公安机关进行立案、侦查活动，公安机关应当服从；实行检察机关对重大案件直接介入侦查的机制；加强检察机关对重大侦查行为的监督等。建立检警一体化模式，可以避免侦查与公诉的断裂，提高证据收集质量，实现程序正当。第三，基于"平等武装原则"，应当赋予侦查阶段的犯罪嫌疑人及其辩护人更多的诉讼权利。这在本质上要使侦查行为受到辩方的监督。我们可以学习英美法系有关制度，加强制度设计与权利保护。我们可以给予犯罪嫌疑人沉默权，以保证"不自证其罪"得以真正实现，我们还可以探索侦查讯问律师在场制度，以防止刑讯逼供的发生并且更好地保障犯罪嫌疑人的诉讼权利。①总之，我们可以使得法院、检察院、辩护人有序地参与侦查活动，并发挥其对侦查权的监督与控制作用，从而消弭"侦查中心主义"的积弊，更好地保障人权。

其次，推进以审判为中心的诉讼体制改革。推进以审判为中心诉讼制度改革命题的提出，是对我国刑事诉讼制度运行实践面临困境的积极回应。我国《宪法》第140条规定："人民法院、人民检察院和公安机关办理刑事案件，应当分工负责，互相配合，互相制约，以保证准确有效地执行法律。"这种"分工负责、互相配合、互相制约"的体制下，侦查、起诉、审判三者构成了一种横向的线性关系，并且法院在这条"司法流水线"上的作用几乎被架空，而"司法产品"的最终质量很大程度上就取决于侦查的质量，由此产生了"侦查中心主义"。基于法治的最基本的司法最终裁决原则与控审分离之原则，大量学者对此问题提出了很多看法。同时，党的十八届四中全会通过的《中共中央关于全面推进依法治国若干重大问题的决定》作出了推进以审判为中心诉讼制度改革的重大决策，更是高屋建瓴地提出我国当代司法改革的新目标。以审判为中心要求设立一个中立的司法机构（法院），使得法院处于消极地位而不承担任何追诉职能，使庭审成为决定案件结论的唯一阶段，赋予法院排他性的"最终裁判者"的地位。对于检察院而言，要求改变检察机关"法律监督者"的地位，使其不再同时承担司法监督和刑事追诉这两项相互矛盾的诉讼职能，即要打破"原告监督法官"的荒谬状态。另外还要求为辩护权"正名"，强化犯罪嫌疑人、被告人一方的诉讼主体地位，扩大辩护律师在刑事诉讼中的参与范围，使得辩方可以有效地对抗控方。②总之，我们要强调庭审的实质作用，避免审判活动形式化，沦为被其他主体任意干涉的场合。只有让庭审真正成为刑事诉讼的中心环节，让案件审理者成为真正的裁判者，刑事司法制度预防错案的能力才会增强。

最后，贯彻无罪推定原则。这是基于当下，司法实践中"疑罪从轻"、

---

① 参见陈卫东、李奋飞：《论侦查权的司法控制》，载《政法论坛》2000年第6期。

② 参见陈瑞华：《从"流水作业"走向"以裁判为中心"——对中国刑事司法改革的一种思考》，载《刑事法制》2000年第3期。

"疑罪从挂"的处理大量存在而言的。所谓疑案，是现有证据不能完全证明有罪，故犯罪嫌疑人、被告人处于可能有罪或是可能无罪的境地。实务上，对于疑案，司法人员不得不在"错判"与"错放"之间选择其一。而"错放"与"错判"的危害孰轻孰重，每个人心中都有衡量的尺度。我国的司法工作者常常在维护公共利益与保护个人权益之间选择前者，认为"错判"仅是一个人的权益受损，而"错放"可能使得整个社会惊恐。于是，司法实践中大量存在宁愿一直关押也不轻易放人的处理，这实质上是一种"有罪推定"的产物。同时，实践中也存在疑案不判死刑而改判死缓或无期的做法，名曰"留有余地"，这本质上是"疑罪从轻"的产物。[1]总之，司法机关不敢大胆地适用无罪推定，总是害怕自己对犯罪的打击不力。但是我们不得不承认，无罪推定是基本人权的保护伞，不站在犯罪嫌疑人、被告人的角度来考虑问题，其结论总是打击犯罪应当优先于个人权益的保护，而如果真的有一天当我们被确定为犯罪嫌疑人时，我们还能再坚持这一看法吗？另外还有一点需要说明，"错放"只是一个错误；而"错判"很可能是两个错误。"错放"只是把一个有罪者错误地放纵到社会中去；而"错判"则在错误地处罚一个无罪者的同时还可能放纵真正的罪犯。[2]1996年修订的《刑事诉讼法》第12条规定："未经人民法院依法判决，对任何人都不得确定有罪。"这就从立法层面体现了无罪推定的精神。最高人民法院原副院长沈德咏也指出："特别是在目前有罪推定思想尚未完全根除、无罪推定思想尚未真正树立的情况下，冤假错案发生的概率甚至可以说还比较大。对此，我们必须保持清醒的认识，同时在思想上要进一步强化防范冤假错案的意识，要像防范洪水猛兽一样来防范冤假错案，宁可错放，也不可错判。错放一个真正的罪犯，天塌不下来，错判一个无辜的公民，特别是错杀了一个人，天就塌下来了。"[3]总之，无罪推定是现代司法的标志，没有它，社会秩序就无法安定，

---

[1] 参见陈瑞华：《留有余地的判决———一种值得反思的司法裁判方式》，载《法学论坛》2010年第4期。

[2] 何家弘：《司法公正论》，载《中国法学》1999年第2期。

[3] 沈德咏：《我们应该如何防范冤假错案》，载《人民法院报》，2013年5月6日，第2版。

人权保障就无从谈起。

结语

496 万元多吗？客观来说，确实是一笔庞大的数目。但是以 496 万元作为一个冤假错案的代价呢？又会有多少人愿意被迫用 27 年去做这种交易呢？至少张玉环并不那么愿意。我们进一步追问：以 496 万元的"价格"换来我国司法的一点点进步，值吗？笔者认为，从长久来看，这是值得的。每一个冤假错案的背后，都有着极为深刻而又复杂的原因值得我们去研究学习，而探讨冤假错案的目的，是为了让我们反思当下存在的问题，去更好地展望中国法治美好的未来。每纠正一个冤假错案，就意味着中国法治的一次进步，尽管长远看来，这次的步伐可能过于细小、微不足道，但却正如水滴一般，一点一点汇聚成中国现代法治文明的江海！

（赵家祥）

冤狱十五春秋，归来已非少年

——山东省张志超无罪案

2005 年 1 月 10 日，山东省临沭县第二中学高一学生顾芸（化名）突然失踪。一个月后，2 月 11 日 14 时 04 分，该校一名老师报案称："宿管科工作人员在校内打扫卫生时，在教学楼西侧三楼一间停用的厕所内发现一具尸体。"接警后，临沭县公安局分别报告临沂市公安局、临沭县政法委，并会同临沭县检察院有关人员赶赴现场，认定此尸体是已失踪一个多月的女生。根据该校高一学生杨某振和王某波等人的证词，警方认为该校学生张志超有重大作案嫌疑。

2006 年 1 月 16 日，山东省临沂市人民检察院对张志超和同案包庇犯罪嫌疑人王广超提起公诉。2006 年 3 月 6 日，临沂市中级人民法院判决"张志超犯强奸罪，判处无期徒刑，剥夺政治权利终身"。2011 年，张志超在与母亲马玉萍的一次会见中突然开口喊冤，称自己遭到刑讯逼供。从此，马玉萍开始为儿子四处申诉。2017 年 11 月 16 日，最高人民法院决定再审张志超案，指令山东省高级人民法院另行组成合议庭对该案进行再审。2019 年 12 月 5 日，张志超案由山东省高级人民法院进行了不公开审理，经过 4 个多小时的审理，出庭的检察员认为案件事实不清、证据不足，检方提出疑罪从无，但法院未当庭宣判。2020 年 1 月 13 日，山东省高级人民法院对张志超案再审宣判，张志超被无罪释放。

从 2011 年起，张志超母亲持续申诉。2020 年 1 月 13 日，山东省高级人民法院再审判决认定，原审判决"事实不清、证据不足"，宣告张志超无罪，其同案王广超也被宣告无罪。[①]

近年来，诸如赵作海、聂树斌、呼格吉勒图等冤假错案被昭雪，这让人看到了司法的进步与正义的曙光。但类似的案件也启发人深思。人的生命和青春没有重来的机会，那些因错案而造成的损失应由谁来赔偿？他们的生命权该如何保障？

在长达15年的关押后，张志超经再审宣告无罪，终被释放了，张志超当年为什么会被判有罪，又缘何最终重回自由呢？这其中的谜团和法理待下文进一步讲述。

一、案情回顾

（一）花季少女离奇失踪

2005年2月11日，农历正月初三，山东临沂市临沭县二中还在放寒假期间，学校宿管员工李贞梅来校打扫卫生，下午2点多，他打扫到教学楼西侧三楼的一个洗手间时，发现了异样，一、二楼的洗手间都能正常打开，然而三楼的洗手间却紧闭着。那时正值放假期间，为了避免出现异味，教学楼所有厕所都已停用，门也上了锁，李贞梅有厕所门的钥匙，当时却打不开这道门，于是她拿了钳子和扳手过来把锁撬开。打开门却发现，一具女尸趴在厕所东北角的角落里。

警方赶到现场后确认，厕所里这名死亡的女性就是山东临沂市临沭县二中失踪一个月的女生顾芸（化名）。死者顾芸是临沭县二中高一（20）班的学生。生前她是高一（20）班的文娱委员，性格开朗、喜爱音乐、朋友很多，是父母的掌上明珠。家人不曾想到，本该拥有灿烂前程的顾芸，她的生命会终止在15岁。

在顾芸母亲的记忆里，当年顾芸的失踪毫无征兆。她记得那是2005年1月10日星期一，女儿早上正常出门上学，此后没再回家，音信全无。

根据当年警方的调查，最后一个见到顾芸的是她同年级的好友王齐莺

①法正：《张志超涉"强奸杀人案"改判无罪，15年的青春谁来赔？》，载《人民之友》2020年第4期。

（化名）。警方的讯问笔录显示，在顾芸失踪前夜，王齐莺是睡在顾家的，据王齐莺的描述，1月10日早上6点，两人起床，由于升旗仪式快开始了，她俩简单洗漱之后，王齐莺便骑着自行车带着顾芸往学校赶，刚进校门时，升旗的集合铃就响了，这时，大约6点15分，天还是黑的，校园里亮着路灯。

进学校之后，王齐莺去放自行车，在当年的证言中，王齐莺描述道："顾芸拿着课本朝前走，我推着自行车朝北走了十多步远，想让顾芸帮我拿课本，便转头找她，没发现她。"从此，顾芸就失踪了。

不过后来，王齐莺的记忆有所变化。"我去锁自行车，她就直接上教室，随后，我也上我的教室。"据她所说，那会儿她和顾芸都赶着进各自的教室，放下课本后，下楼参加升旗、跑操，因此她没有留意对方，从那之后，她就再没见过这个好朋友了，而在案证据中，除了王齐莺，没有其他的证人看到顾芸那天出现在校园里。

这个15岁女孩的失踪，一度在临沭县城里传得沸沸扬扬。顾芸父亲是临沭当地的一名企业家，父亲觉得女儿失踪前没有任何离家出走的迹象，他一度怀疑是有人把他女儿绑架了。为寻找顾芸，警方发动临沭二中全体师生提供线索，也曾在校园内展开搜查，但教学楼里被上了锁的厕所却成了搜查的盲区。

此后，失踪案的侦查一直没有进展，直到宿管员工李贞梅来校打扫卫生，在三楼的一个停用厕所内发现了顾芸的尸体。李贞梅回忆，他之所以会在寒假里去开厕所的门也纯属偶然。经警方鉴定顾芸死于他杀，因颈部被施加暴力，导致机械性窒息死亡。警方尸检鉴定认为，死者的死亡时间与失踪时间相吻合。

（二）高中男孩身陷囹圄

花季女孩遇害，该案件引起了临沭县警方的高度重视。尸体被发现后的第二天，正月初四的凌晨，警察敲开了与死者同年级的男生张志超的家门。据张志超的回忆："当时进来一群人，把我从床上叫起来，说有事要找我商量一下，临走的时候，回头看了下屋里的表，是1点钟，就是对家的最后一个回忆了。"

同日中午，临沭二中高一的另一名男生王广超也被警方从家中带走。张志超和王广超到案后，不久都认了罪，案发两天后的 2 月 13 日，临沭县公安局以涉嫌强奸罪、故意杀人罪对张志超刑事拘留，王广超因涉嫌包庇罪取保候审，案件就此告破。警方认定的主要犯罪事实是 2005 年 1 月 10 日，也就是被害人顾芸失踪当天早晨 6 时 20 分许，张志超在一个洗手间门口遇见顾芸，即起奸淫之心，遂立即上前，将随身携带的铅笔刀架在对方的脖子上，将她劫持至洗手间内，采用捂嘴、掐脖子等手段将女孩强奸，并致使对方窒息死亡，后把尸体转移到洗手间里面的厕所藏匿，从洗手间出来之后，张志超遇到了同学王广超，慌忙之中将实情告诉了对方，求他不要说出去。并且让王广超照看洗手间，自己去找工具处理尸体。

是什么让张志超被锁定为杀人疑凶呢？在当年的案卷中，有一份由临沭公安出具的《案件侦破经过》，从中可以看出当年警方是如何将张志超锁定为犯罪嫌疑人的。警方一开始注意到在发现尸体的厕所旁边，有一间男生寝室，里面有异常情况，与案发现场仅仅相隔一个洗手间的这个房间就是高一（20）班的男生寝室，在案发当晚，警方发现在这间寝室里靠南墙的两张架子床明显被人移动过，而且墙面上有喷溅状血迹。那时候，临沭二中的教学楼有一部分用作学生寝室，其中这间寝室距离案发现场只有几米，而且还是顾芸所在班级的男生寝室。警方分析，厕所可能并非第一现场，不排除犯罪嫌疑人杀人后转移尸体的可能，就在发现顾芸尸体当天晚上 10 点左右，放假前住在这间寝室的男生杨某在接受警方调查时提供了重要线索。根据询问笔录，杨某称在顾芸失踪当天早上，他和同学王某请假，没参加升旗、跑操，留在了寝室里，6 点左右，同学们已经开始跑操了，杨某突然听见不远处传来一声尖叫。还说了句，你要干什么？听见叫声，同寝室的王某马上先跑出去，随后杨某也往外跑。杨某说，他出了门后看见王某正在洗手间门外的走廊里跟两个他不认识的男的说笑。警方迅速找王某核实。询问笔录记载，王某向警方证实了同学杨某所述，并且指出，当时站在洗手间门外的，其中一个男生是张志超。王某还说当时他问了那两个男生刚才是谁喊的，那两人先说有女鬼，又说有美女，最后把他打发走了。对此，《案件侦破经过》分析道，杨某、王某二人同样反映尖叫和呼喊声音就在洗手间附近发出，这与尸体在洗手间内被发现的客观事实是完全吻合的。由此，警方就锁定了据说当时就在洗手间门口出现的张志超。

但后来据张志超回忆，那天早上他并没有来过这里。张志超说那时他也住校，寝室在教学楼的二楼，顾芸失踪的 1 月 10 日早上，他起床后，先参加了升旗仪式，随后帮跑操的同学们把衣服带到二楼的教室，接着上自习，并没有去过三楼的那个洗手间。至于被害人，他并不认识，也没有和对方打过交道。为了找到张志超一同在洗手间门口出现的另一个男生，警方调出高一年级所有男生的档案照片让王某辨认，王某认出另一个男生就是高一（11）班的王广超。后来王广超同样否认来过这个洗手间，也否认当时接触过张志超。王广超回忆："他的证人证言（上文的王某）把我和张志超牵扯进去，就是因为他一个证言，他的一句话改变了我们两家的人生。"

在张志超和王广超到案并认罪后，警方在没有掌握更多证据的情况下即宣告破案，至于在侦查一开始发现的男生寝室内的异常情况，警方确认，床铺位置移动，是有学生寒假期间进寝室拿行李所致，而墙上的血迹经法医鉴定为人血，但并非死者顾芸所遗留。可这血到底是谁的？又是怎么出现的？警方没有作出说明，证言指向的案情扑朔迷离。

（三）入狱五年，忽然鸣冤

"我是冤枉的，我希望他们能重新审查。"时隔 15 年，张志超接受媒体采访时如是说。

2006 年 1 月，山东省临沂市人民检察院分别以涉嫌强奸罪、包庇罪对张志超和王广超提起公诉。同年 2 月，本案在临沂市中级人民法院开庭审理。3 月，法院作出一审判决，张志超犯强奸罪被判处无期徒刑，王广超犯包庇罪被判处有期徒刑 3 年，缓刑 3 年。对一审判决，张志超和王广超没有提起上诉。王广超回忆："当时对这个判决也没什么过多的想法，就想着只要回家就好了。"张志超表示："你说出你是强奸杀人犯的时候，其实我就觉得没什么意义了。不管判多长，判 10 年、15 年、20 年、无期，觉得就是已经在你说出认罪的时候，就已经没有什么意义了。"而据张志超的母亲回忆，这份一审判决书从来没有送达给她。

一审判决之后，张志超和王广超没有提出上诉，王广超结束了近13个月的羁押，顶着包庇的罪名回到了家。他没有再上学，张志超则从看守所转入少管所服刑。这一年，他17岁。

张志超在被转入少管所服刑之后，其母亲马玉萍每个月都要去看一次儿子，她一直想弄明白在儿子身上到底发生了什么。那会儿马玉萍一直让儿子将实情告诉自己，自己才知道要怎么做。而张志超便在那儿哭，他的回答从来都是："妈妈你别问。"张志超自己解释，当年是因为自身走不出来，有心理障碍，就一直不敢说，不敢告诉她。时光流逝，张志超在铁窗后成年。他说在服刑期间自学了不少法律知识，一年年过去，张志超越来越感到心中有一股冲动。当看着母亲一次比一次老，一次比一次憔悴，他心里问自己要这么一直下去吗？就这么让家人跟着自己一直受连累，一直这么受委屈吗？

在服刑5年后，2011年春天，张志超在一次与母亲的会见中说出了至关重要的一句话，他说："妈妈，那个事情跟我没有任何关系，我不背这个黑锅了。妈妈，你给我请律师。"马玉萍听到这个消息后很激动，于是开始请律师为儿子申诉。

2012年3月，张志超的申诉被临沂市中级人民驳回。同年11月，山东省高级人民法院也将申诉驳回。马玉萍继续向最高人民法院申诉。可一年、两年过去，申诉都没有回音。其间，张志超从少管所转入山东淄博的鲁中监狱服刑。马玉萍每个月都要坐火车跑一趟淄博，鼓励狱中的儿子坚持下去。

在申诉期间，张志超的父亲因病去世。马玉萍也一度难以找到律师接手申诉案件，她孤身奔波，常常感到举步维艰。但儿子还在里头，她不能停下来。

（四）律师参与，柳暗花明

2014年底，马玉萍终于在北京找到了律师李逊，又从网上找到了大禹律师事务所。李逊决定免费代理此案，为张志超继续向最高人民法院申诉。在看过临沂市中级人民法院原审的判决书后，李逊律师认为，这起强奸案定罪的证据并不充分，甚至有难以排除的疑点。

原审判决所认定的主要犯罪事实是 2005 年 1 月 10 日被害人顾芸失踪当天的早晨 6 时 20 分许，张志超在教学楼一个洗手间遇见顾芸，见四周无人，即起奸淫之心，遂上前用随身携带的铅笔刀架在顾芸的脖子上，将其劫持至洗手间内，采取捂嘴、掐脖子等手段将顾芸强奸并导致其窒息死亡，随后将尸体转移至该洗手间内一个废弃厕所内藏匿。离开洗手间时，张志超遇见同学王广超，将自己的犯罪事实告诉了对方，并让王广超帮忙看守洗手间。

李逊看到判决书中列出了据以认定犯罪事实的多类证据。第一类证据是证人证言，其中最关键的证言有两份：一份来自被害人顾芸所在的高一（20）班的班长王某，王某称，1 月 10 日早晨大约 6 点 23 分，他在寝室里听到外面有女孩尖叫。还说："你要干什么，救命。"他和同学杨某先后跑出寝室，看见五六米外的洗手间门口站着两个人，其中一个是张志超，李逊认为，张志超不可能在这么短的时间内完成了强奸、杀人、移尸行为。王某说过，当时他从起床到跑出寝室门，时间间隔也就两分钟，这意味着，如果王某的确听到了女孩的尖叫，并且尖叫声确为被害人所发出，那么根据原审判决，张志超最多在两分钟内完成了强奸、杀人、踹开上锁的厕所门、藏匿尸体、关门、出来碰见同学王广超等一系列行为。王殿学律师认为："这明显违背常理，任何一个一般人都能看出来他是不可能完成的。"另一份关键证人证言来自证人王某提到的同学杨某，杨某证实，当时他的确也听到了尖叫声，跑出寝室后也确实看见洗手间门口有两个男生。但这两个男生，他都不认识。而在警方询问笔录中，杨某曾表示他认识张志超，张志超是他初一、初二的同学，可这些话，原审判决书却没有摘录。而从申诉以来，张志超称当年他是在警方的刑讯逼供下认罪的。

律师进一步指出，在侦查阶段，临沭县公安局的法医张宗选既参与了对被害人的尸检，也参与了对张志超的两次讯问。这违反了《刑事诉讼法》中鉴定人员不得担任侦察员的回避规定。当年的尸检报告是在 2 月 16 日出炉的，该报告显示被害人的处女膜没有受到外力侵害的迹象。10 天后，作为尸检鉴定人之一的张宗选参与了对张志超的讯问，由笔录可见，从这次讯问开始，张志超对强奸关键情节的供述就出现了重大改变。

律师指出，杨、王二人作证还有一个疑点，被害人顾芸失踪于 2005 年 1 月 10 日，到 2 月 11 日尸体被发现之前这一个月内，警方一直在搜寻她的下落，作为顾芸的同班同学，杨某和王某都曾接受过警方的询问，但在先前的询问中，两人从未提及在顾芸失踪当天听到过尖叫一事。侦查人员也问王某为什么隐匿听到尖叫一事，王某的解释是事发时他到洗手间门口，只看见张志超和另外一个男生，没看到其他人，也没再听到喊声，他以为是闹着玩的。而杨某的解释则是警方来调查顾芸失踪的时候，他曾悄悄问过王某那天早上听到的事到底说不说，王某要他不说，称这是为了班主任好。

此外，从《案件侦破经过》可知，警方是基于王某的证言推断出了张志超那天 6 点 20 分左右在这个洗手间作案，但这样的作案时间和场所在律师看来有难以解释的疑点。被害人顾芸当天大约于 6 点 15 分到校，根据警方的推断，她进校门大约 5 分钟后出现在了教学楼三楼的这个洗手间门口，被张志超撞见，可是顾芸所在的高一（20）班教室在二楼，而且按照顾芸同学王齐莺的说法，顾芸当时还赶着下楼参加升旗、跑操，她怎么会上三楼呢？张志超的辩护律师认为："没有任何证据显示顾芸去了三楼，也没有任何动机出现在一个男生寝室旁的厕所外面，而在早上 6 点 20 分左右，学生们正围着教学楼跑操，跑完两圈就会上楼，教学楼里还有少数学生留在寝室，而且从警方勘查的照片可见，当年的洗手间外侧是没有门的。从任何一个正常人来看的话，学生在下面跑操，旁边是宿舍，随时可能走人，不可能在一个没有门的地方，甚至是一个公众的场合实施强奸的行为。"

两位律师的加入为本案带来了一丝转机。

（五）多方论证重重疑点

从 2015 年以来，张志超案陆续得到媒体报道，引发了社会的关注。多名法学界专家也公开发声，呼吁司法机关对这起案件提起再审。2015 年秋，中国政法大学举行了主题为"冤狱平反的障碍及其克服——从聂树斌案、张志超案谈起"的论坛，由中国政法大学证据科学研究院副教授吴洪淇主持，北京大学法学院副教授陈永生担任主讲人，北京理工大学法学院教授徐昕、中国人民大学法学院副教授李奋飞、中央财经大学副教授李轩以及刑辩律师朱明勇、毛立新、李逊等参与评论。在场的多位学者、律师认为，司法实践中，刑事再审程序启动门槛高，公、检、法三机关的诉讼地位不合理，外部行政力量干预，司法良知和独立人格缺失，社会力量动员不够等是冤狱平反的四大主要障碍。经过对张志超案进行深入的分析，学者们指出了该案的种种疑点和不合情理之处，明确表示该案应该提起再审。自此之后，与会学者们都非常关心张志超案，几年如一日，不遗余力地为推动张志超案平反奔走呼号。

2016年4月中旬，张志超的代理律师再次组织题为"完善刑事案件申诉启动程序高端论坛——以山东省张志超案件为例"的学术研讨会，为下一步的申诉作准备。中国政法大学陈光中先生、中国人民大学陈卫东教授、北京大学张建伟教授及李奋飞、陈永生、李轩老师纷纷应邀参会。陈光中教授表示张志超案不仅达到了再审的条件，而且达到了平反的条件。中国刑事诉讼法学研究会常务副会长、中国人民大学诉讼制度及司法改革研究中心主任陈卫东教授认为，该案折射出公安机关在刑事侦查中存在的主要弊端是搜集证据没有坚持全面收集的原则。这个案子连最重要的实物证据精液、指纹、脚印以及其他一些现场证据都没有，言词证据也充满了矛盾。另外，立法上对于刑事申诉的提起申诉、受理、审查等程序都亟待完善。

张志超案被指令再审后，山东省高级人民法院一再延期审理，到2019年5月，已经延期五次。为此，一场"再审案件为何再审难"学术研讨会在微信群进行，张建伟、陈永生、徐昕、王春丽等法学学者，和毛立新、王誓华、武志锐、范辰等律师共同参与了研讨。清华大学张建伟教授认为目前的再审遇到了启动难与审判难两个问题。启动再审后，案件的处理一般应当较为顺利，但有些案件在启动再审之后迟迟不能产生一个审判的结果，连审判过程都长时间停摆，令人难以理解和接受。

这几次研讨会为张志超案件的后续审理及最终宣告无罪都起到了推动作用，这中间的改变离不开法学学者一次又一次的关注、呼吁、推动和努力。[①]

---

① 李蒙：《学者关注，为张志超案而表达的理性建言》，载《民主与法制》2020年第4期。

（六）高法介入，峰回路转

2016年4月，张志超的申诉终于出现转机。这一年，最高人民法院开始通过远程接访系统向张志超的母亲和辩护律师了解案情。2016年12月，最高人民法院对张志超案进行了第二次视频接访。接访法官表示，最高人民法院会调取张志超案的卷宗并进行初步审查。2017年全国两会期间，时任全国政协委员、最高人民法院特约监督员的侯欣一向最高人民法院提交意见，建议尽快对张志超案启动再审程序。

2017年5月，最高人民法院立案审查张志超案，最高人民法院第三次对张志超案进行了视频接访，并决定对张志超案正式立案审查。此后，最高人民法院办案法官曾到山东临沭实地调查，询问证人，并到淄博鲁中监狱会见张志超。[①] 因此，综合张志超案全案的证据链条来看，核心物证近乎全部以一种灾难式的形式予以呈现，当律师和学者们看到案中的物证时毫不费力地就发现本案中的物证存在重大问题，而当年的公检法三机关就真的没能发现吗？这背后的故事不得而知，却又引人深思。

（七）证据不足，疑罪从无

2019年12月，山东省高级人民法院在淄博市中院再审开庭。在此之前，公诉方山东省人民检察院对案件重新作了细致的调查。张志超的代理律师李逊说："在这次再审庭审当中，检察院出示的第一份证据就是公安部2018年的1572号物证鉴定书，这份物证鉴定书显示，鉴定人从被害人的阴道分泌物、口腔分泌物、尸体上所附可疑血迹以及案发现场的可疑血迹的检材中都没有检查出除被害人本人以外其他人的DNA，1572号物证鉴定书证实在案发现场并没有张志超的任何DNA生物痕迹，就是不能证明张志超出现在案发现场。"

而对张志超是否曾遭受刑讯逼供，山东省人民检察院也作了核实，检方

---

①同年11月，最高人民法院下达再审决定书，最高人民法院认为本案事实不清，主要证据之间存在矛盾，指令山东省高级人民法院另行组成合议庭再审此案。这时，张志超28岁。"这么多年，真的，头一次感觉到有这么大的希望，趴在那里号啕大哭。"再次回忆那时的场景，张志超还是忍不住流下了激动的泪水。

询问了 2 名当年的侦查人员，他们均表示没有对张志超进行刑讯逼供，检方还询问了 4 名与张志超同一监室的人员，其中两名同监人员说当时没有发现张志超身体有异常，但有一人说曾看见张志超的肚皮、大腿上有伤。还有一人称看见张志超的后背有数百个疑似电棍造成的红点。庭审中检方建议法院依法改判张志超、王广超无罪。

一个月后，2020 年 1 月 13 日，山东省高级人民法院对本案作出再审宣判。山东省高级人民法院认为，本案无客观证据指向张志超作案，张志超的供述与证人证言存在矛盾，而且张志超、王广超有罪供述的真实性、合法性存疑，并宣告张志超无罪，张志超被当庭释放。

二、法理研判

（一）不堪一击的物证链条

结合原审判决书与再审判决书来看，首先，侦查机关当年未曾就尸检和警方认定的作案现场中的表皮细胞、毛发、指纹等进行提取和鉴定，从证据认定的角度来看，当年就没有张志超作案的客观物证；其次，现场痕迹物证未检出张志超 DNA。本案再审期间，山东省人民检察院检察员赴临沭县公安局物证室，提取了包括顾某血液、口腔擦拭物、阴道擦拭物、尸体上所附可疑斑迹等在内的物证并向公安部送检。公安部于 2018 年 7 月 2 日作出《公物证鉴字〔2018〕1572 号鉴定书》，经鉴定，上述物证均未检测出与张志超有关的生物信息；再次，案发现场裹套尸体用的白色编织袋来源不清。在案张志超的数次有罪供述中均称，白色编织袋系其从宿舍内同班同学李宝壮（化名）处所取，但是李及其母亲数次证言均否认李曾经有过、用过该白色编织袋。案发后，围绕该编织袋的来源，公安机关调查了张志超同宿舍的所有学生，并走访了 70 多家生产企业，也一直没有查清该编织袋的来源；最后，本案除一些关键物证，如被害人钱包、钥匙，被告人作案用铅笔刀、旧锁新锁的钥匙、包精液的卫生纸均未能找到外，据现场勘查照片等证据反映，侦查人员在案发现场还收集到大量物证，包括被害人衣物、书本、塑料袋等，但在案证据未显示有对上述物证进行过指纹、血迹等鉴定。

证据链条的完整构建与"零口供"定罪的现代法治理念对定罪中证据的要求，是案件中所有的证据要形成一个完整的证据链，证据链的完整性体现在哪里呢？体现在这个证据链中所有证据相互关联、相互印证，没有矛盾，通过这个证据链条所能得出的结论是唯一的，是排他的。我国1996年修订的《刑事诉讼法》第43条就明确规定："审判人员、检察人员、侦查人员必须依照法定程序，收集能够证实犯罪嫌疑人、被告人有罪或者无罪、犯罪情节轻重的各种证据。严禁刑讯逼供和以威胁、引诱、欺骗以及其他非法的方法收集证据。必须保证一切与案件有关或者了解案情的公民，有客观地充分地提供证据的条件，除特殊情况外，可以吸收他们协助调查。"这说明了当时公、检、法三机关都负有全面取证义务。但从张志超案来看，侦查机关似乎完全忽略了全面收集证据这一基本原则，对案发现场的诸多关键物证都未予以收集或收集后也未予以鉴定，对部分可疑证据也不进行综合考量，让这样一起关键物证大幅缺失、物证链条不堪一击的案件顺利地走完了刑事诉讼程序。中国人民大学陈卫东教授曾对张志超案证据问题作出评价：张志超案折射出公安机关在刑事侦查中存在的主要弊端，就是搜集证据没有坚持全面搜集的原则，特别是实物证据，这个案子最重要的实物证据精液、指纹、脚印以及其他一些现场证据都没有。[1]

（二）似是而非的作案工具

案中还有这样一个微小的细节，即现场提取的侮辱尸体作案工具——小木棒，完全是侦查机关通过指供方式得到的。所谓指供，是指我国刑事审讯实务中比较常见的一种非法讯问方式。其要害是"主客错位"，即口供本应由犯罪嫌疑人作为供述主体，但在指控使用的情境下，实际上侦查人员作为提供口供内容的主体——侦查人员按照自己的判断明示或暗示犯罪嫌疑人按其要求供述，笔录记载的口供本质上并非犯罪嫌疑人的供述，而系侦查人员对事实的认定。[2]原审判决采信的证据中有现场提取的侮辱尸体用的小木棒，但该两截小木棒并不是现场勘验检查时提取的，而是后来张志超带领公

---

① 李蒙：《学者关注，为张志超案而表达的理性建言》，载《民主与法制》2020年第4期。
② 龙宗智：《我国非法口供排除的"痛苦规则"及相关问题》，载《政法论坛》2013年第5期。

安机关侦查人员指认现场时指认的，公安机关在提取后亦未就两截小木棒上可能存在的 DNA 等进行相关的刑事科学技术检验和鉴定。目前该两截小木棒下落不明，认定其与本案犯罪事实的关联性存疑。据张志超后来所说，有一次警察带他去厕所，希望他找到作案工具，他随手捡了一个木棒给他们。

近年来，我国披露了一系列冤假错案，影响较大的如赵作海案、张氏叔侄案、呼格案、于英生案等，在这些案件中，非法获取的虚假口供是导致错案的直接原因。为了防范冤假错案，抑制侦查机关非法取证，我国 2010 年"两院三部"颁布的"两个证据规定"（《关于办理死刑案件审查判断证据若干问题的规定》和《关于办理刑事案件严格排除非法证据若干问题的规定》）及 2012 年新的《刑事诉讼法》和司法解释对非法口供的排除规定主要集中在刑讯逼供问题上，而学术界和实务界对非法口供排除问题的关注也主要在于刑讯逼供，兼或论及威胁、引诱、欺骗这几种非法取证行为。但大家或许对另一种促成冤假错案的取证方法都有所忽视，即指供。因为对于无辜的犯罪嫌疑人、被告人来说，仅靠刑讯逼供、威胁、引诱、欺骗是不足以形成貌似可信性极强、细节印证的口供的，而只有指供才能达成这一目的。譬如，在湖北的佘祥林案中，公安机关就存在种种指供情形，所以，学界实际上还应当对指供的形态、危害及证据排除问题进行研究，以求更有效地防范冤假错案。①

（三）相互矛盾的言词证据

首先，证人证言与原审判决认定的张志超作案时间存在矛盾。原审判决认定的张志超作案时间为 2005 年 1 月 10 日 6 时 20 分许，此时正值临沭县第二中学学生集体升旗、跑早操的时间。张志超的有罪供述中始终称其作案当天既没有参加升旗，也没有参加跑早操，而是在当天升旗、跑早操期间作案。但案件再审开庭时，山东省人民检察院向法庭提交的张志超同班同学孙兵、刘某、王某和于某在侦查期间所作的证言均证实 2005 年 1 月 10 日早晨张志超参加了升旗……根据上述四个证人的证言，张志超不具备原审判决

---

① 参见纵博：《指供及其证据排除问题》，载《当代法学》2017 年第 2 期。

认定的作案时间；其次，认定张志超作案所需时间供证不符。从现场勘验检查情况来看，男生宿舍和发现尸体的洗手间距离很近，根据证人王某、杨某的证言，其二人从听到尖叫声到跑出宿舍看，也就是两至四分钟。按照张志超供述，在如此短时间内能否完成其实施强奸犯罪的强制、撞头、扒裤、强奸、踹门、藏尸、关门、碰见王广超并告知等行为存疑。特别是张志超还供称，其是在楼外的小卖部买锁回来锁门后才碰到王某，常理上更无法完成；最后，证人证言与张志超有罪供述存在矛盾。其一，原审判决认定，侦查机关系通过王某、杨某的证言确定了张志超具有重大作案嫌疑，其中王某的证言称在案发现场洗手间门口遇见的是张志超和王广超。但王某的证言仅能证实，在原审判决认定的作案时间段，张志超曾在发现顾某尸体的外间洗手间门口出现过，并不能证实张志超实施了强奸杀害顾某的犯罪行为。其二，王某的证言称在案发现场洗手间门口碰见的是张志超和王广超。但杨某的两次证言，一次称不认识洗手间门口与王某说话的那两个人，一次称没看清洗手间门口与王某说话的那两个人是谁，而杨某证言同时证实，其与张志超是初一、初二时期的同学，在县第二中学高一分班之前也是同班同学。其三，张志超的供述中始终没有作案后其见到杨某的情节，但是杨某两次证言均称其从三楼下到二楼楼梯口时，看到了张志超①。

　　长期以来，口供被我国的侦查机关视为"证据之王"，往往认为突破了口供就基本算是破案，以此为导向，突破口供、获取能够相印证的证人证言成了侦查活动的一项主要任务，由此形成了陈旧落后的"重口供、轻证据"的取证观念，从而引发了侦查机关刑讯逼供、直供诱供以及忽略对口供与其他证据是否印证的种种行为。为纠正这种不良的侦查观念，我国2018年修订的《刑事诉讼法》第55条就规定："对一切案件的判处都要重证据，重调查研究，不轻信口供。只有被告人供述，没有其他证据的，不能认定被告人有罪和处以刑罚；没有被告人供述，证据确实、充分的，可以认定被告人有罪和处以刑罚……"以期扭转侦查人员"重口供、轻证据"的侦查模式，避

---

①参见《山东临沭少女校园内被谋杀辱尸疑案（七）张志超或"听见"凶手》，转微信公众号"没药花园"2020年1月15日，https://mp.weixin.qq.com/s/lEJX4P4vBitxOHJdO1-1Lg。

免"冤从口出"。

（四）屡禁不止的刑讯逼供

冤案背后往往离不开刑讯逼供的影子，从案中张志超反复的翻供就能够看出其中端倪。

造成侦查机关刑讯逼供的原因是多种多样的，有学者曾总结出了造成刑讯逼供屡禁不止这种境况的七大原因，包括打击犯罪的片面执法观念、陈旧的办案思维习惯、侦查机关不良的工作氛围、我国相对低下的侦查能力、缺乏有力的监督机制、相对空泛的证据规则以及失效的事后刑罚追责。[①] 实践中，确认刑讯逼供行为存在并收集刑讯逼供的相关证据是难点。一般认为，对于证据合法性产生疑问，需排除合理怀疑的，可从以下几个方面审查和判断：第一，辩方能够提供非法取证的线索，如刑讯逼供的时间地点人员等；第二，出现下列情况的一种或几种：侦查机关未能对涉嫌非法取证做出合理解释；缺少同步录音录像或未做到同步录音录像且无法作出合理解释；犯罪嫌疑人自书未遭到刑讯逼供的解释不符合常理；疲劳讯问；威胁、辱骂犯罪嫌疑人；伪造看守所在押人员入所检查表等；讯问地点、程序或讯问笔录形式不合法；同监室人员对犯罪嫌疑人身体状态做出有利于犯罪嫌疑人的证言；讯问人员无理由拒绝出庭。[②] 可以说，正是刑讯逼供这种极端化司法弊症，才促成了 2012 年《刑事诉讼法》修订中非法证据排除规则出台。不论如何，从长期司法现状来看，我国刑讯逼供率呈现出逐渐降低的趋势，相信随着司法文明理念的提升，该类现象能够得到好转。

（五）难以启动的再审程序

刑事案件申诉难、再审程序启动难已是老生常谈的话题。以本案观之，从最初 2011 年夏天张志超狱中鸣冤开始申诉，到 2020 年 1 月山东省高级人民法院正式宣告张志超、王广超无罪，历时 9 年之久，其间更是历经多次延期审理以及律师介入、媒体报道、专家论证等多方助力，并且本案中律师介入、媒体传播外加专家论证等此类法律外的因素，才是推进本案平反进度前

---

① 参见何家弘：《当今我国刑事司法的十大误区》，载《清华法学》2014 年第 2 期。

② 毕惜茜：《非法证据排除与取证合法性审查》，载《国家检察官学院学报》2016 年第 2 期。

进的真正的推手。事实上，不仅仅是张志超案，有学者曾经统计过 20 余起重大冤案的平反过程，大多数都是"亡者归来"或"真凶出现"，刑事申诉制度的落实与刑事再审程序的启动长期以来都是刑事诉讼研究与实践中的一大难题。

由于种种原因，刑事再审程序在实践中遇到了很多困难，其中最为核心的表现就是存在着"申诉难"与"申诉滥"二者共存的局面。"申诉难"指的是现实中人们通过申诉启动再审程序以纠正错误裁判的目标往往不易实现，具体表现在以下方面：法律上关于再审事由的规定宽泛模糊，申诉立案与再审立案界限不清等。所谓"申诉滥"，是指对于当事人的申诉毫无限制，只要是人民法院作出的生效裁判，均有可能受到申诉的质疑，在缠诉不止的当事人中，有的人甚至还借申诉、上访让法院解决一些与诉讼完全无关的事项，甚至借申诉谋取非法利益。大量滥用申诉权现象的存在，不仅扰乱了正常的申诉秩序和诉讼秩序，浪费了诉讼资源，而且使一些真正有冤屈的当事人得不到及时有效的再审救济。[1]

我国著名诉讼法学家、中国政法大学终身教授陈光中先生就认为，刑事再审程序是指法院对生效错误判决进行重新审理的诉讼程序。2012 年，新的《刑事诉讼法》在 1996 年《刑事诉讼法》规定的再审程序基础上进行微调，新增了非法证据未排除申诉再审的事由以及规定程序违法行为"可能影响公正审判的"应当再审等内容，也就是说，刑事案件启动再审稍微容易一点儿。从理论上讲，相对于启动再审而言，冤案的平反对证据要求更高。再审是用诉讼构造的方式进一步提供对案件审查的机会，按理说，应提供更多的重新审查机会，也就是说决定是否再审的标准要低一点儿。客观上很难平反，社会舆论对刑事案件再审的关注度高，如果案件再审后没有平反，法院就骑虎难下。在陈光中先生看来，冤案平反不能完全靠法院、检察院自觉地自错自纠。这在客观上存在困难，且在司法责任制严格实施的背景下，纠正冤案对当年的办案人员更是雪上加霜，完全依靠法院、检察院自我纠错，存

---

[1] 江必新：《完善刑事再审程序若干问题探讨》，载《法学》2011 年第 5 期。

在较大阻力。因此，建议设立类似于平反委员会的中立机构，为冤案平反创造条件，"这类机构应由党委领导，成员为社会人士及人大代表等，独立于法院、检察院，能促使疑似冤案的申诉案件进入再审程序"。除此之外，陈光中先生还表示，社会力量在冤案平反中的作用不可低估，从美国及欧洲国家的经验来看，应容许、支持社会上类似洗冤的组织，让它发挥更大的作用，同时也应发挥新闻媒体、相关社会人士的作用，学者也应尽到自己的职责。①

（六）对未成年人如何赔偿

2005 年 2 月 26 日，张志超被逮捕，彼时他还是个不满 16 岁的少年；2020 年 1 月 13 日，山东省高级人民法院在淄博市中级人民法院开庭宣判：张志超、王广超无罪，此时张志超早已青春不再。

2020 年 6 月 1 日，张志超正式向临沂市中级人民法院提出国家赔偿申请，申请的金额为 788.9 万元，其中包括侵犯人身自由赔偿金 188.9 万元，精神损害抚慰金 600 万元。但法院与张志超此前商议的国家赔偿金额仅为约 332 万元。李逊律师表示，张家人对该赔偿金额并不满意，原因是张志超被带走时才 15 岁，"按一个成年人的国家赔偿法去赔偿一个未成年人"。张家还要求追究当年办案人员的刑事责任及民事责任。张志超的两名国家赔偿代理律师在此前提交的国家赔偿申请书中写道："考虑到本案申请人是未成年人的特殊情况，且其家庭已遭受了毁灭性打击，应当提高本案的精神损害抚慰金数额。"2020 年 10 月 20 日上午，双方就赔偿协议进行数小时的协商，但最终未能达成协议共识。张志超本人此前接受《中国新闻周刊》采访时表示："这些钱对我这些年失去的东西是弥补不了的，失去这么多亲人，失去自由。"他在个人短视频账号中称："谁也不愿用十五年的青春来换这样的赔偿。"在 8 月 23 日的一则视频中，张志超说："我当年在高一，学习还可以，一直是班长，我觉得我有可能考上一所普通的大学，选择一门专业，今后，有一份工作能够保障自己的生活，也可以像其他年轻人一样，打游戏、和朋

---

① 参见陈光中：《冤案平反：不能全靠法、检自错自纠》，载《法律与生活》2016 年第 6 期。

友逛街、谈恋爱，但是这些我都没有……"①静而思之，因为司法中的错误，导致张志超最为宝贵的青春都只得在监狱中度过，错过了人生中最为关键的发展时期。

三、反思与启示

明朝吕坤的《呻吟语》有言："为人辩冤白谤，是第一天理。"张志超案再审改判固然令人欣慰，但也有太多值得反思之处。为何是在 14 年后才获得改判的结果？一个重要依据是对检察机关提出的案件事实不清、证据不足的相关内容的认定。近年来，"疑罪从无"理念在司法实践中得到有效践行，并见诸刑事诉讼法相关条文。改判体现了法治进步，体现了司法机关主动纠错的勇气和对"疑罪从无"的坚守。

冤错案件尤其是死刑冤案带给当事人与其家人的影响以及带给社会的冲击是巨大的、深远的。面对张志超这类的冤假错案，我们必须痛定思痛，直面刑事司法体制、诉讼制度与程序存在的所有缺陷与问题，更新司法理念，完善司法体制与诉讼制度及程序，做到有效防错、冤错必纠。

（一）坚持疑罪从无理念

疑罪从无是由无罪推定原则引申出来的一条金科玉律，其源自"有利被告"原则，目前这一原则已成为各国刑事司法领域的重要共识。不论是从理论逻辑上还是从实践理性上看，疑罪从无都是现代刑事司法体系的重要规则，且作为处理疑案的技术性手段，在尊重和保障人权、防范冤假错案、维护刑事司法公正、促进司法文明进步中发挥了不可替代的作用。②

面对现实中的两难境地，在刑事诉讼各阶段坚决贯彻疑罪从无，可以说是防范冤假错案的唯一选择。证明的目的是发现和揭示案件真相。然而由于主客观方面存在的种种原因，并非每一次证明活动都能达到这个目的。对于那些"虚实之证等，是非之理均"，既不能充分证明、又不能排除合理怀疑

---

① 陈威敬：《张志超未与法院达成协议，原定赔偿金额332万元》，转微信公众号"中国新闻周刊"2020年10月20日，https://mp.weixin.qq.com/s/Wkq-gC2XkNBjl50EsAsFDw。

② 沈德咏：《论疑罪从无》，载《中国法学》2013年第5期。

而达到内心确信的所谓"疑案"如何处理，这是任何诉讼制度都要碰到的难题。对于疑案，仅从概念上讲不枉不纵并不能解决实际问题，因为到了诉讼中，特别是司法审判这一最后阶段，无论是追求"不错放"还是"不错判"，都是两难的选择。有人主张，对疑案既不搞疑罪从有，也不搞疑罪从无，要讲实事求是。然而，疑案之所以成为疑案，就是因为事情不实。既无"实事"，何以"求是"？所以，在疑案的处置上只讲实事求是，恐怕是解决不了问题的。有的地方正是在实事求是的口号下对案件搞起了疑罪从挂，出现了久押不决的问题，这类案件虽然为数不多，但危害却不容小觑，而且这种做法对法治和人权的危害尤甚，实质上就是搞有罪推定。从相继暴露出来的几起冤假错案看，大多数案件当时就发现了疑点，有的疑点还很大，关键是没有下决心作出从无的处置，采取了疑罪从轻，最终经不起检验，损害了法治的尊严和权威。这些冤假错案被发现并得到纠正，有的是因为真凶归案，有的是因为"亡者"归来，导致原来存在的疑点成为现实，这样一种低概率的纠错，从一个侧面说明了在我们的刑事司法中，不搞疑罪从无，会存在多么大的不确定性风险。在现代法治条件下，对疑案采取从无处理，虽不是最佳的选择，但也的确是唯一可取的办法。因为既然是疑案，那么无论做何选择，必定是有利有弊的。古今中外的司法实践已经证明，疑罪从无总体来说是利大于弊的，尽管有关疑罪从无的争论从未停止，但其仍然在披荆斩棘中艰难前行。

（二）贯彻证据裁判原则

1979 年《刑事诉讼法》第 35 条规定："对一切案件的判处都要重证据，重调查研究，不轻信口供。"1996 年《刑事诉讼法》第 46 条和 2012 年《刑事诉讼法》第 53 条作了相同的规定。这些法律规定都强调证据在办理刑事案件中的重要作用，但刑事诉讼法并没有明确规定证据裁判原则。证据裁判原则是执法机关从刑事诉讼法的规定中总结出来的，并通过司法政策文件的形式加以规定的。2007 年最高人民法院、最高人民检察院、公安部和司法部联合出台的《关于进一步严格依法办案确保办理死刑案件质量的意见》规定："坚持证据裁判原则，重证据、不轻信口供"，"对一切案件的判处都要重证据"。将立法中的重证据要求提升为证据裁判原则，更凸显出证据在刑事案件中的重要地位，更强调有罪判决必须以确实、充分的证据为依据。"两高三部"于2016年出台的《关于推进以审判为中心的刑事诉讼制度改革的意见》中明确提出："严格依照法律规定的证据裁判要求，没有证据不得认定犯罪事实。侦查机关侦查终结，人民检察院提起公诉，人民法院作出有罪判决，都应当做到犯罪事实清楚、证据确实充分。侦查机关、人民检察院应当按照裁判的要求和标准收集、固定、审查、运用证据。"因此，欲实现疑罪从无原则的落地生根，需将其纳入以审判为中心的诉讼制度改革中予以同步推进，以进一步强化坚决贯彻疑罪从无原则对审前程序之制约与引导功能，切实防止"起点错、跟着错、错到底"的局面再次发生。[1]

法官在把握证据裁判原则时要严格把握好三点：一是司法机关认定任何案件事实都必须有相应的证据加以证明，坚持有一份证据说一分话，没有证据不得认定事实。二是任何证据都必须具有证明力，证据的证明力必须真实可靠，证明力不足或者存在疑问的证据，不能作为认定事实的依据；证据达不到确实、充分的，不能认定案件事实。三是证据的来源或者证据的形式必须合乎法律规定，形式不合法的证据、来源不合法的证据或者系刑讯逼供等非法方法取得的证据，应当予以排除或者舍弃，不得作为定罪量刑的依据。

贯彻疑罪从无原则，要求完善与之相关的配套保障机制。鉴于疑罪从无兼具司法理念、诉讼原则以及裁判规则三重含义，相关配套保障机制的完善亦应当突出立体化架构，即应当以宏观层面的刑事政策、司法体制改革为基点，同时将中观层面的诉讼制度、证据规则之改良作为着力点，并辅之以微观层面案例指导制度之完善，从而在整体上推进疑罪从无原则真正落到实处。[2]

（三）完善再审启动程序

审判监督程序是纠正生效裁判错误的唯一法定程序。本来，按照刑事诉讼法的规定，只要当事人或者其近亲属提出的申诉符合法定的条件，就必须

---

[1] 沈德咏：《论严格司法》，载《政法论坛》2016年第4期。

[2] 汪海燕：《刑事冤错案件的制度防范与纠正》，载《比较法研究》2017年第3期。

启动审判监督程序，然而在我国实践中，审判监督程序的启动异常困难，这是导致我国冤案难以得到救济的最直接原因。①

一旦发现冤错案件，应立即启动再审程序予以纠错。及时纠正冤错案件，有助于增进公众对司法的信心。冤错案件久拖不纠，只会消磨公众对司法的信心，并耗费更多的司法资源。虽然刑事诉讼法规定了申诉制度，但人民法院、人民检察院却未能给予申诉人及时、有效的回应与救济。

为了有效发挥再审程序的特别救济功能，必须进一步完善申诉制度，建立有效的申诉程序，保障再审程序能够及时启动。首先，为了防止申诉流于滥诉，建议建立律师代理申诉制度。凡有两名律师签署申诉书的，或者有两名律师代理提出申诉的，法院应当受理审查。其次，实行逐级申诉制。申诉应依次向作出生效裁判的原审法院及其上级法院提出，原审及上级法院必须受理，并负有审查及结果告知义务。受理申诉的法院应当在3个月内作出决定，需要延长审查期限的，须向上一级法院申请。未在期限内作出审查决定、也未申请延长审查期限的，申诉人有权向上一级法院继续申诉，上一级法院必须受理。申诉人向人民检察院申诉的，参照上述向法院申诉的规则。最后，申诉权人穷尽地方各级法院、检察院的申诉程序后，有权向最高人民法院、最高人民检察院提出申诉，最高人民法院、最高人民检察院应当受理。最高人民法院本部及六个巡回法庭根据管辖分工，对各自管辖的省、自治区、直辖市内的申诉案件分别受理审查及再审。根据需要，也可在巡回区内指定异地审查、异地再审。②

（四）推动错案追究机制

陈光中先生曾言："如果说司法是实现社会公正的最后一道防线，那么作为特殊救济程序的再审程序则是维护司法公正的最后一道防线。"③鉴于再审程序功能的发挥首先取决于再审程序的启动，从这一角度考察，再审启动程序的完善便成为了纠正冤错案件、维护司法公正、健全人权保障机制的

---

① 陈永生：《冤案为何难以获得救济》，载《政法论坛》2017年第1期。

② 刘计划：《刑事冤错案件的程序法分析》，载《比较法研究》2017年第3期。

③ 陈光中主编：《刑事再审程序与人权保障》，北京大学出版社2005年版，第199页。

"重中之重"①。

近年来，各地人民法院依法纠正呼格吉勒图案、聂树斌案、5·24乐平奸杀碎尸案、张玉环案等数十起重大冤假错案。这些案件被纠错后，后续的追责问题却普遍举步维艰。对这些当事人而言，追责之路甚至比平反之路更为曲折漫长。目前，追责在法律依据方面没有障碍，之所以在实践中困难重重，除了存在取证难、责任主体分散等因素，关键是司法机关的追责决心和态度。②

基于错案也是对司法个案的一种评判，同时考虑到我国司法主体的多元性，因而在我国，也应当根据实际情况建立相应的司法错案的发现机制。从刑事诉讼来看，无论是哪个机关、哪个环节，都有发现并纠正司法错案的责任。从法院来看，尤其应当重视申诉和再审程序这两个环节，前者能够及时主动发现错案，后者能够在被动纠错的过程中发现错案。为了保障申诉制度有效承担错案发现任务，可以考虑对我国现行的申诉制度进行诉讼程序化改造，既为申诉人提供一个畅通的救济途径，同时也在错案的发现和认定上发挥作用。

错案责任的承担应坚持"谁出错，谁负责"的原则，保障责任落实到人。属于侦查阶段的，由侦查人员承担相应的责任；属于公诉阶段的，由公诉人员承担相应的责任；属于故意造成的，有关人员承担故意制造错案的责任；属于过失造成的，有关人员承担过失错案的责任；司法人员既无故意亦无过失的，不承担责任。由于错案的造成往往多因一果，因此还有共同错案的认定问题：属于共同故意或多个过失共同造成错案的，涉案人员应当分别承担责任。③

结语

张志超案的纠正象征着中国法治建设向前又迈进了一步，再审最终判

---

① 汪海燕：《刑事冤错案件的制度防范与纠正》，载《比较法研究》2017年第3期。
② 周群峰：《冤假错案的追责困境》，载《中国新闻周刊》2020年8月21日，第962期。
③ 胡云腾：《错案防范与司法问责刍议》，载《中国法律评论》2014年第2期。

决张志超无罪，这一决定具有极为深远的意义。这不仅彰显着司法机关有错必改的决心，也标志着我国在推动程序正义之路上迈出的关键一步。张志超案的原审之所以作出错误判决，有历史的原因，也有现实的因素，但归根结底还是由于未能将"疑罪从无"、"证据裁判"等理念贯彻在整个刑事诉讼程序之中，而这又正是我们刑事诉讼法中为保障程序正义所确定的重要原则。

（欧书沁）

非吸之殇

——"泛亚有色"案之回顾与展望

2010年，云南昆明泛亚有色金属交易所经昆明市政府批准设立。昆明泛亚有色金属交易所设立的目的是为了充分利用云南省在有色金属资源上独特的地理优势①，打造世界级的有色金属交易中心，让中国可以拥有有色金属交易价格制定的主导权。泛亚有色金属交易所设立后，为了维持其融资及运营方面的需要，推出了一款名为"日金宝"的金融产品，从此开始了它在P2P市场中长达5年的"吸金狂潮"。2015年12月22日，昆明市政府发布通报称：经前期大量调查，判明昆明泛亚有色金属交易所股份有限公司在经营活动中涉嫌违法犯罪问题，公安机关已依法立案侦查。②该案经过一审、上诉以及二审，虽已宣判，犯罪分子们也被判处了相应的刑罚，但给众多受害者带来的损失却是难以弥补的。本文将对案情进行回顾并对法律适用问题进行分析，同时也展望未来，就如何规范P2P交易市场、强化政府监管、完善刑事政策等一系列治理措施提出建议，以期在未来能够有效减少类似的事

---

① 云南省也有着"有色金属王国"、"有色金属之都"等称号。云南地质现象种类繁多，成矿条件优越，矿产资源极为丰富，尤以有色金属及磷矿著称，是得天独厚的矿产资源宝地。云南矿产资源的特点：矿种全，已发现的矿产有143种，已探明储量的有86种；分布广，金属矿遍及108个县（市），在116个县（市）发现煤矿，其他非金属矿产各县都有；共生、伴生矿多，利用价值高，全省共生、伴生矿床约占矿床总量的31%。云南有61个矿种的保有储量居全国前10位，其中，铅、锌、锡、磷、铜、银等25种矿产含量分别居全国前3位。参见云南省人民政府网：http://www.yn.gov.cn/yngk/gk/201904/t20190403_96264.html，2021年11月18日最后访问。

② 《关于昆明泛亚有色金属交易所股份有限公司有关情况的通报（八）》，载搜狐网，http://roll.sohu.com/20151222/n432243717.shtml，2021年11月18日最后访问。

件发生。

一、案情回顾

（一）强势入市，加冕为王 ①

1. 设立与发展

为确保有色金属产业平稳运行，加快产业结构调整，推动产业升级，2009 年 2 月，国务院常务会议审议通过了《有色金属产业调整和振兴规划》；云南省政府制定并发布了《云南省有色产业发展规划纲要（2009—2015 年）》。设立泛亚有色金属交易所符合国务院有色金属产业振兴计划的需要，因此该项目也在之后作为昆明市重点招商引资项目由昆明市政府批准设立。2010 年 8 月 25 日，设立昆明有色金属商品交易所立项建议专题会议举行。2010 年 11 月 17 日，昆明市政府发布《关于成立泛亚有色金属交易所工作推进领导小组的通知》。2010 年 12 月 27 日，昆明市政府颁布施行了《昆明泛亚有色金属交易所交易市场监督管理暂行办法》，协同市工商局、商务局、税务局等多家行政机关成立了泛亚市场监督管理委员会，委员会对交易所、参与人以及商品交易范围进行规范、监督和指导。2011 年 4 月 21 日，泛亚有色金属交易所举办成立庆典。2011 年 6 月 10 日，泛亚有色金属交易所荣获"2011 中国最具投资潜质创新企业"称号。

2011 年，为整顿各类交易市场，国务院先后发布《国务院关于清理整顿各类交易场所、切实防范金融风险的决定》（国发〔2011〕38 号）以及

---

① 因该案裁判文书属于人民法院认为不宜在互联网公布的情形，因此对于案件事实的梳理皆来自于以下资料。参见李方：《反向消解：P2P 行业群体性事件中政府公信力流失机理》，载《中国社会公共安全研究报告》，中央编译出版社 2016 年版；钱一帆：《解构 400 亿"庞氏骗局"——对"泛亚有色金属'日金宝'"案的法律分析》，载《公司法律评论》，上海人民出版社 2016 年版；郭芳、何方竹：《泛亚危机：400 亿的"庞氏骗局"？》，载《中国经济周刊》2015 年第 37 期；《关于昆明泛亚有色金属交易所股份有限公司有关情况的通报（八）》，载搜狐网，http://roll.sohu.com/20151222/n432243717.shtml，2021 年 11 月 18 日最后访问；《关于昆明泛亚有色金属交易所股份有限公司涉嫌犯罪有关情况的通报》，载环球网，https://china.huanqiu.com/article/9CaKrnJTIWH，2021 年 11 月 18 日最后访问；《昆明"泛亚有色"案二审宣判》，载新华网，http://www.xinhuanet.com/legal/2019-07/26/c_1124802438.htm，2021 年 11 月 18 日最后访问；《以案释法｜刑事篇·昆明"泛亚有色"案》，载澎湃网，https://m.thepaper.cn/baijiahao_7888572，2021 年 11 月 18 日最后访问。

《国务院办公厅关于清理整顿各类交易场所的实施意见》（国发〔2012〕37号），随之而来的可谓是全国金融交易市场的一段敏感时期。然而，在2012年2月，云南省交易场所清理整顿工作领导小组向泛亚有色金属交易所下发了《云南省交易场所清理整顿工作领导小组办公室关于泛亚有色金属交易所依法运营有关事项的复函》（以下简称《复函》）。《复函》原文指出："支持你公司按照《决定》（国发〔2011〕38号）依法经营，合规运营，更好地服务我省实体经济发展。"《复函》的内容也被泛亚有色金属交易所以一则名为《交易所就依法运营事项获云南省复函支持》的公告发布，这一消息被外界看作泛亚有色金属交易所在清理整顿行动中的"通关文牒"。2013年，泛亚有色金属交易所的"委托受托业务"获得了风云滇商"最佳经营模式奖"；交易所董事长单九良被"中国十大宗商品协会"等评为"中国十大宗商品行业领军人物"；在"中国财经风云榜"的评选活动中，泛亚有色金属交易所获得了"最受投资者关注的现货电子盘奖"。

2014年1月3日，由云南省政府金融办公室作为牵头机构的云南省交易场所清理整顿工作领导小组办公室（领导小组成员单位包括云南省商务厅、云南省工商局、云南省银监局、云南省证监局以及昆明市政府等多个部门）发布了《关于昆明泛亚有色金属交易所整改现场检查验收情况和西双版纳金融资产商品交易所有关事项的报告》。报告指出，依现场检查的情况并经云南省交易场所清理整顿工作领导小组第四次会议审议，未发现泛亚有色金属交易所在其交易模式和交易机制中采用集合竞价、连续竞价、电子撮合、匿名交易等集中交易方式进行标准化合约交易；未发现其违反法律法规的规定开展委托受托业务。2014年9月23日，云南省交易场所清理整顿工作领导小组办公室发布了《关于昆明泛亚有色金属交易所股份有限公司授权服务机构相关事项的函》。该文件指出，经云南省交易场所清理整顿工作领导小组组织清理整顿并审议验收通过。

2."日金宝"产品介绍

"日金宝"是泛亚有色金属交易所（以下简称泛亚）的"稳健日金计划"所产生的一款金融产品，其主要目的在于维护其融资以及运营方面的需要。泛亚宣称在资金受托成功后，每日可获得万分之 2.85 或 3.56 的利息，一年可获得 10%—13% 的收益。与银行相比，年 13% 的收益大约是 2021 年银行活期存款利率的 300 多倍，是三年定期存款基准利率的 4 倍多。除了极高的投资回报率之外，该产品还具有很好的流动性，投资者的投资收益在第二天就能在账户中看到，并且免收手续费。泛亚提供给投资者的宣传单显示，其承诺给予参与这项业务的投资者们如下条件：保本、年 13% 的收益、资金存放于银行监管账户、随进随出、收益每日到账。泛亚将该产品形容成了一个涉及大宗现货电子交易系统的融资渠道，涉及泛亚、投资者、供应商，以及贸易商四方关系，交易关系网如图 1 所示。①

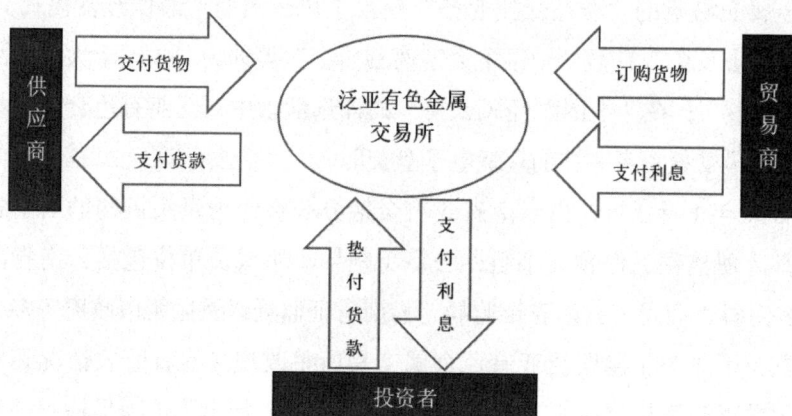

图 1　交易关系图

可见，在交易所的包装之下，"日金宝"可谓是一款高收益、低风险、政府"背书"的金融产品，在这样的诱惑之下，大量资金涌入泛亚。泛亚有色金属交易所的设立与各种政策上的扶持紧密相关，在这种光鲜亮丽外衣的加持之下，其旗下的"日金宝"产品在 P2P 市场自然是如鱼得水。截至 2014 年 10 月底，泛亚有色金属交易所管理的资产超过了 425 亿元。2015 年

---

① 钱一帆：《解构 400 亿"庞氏骗局"——对"泛亚有色金属'日金宝'"案的法律分析》，载《公司法律评论》，上海人民出版社 2016 年版。

5 月 26 日，泛亚有色金属交易所对实体经济的贡献超 300 亿元，在行业内占据主导地位，为国家贡献的税收达 11 亿元，其中直接缴纳额为 3.6 亿元，间接纳税额为 6.7 亿元。然而，在泛亚"沐浴荣光"的背后，一场轰动全国金融市场的 P2P 危机正在悄然酝酿。

（二）危机显现、矛盾爆发

2014 年 11 月 13 日，云南省召开了该省各类交易场所清理整顿领导小组会议，在会议上，时任云南省证监局局长王广幼指出，部分交易所仍然存在违规情形，特别是泛亚有色金属交易所存在巨大风险。2014 年 11 月 19 日云南省证监局在其官网上发布了《云南省政府召开专题会议，加快推进清理整顿收尾》的工作动态，介绍了上述会议的内容。但在这之后，泛亚向省金融办递交了《后续工作的请求》，认为上述说法不符合交易所的实际情况，再之后，这一动态被删除。2015 年 4 月，各地"日金宝"投资者发现资金兑付发生困难，之后泛亚开始单向面修改交易规则，限制出金、变更业务、强行锁仓。2015 年 7 月 12 日，泛亚发布《关于暂停向委托方收取平准补偿费的公告》和《关于稳定现货市场和加强风险管控措施的公告》，终止了部分金属交易、取消了部分金属溢短、"日金宝"的本金和利息被冻结，并声称自 2015 年 8 月 31 日起终止其开展的现货委托受托业务，即"日金宝"产品。2015 年 7 月 14 日，大量投资者包围了泛亚有色金属交易所。2015 年 7 月 15 日，泛亚迫于压力发布公告，承认部分产品出现集中赎回的情况，并将原因归结于第三方恶意做空和国家过度监管对市场带来的负面影响。同时，泛亚提出了限额的"刚性兑付"方案，即将投资方的资金转入泛亚于 2015 年初在深圳前海设立的 P2P 公司——"泛融互联网金融服务股份有限公司"。具体的兑付期限及额度分别为 180 天内兑付 10 亿元或 365 天内兑付 40 亿元额度资金。投资者须排队来争取这共计 50 亿元的资金。

鉴于不断演化的群体性事件，昆明市政府在 2015 年 9 月 25 日通报称已经多次向泛亚有色金属交易所下发整改通知、约谈公司高管人员。2015 年 10 月 16 日，云南省政府办公厅通报称，昆明泛亚有色金属交易所已经被纳入云南省交易场所清理整顿范围，云南省和昆明市在风险处置过程中督促昆明泛亚有色金属交易所按照清理整顿要求对有关经营业务进行规范整改，修订交易规则，升级交易系统，促进企业规范发展。2015 年 11 月 15 日，昆明市政府发布《关于昆明泛亚有色金属交易所股份有限公司清理整顿有关情况的通报（七）》，称已委托大华会计事务所对昆明泛亚有色金属交易所股份有限公司交易数据和财务数据等进行专项审查。①

（三）法网恢恢，接受审判

2015 年 12 月 22 日，昆明市政府发布《关于昆明泛亚有色金属交易所股份有限公司清理整顿有关情况的通报（八）》，称经前期大量调查，判明昆明泛亚有色金属交易所股份有限公司在经营活动中涉嫌违法犯罪问题，公安机关已依法立案侦查。2016 年 2 月 5 日，昆明市政府发布《关于昆明泛亚有色金属交易所股份有限公司涉嫌犯罪有关情况的通报》，通告泛亚有色金属交易所实际控制人、公司董事长单九良等 16 名主要犯罪嫌疑人已被昆明市人民检察院批准逮捕，相关涉案资产已被公安机关查封、冻结、扣押。②至此，在 P2P 市场辉煌了 5 年的泛亚有色金属交易所走向落幕。

昆明市人民检察院起诉书指控，昆明泛亚有色金属交易所股份有限公司等被告单位及单九良等被告人于 2012 年上半年至 2015 年 8 月期间，违反国家金融管理法律规定，未经批准，承诺给付固定回报，向社会不特定对象吸收资金，扰乱金融秩序，造成重大经济损失，情节严重，涉嫌构成非法吸收公众存款罪。同时，昆明泛亚有色金属交易所股份有限公司董事长、总裁单九良，副总裁杨国红还涉嫌构成职务侵占罪。2019 年 3 月 22 日，昆明市中级人民法院对昆明"泛亚有色"案作出一审宣判，对昆明泛亚有色金属交易所股份有限公司、云南天浩稀贵公司等 4 家被告单位以非法吸收公众存款罪分别判处罚金人民币 10 亿元、5 亿元、5000 万元和 500 万元；对被告人单九良以非法吸收公众存款罪、职务侵占罪数罪并罚，判处有期徒刑 18 年，

---

① 《关于昆明泛亚有色金属交易所股份有限公司清理整顿有关情况的通报》，载搜狐网，https://www.sohu.com/a/33386956_115092，2021 年 11 月 18 日最后访问。

② 《关于昆明泛亚有色金属交易所股份有限公司涉嫌犯罪有关情况的通报》，载环球网，https://m.huanqiu.com/article/9 CaKrnJTIWH，2021 年 11 月 18 日最后访问。

并处没收个人财产人民币5000万元，罚金人民币50万元；对被告人王飚以非法吸收公众存款罪判处有期徒刑7年；对其他被告人依法判处相应刑罚；判决对查封、扣押、冻结的涉案财物依法处置，发还集资参与人，违法所得继续追缴，不足部分责令继续退赔。

一审宣判后，被告单位云南天浩稀贵公司和被告人单九良、王飚、孙浩然、杨国红、张鹏提出上诉。云南省高级人民法院经审理认为，昆明泛亚有色金属交易所股份有限公司等4家被告单位、单九良等21名被告人违反国家金融管理法律规定，变相吸收公众存款，数额巨大，均已构成非法吸收公众存款罪，应依法惩处；被告人单九良、杨国红利用职务上的便利，将本单位财物非法占为己有，数额巨大，均已构成职务侵占罪，依法应当数罪并罚。一审判决认定的事实清楚，证据确实、充分，定罪准确，审判程序合法，对昆明泛亚有色金属交易所股份有限公司等4家被告单位、单九良等20名被告人量刑适当。上诉人王飚在一审期间不认罪，在二审期间提交了认罪悔罪书，表示认罪悔罪并退赔，综合考虑其在本案中的地位、作用以及认罪悔罪情况，依法对其酌情从轻处罚，改判有期徒刑6年6个月。①

二、本案法律适用分析

法院虽已对该案作出判决，但本案余温仍在，在互联网论坛上仍有不少关于本案的讨论。本文将对法院的定罪量刑进行分析，以求较为清晰地展示类似集资行为的定罪及量刑，也为往后类似案件的处理提供参考，这也符合量刑规范化的要求。②

（一）对本案定罪的分析

对前述犯罪分子的审判发生在《刑法修正案（十一）》生效之前，根据当时《刑法》第176条的规定，非法吸收公众存款或者变相吸收公众存款，

---

① 《昆明"泛亚有色"案二审宣判》，载新华网，http://www.xinhuanet.com/legal/2019-07/26/c_1124802438.htm，2021年11月18日最后访问。

② 虽然泛亚有色金属交易所股份有限公司实际控制人、董事长单九良被认定为构成非法吸收公共存款罪与职务侵占罪，从而数罪并罚，但是非法吸收公共存款罪才是本案的核心罪名，因此本文仅对非法吸收公共存款相关犯罪进行定罪量刑分析。

扰乱金融秩序的，处 3 年以下有期徒刑或者拘役，并处或者单处 2 万元以上 20 万元以下的罚金；数额巨大或者有其他严重情节的，处 3 年以上 10 年以下有期徒刑，并处 5 万元以上 50 万元以下罚金。单位犯前款罪的，对单位判处罚金，并对其直接负责的主管人员和其他直接责任人员，依照前款规定处罚。① 从条文中可以看出，成立非法吸收公共存款罪在客观上要具有非法吸收公共存款或者变相吸收公共存款的行为。成立本罪还要求实施的非法吸收公众存款行为或者变相吸收公众存款的行为扰乱了金融秩序。此外，本罪的责任形式为故意②，不要求特定目的，如果行为人以非法占有为目的骗取公众存款，成立集资诈骗罪或者其他相应犯罪。

从行为上看，所谓非法吸收公众存款行为，即未经主管机关批准面向社会公众吸收资金，出具凭证，承诺在一定期限内还本付息的活动；所谓变相吸收公共存款，即未经主管机关批准，不以吸收公众存款的名义，向社会不特定对象吸收资金，但承诺履行的义务与吸收公众存款相同，即都是还本付息的活动③。《最高人民法院关于审理非法集资刑事案件具体应用法律若干问题的解释》（以下简称《办理非法集资案件解释》）第 1 条对"非法吸收公众存款或者变相吸收公众存款"的认定作出了规定："违反国家金融管理法律规定，向社会公众（包括单位和个人）吸收资金的行为，同时具备下列四个条件的，除《刑法》另有规定的以外，应当认定为《刑法》第 176 条规定的"非法吸收公众存款或者变相吸收公众存款"：（一）未经有关部门依法批准或者借用合法经营的形式吸收资金；（二）通过媒体、推介会、传单、手机短信等途径向社会公开宣传；（三）承诺在一定期限内以货币、实物、股权等方式还本付息或者给付回报；（四）向社会公众即社会不特定对象吸收资金。未向社会公开宣传，在亲友或者单位内部针对特定对象吸收资金的，不属于非法吸收或者变相吸收公众存款。由此可见"非法吸收公众存款或者变

---

① 该条经《刑法修正案（十一）》修改，在后文会提及。

② 高铭暄、马克昌：《刑法学》，北京大学出版社、高等教育出版社 2019 年版，第 399 页；陈兴良：《规范刑法学》，中国人民大学出版社 2017 年版，第 643 页；张明楷：《刑法学》，法律出版社 2021 年版，第 1000 页。

③ 张明楷：《刑法学》，法律出版社 2021 年版，第 998 页。

相吸收公众存款"应当同时具备非法性、公开性、承诺回报以及对象不特定性四个特征。

1. 对非法性的认定

吸收存款行为是否具有非法性是认定非法吸收公众存款罪的核心。非法性一般表现为主体不合法，即主体不具有吸收存款的资格或者行为方式、内容不合法（如擅自提高利率吸收存款）。根据 2019 年《最高人民法院、最高人民检察院、公安部关于办理非法集资刑事案件若干问题的意见》（以下简称 2019 年《意见》）的相关规定，人民法院、人民检察院、公安机关认定非法集资的"非法性"，应当以国家金融管理法律法规作为依据。对于国家金融管理法律法规仅作原则性规定的，可以根据法律规定的精神并参考中国人民银行、中国银行保险监督管理委员会、中国证券监督管理委员会等行政主管部门依照国家金融管理法律法规制定的部门规章或者国家有关金融管理的规定、办法、实施细则等规范性文件的规定予以认定。根据《中华人民共和国商业银行法》第 11 条规定，"未经国务院银行业监督管理机构批准，任何单位和个人不得从事吸收公众存款等商业银行业务"。这是判断吸收公众存款行为合法与非法的基本法律依据。任何单位或个人，包括非银行金融机构，未经国务院银行业监督管理机构批准，面向社会吸收公众存款或者变相吸收公众存款均属非法。国务院《非法金融机构和非法金融业务活动取缔办法》进一步明确规定，未经依法批准，非法吸收公众存款、变相吸收公众存款、以任何名义向社会不特定对象进行的非法集资都属于非法金融活动，必须予以取缔。结合本案，昆明泛亚有色金属交易所旗下的"日金宝"吸收投资者资金以设立资金池，实际上控制、支配、使用客户资金，用于还本付息和其他生产经营活动，本质上与商业银行吸收存款的业务相同，虽然泛亚有色金属交易所在其生产经营活动中与银行有所往来以及合作，但并不代表其旗下"日金宝"产品获得了银行业监督管理机构的批准。相反，泛亚在其生产经营活动中违反国家金融管理法律规定，未经批准，承诺给付固定回报，向社会不特定对象吸收资金。根据上述相关法律法规、司法解释的规定，泛亚有色金属交易所未经批准实施吸收公众存款的行为应当认定为具有"非法性"。

值得一提的是，《办理非法集资案件解释》所指的"未经有关部门依法批准"是"非法性"的一种表现形式，这并不意味着凡是经过有关部门批准的吸收公众存款的行为就不可能构成非法吸收公众存款罪，完全可能存在行为人骗取有关部门的批准进而实施吸收公众存款的行为。如果将非法性的认定完全寄托在"是否经有关部门批准"这一点上，就意味着仅考虑了程序上的非法性而没有考虑到实体上的非法性。① 因此，对非法性的认定应当看是否违反了法律、行政法规、规章关于吸收存款的实体性或程序性规定。正因如此，《办理非法集资案件解释》第1条第1款第1项对"非法性"的表述为"未经有关部门依法批准或者借用合法经营的形式吸收资金"。2014年《最高人民法院、最高人民检察院、公安部关于办理非法集资刑事案件适用法律若干问题的意见》（以下简称2014年《意见》）也强调行政部门对于非法集资的性质认定，不是非法集资刑事案件进入刑事诉讼程序的必经程序。对于案件性质的认定可以参考有关部门的意见，同时应当结合事实以及法律规定。②

2.对公开性的认定

《办理非法集资案件解释》第1条第1款第2项认为，"通过媒体、推介会、传单、手机短信等途径向社会公开宣传"是认定"非法吸收公众存款或者变相吸收公众存款"的条件之一。2014年《意见》指出，所谓"向社会公开宣传"是指包括以各种途径向社会公众传播吸收资金的信息，以及明知吸收资金的信息向社会公众扩散而予以放任等情形。从本案已知的事实来

---

① 张明楷：《刑法学》，法律出版社2021年版，第999页。

② 2014年《最高人民法院、最高人民检察院、公安部关于办理非法集资刑事案件适用法律若干问题的意见》指出："行政部门对于非法集资的性质认定，不是非法集资刑事案件进入刑事诉讼程序的必经程序。行政部门未对非法集资作出性质认定的，不影响非法集资刑事案件的侦查、起诉和审判。公安机关、人民检察院、人民法院应当依法认定案件事实的性质，对于案情复杂、性质认定疑难的案件，可参考有关部门的认定意见，根据案件事实和法律规定作出性质认定。"此外2011年《最高人民法院关于非法集资刑事案件性质认定问题的通知》也指出："行政部门对于非法集资的性质认定，不是非法集资案件进入刑事程序的必经程序。行政部门未对非法集资作出性质认定的，不影响非法集资刑事案件的审判。""对于案情复杂、性质认定疑难的案件，人民法院可以在有关部门关于是否符合行业技术标准的行政认定意见的基础上，根据案件事实和法律规定作出性质认定。"

看，为了推广"日金宝"产品，泛亚存在通过发传单、广告、宣传视频等方式向社会公众推广的情形，因此认定泛亚的吸收存款的行为具有公开性不存疑问。

3. 对承诺回报的认定

由于本罪行为时非法吸收或者变相吸收公众存款，在一般观念中"存款"一词意味着会取得与利息相类似的回报。承诺回报是指承诺"只要出资即可通过出资行为获得回报"，所承诺的回报不必具有确定性，只要承诺的回报具有可能性即可。① 从本案的事实来看，泛亚在推广其"日金宝"产品的过程中向投资人承诺每日可获取万分之 2.85 或万分之 3.56 的委托日金，折合年化收益率 10%—13%。根据其提供给投资者的宣传单显示，其承诺给予参与这项业务的投资者们保本、固定收益年化率 13%、资金存于银行监管账户、随进随出等一系列回报。根据这些事实，足以认定泛亚在推广其旗下"日金宝"产品的过程符合构成非法吸收公众存款罪所要求的承诺回报的特征。

4. 对对象不特定性的认定

根据《办理非法集资案件解释》的规定，非法吸收公众存款罪的对象为"社会公众即不特定对象"，《办理非法集资案件的解释》第 1 条第 2 款规定，未向社会公开宣传在亲友或者单位内部针对特定对象吸收资金的不属于非法吸收或者变相吸收公众存款。"公众"是指多数人或者不特定人（包括单位）。详言之，"不特定对象"包括出资者与吸收者之间没有关系的人或者单位，向亲朋好友吸收存款的，不成立本罪；在单位内部吸收存款，如果吸收者与出资者具有隶属以及工作上的关系，也不成立本罪。值得注意的是，根据 2014 年《意见》的规定，在向亲友或者单位内部人员吸收资金的过程中，明知亲友或者单位内部人员向不特定对象吸收资金而予以放任的以及以吸收资金为目的，将社会人员吸收为单位内部人员，并向其吸收资金的，也属于向社会公众吸取资金的情形。结合本案而言，泛亚通过"日金宝"吸收存款

---

① 张明楷：《刑法学》，法律出版社 2021 年版，第 1000 页。

的范围来自全国各地，最终给数以万计的家庭造成了难以挽回的损害，根据
2015 年的资料显示，该案所涉及的投资参与人员共计 135060 人①，这足以认
定本案吸收公众存款的对象具有不特定性。

5. 认定为非法吸收公众存款符合法律的规定

根据上述分析，泛亚吸收公众存款的行为同时符合认定"非法吸收公
众存款或者变相吸收公众存款"所要具备的非法性、公开性、承诺回报以
及对象不特定性四个特征，因此可以认定属于"非法吸收公众存款或者变相
吸收公众存款"的行为。此外，根据法条的规定，成立本罪还要求实施的非
法吸收公众存款行为或者变相吸收公众存款的行为扰乱了金融秩序。有观点
认为，对"扰乱金融秩序"的认定应当参照《最高人民检察院、公安部关于
公安机关管辖的刑事案件立案追诉标准的规定（二）》（以下简称《立案标
准》）第 23 条的规定。《立案标准》第 23 条规定："非法吸收公众存款或者
变相吸收公众存款，扰乱金融秩序，涉嫌下列情形之一的，应予立案追诉：
（一）非法吸收或者变相吸收公众存款数额在 100 万元以上的；（二）非法吸
收或者变相吸收公众存款对象 150 人以上的；（三）个人非法吸收或者变相
吸收公众存款，给集资参与人造成直接经济损失数额在 50 万元以上的。结
合本案而言，无论参照哪一种标准都可以认为泛亚吸收公众存款的行为扰乱
了金融秩序。

同时，《办理非法集资案件解释》第 2 条规定，实施下列行为之一，符
合本解释第 1 条第 1 款规定的条件的，应当依照《刑法》第 176 条的规定，
以非法吸收公众存款罪定罪处罚：（一）不具有房产销售的真实内容或者不
以房产销售为主要目的，以返本销售、售后包租、约定回购、销售房产份额
等方式非法吸收资金的；（二）以转让林权并代为管护等方式非法吸收资金
的；（三）以代种植（养殖）、租种植（养殖）、联合种植（养殖）等方式非
法吸收资金的；（四）不具有销售商品、提供服务的真实内容或者不以销售
商品、提供服务为主要目的，以商品回购、寄存代售等方式非法吸收资金

---

① 《回顾！涉案超 430 亿！昆明"泛亚有色"非吸案宣判：主犯判刑 18 年，没收 5000 万……》，
载网易网，https://www.163.com/dy/article/GN5TDSUO0548319F.html，2021 年 11 月 19 日最后访问。

的;(五)不具有发行股票、债券的真实内容,以虚假转让股权、发售虚构债券等方式非法吸收资金的;(六)不具有募集基金的真实内容,以假借境外基金、发售虚构基金等方式非法吸收资金的;(七)不具有销售保险的真实内容,以假冒保险公司、伪造保险单据等方式非法吸收资金的;(八)以投资入股的方式非法吸收资金的;(九)以委托理财的方式非法吸收资金的;(十)利用民间"会"、"社"等组织非法吸收资金的;(十一)其他非法吸收资金的行为。根据案件事实来看,泛亚旗下的"日金宝"金融产品以开展委托受托业务为主,属于上述规定第9项的内容,因此对本案以非法吸收公众存款罪定罪处罚并无不当。

6. 行为人具有犯罪故意

2019年《意见》指出,认定犯罪嫌疑人、被告人是否具有非法吸收公众存款的犯罪故意,应当依据犯罪嫌疑人、被告人的任职情况、职业经历、专业背景、培训经历、本人因同类行为受到行政处罚或者刑事追究情况以及吸收资金方式、宣传推广、合同资料、业务流程等证据,结合其供述,进行综合分析判断。在认定行为人有无犯罪故意时,要与行为人有无违法性认识相区别,不能因为没有违法性认识而否认行为人的犯罪故意。2017年《最高人民检察院关于办理涉互联网金融犯罪案件有关问题座谈会纪要》(以下简称《高检纪要》)指出,在非法吸收公众存款罪中,原则上认定主观故意并不要求以明知法律的禁止性规定为要件。特别是具备一定涉金融活动相关从业经历、专业背景或在犯罪活动中担任一定管理职务的犯罪嫌疑人,应当知晓相关金融法律管理规定,如果有证据证明其实际从事的行为应当批准而未经批准,行为在客观上具有非法性,原则上就可以认定其具有非法吸收公众存款的主观故意。在证明犯罪嫌疑人的主观故意时,可以收集运用犯罪嫌疑人的任职情况、职业经历、专业背景、培训经历、此前任职单位或者其本人因从事同类行为受到处罚情况等证据,证明犯罪嫌疑人提出的"不知道相关行为被法律所禁止,故不具有非法吸收公众存款的主观故意"等辩解不能成立。除此之外,还可以收集运用以下证据进一步印证犯罪嫌疑人知道或应当知道其所从事行为具有非法性,比如犯罪嫌疑人故意规避法律以逃避监管的相关证据：自己或要求下属与投资人签订虚假的亲友关系确认书，频繁更换宣传用语逃避监管，实际推介内容、宣传用语与实际经营状况不一致，刻意向投资人夸大公司兑付能力，在培训课程中传授或接受规避法律的方法，等等。

《高检纪要》还指出，对于无相关职业经历、专业背景，且从业时间短暂，在单位犯罪中层级较低，纯属执行单位领导指令的犯罪嫌疑人提出辩解的，如确实无其他证据证明其具有主观故意的，可以不作为犯罪处理。另外，实践中还存在犯罪嫌疑人提出因信赖行政主管部门出具的相关意见而陷入错误认识的辩解。如果上述辩解确有证据证明，不应作为犯罪处理，但应当对行政主管部门出具的相关意见及其出具过程进行查证，如存在以下情形之一，仍应认定犯罪嫌疑人具有非法吸收公众存款的主观故意：（1）行政主管部门出具意见所涉及的行为与犯罪嫌疑人实际从事的行为不一致的；（2）行政主管部门出具的意见未对是否存在非法吸收公众存款问题进行合法性审查，仅对其他合法性问题进行审查的；（3）犯罪嫌疑人在行政主管部门出具意见时故意隐瞒事实、弄虚作假的；（4）犯罪嫌疑人与出具意见的行政主管部门的工作人员存在利益输送行为的；（5）犯罪嫌疑人存在其他影响和干扰行政主管部门出具意见公正性的情形的。对于犯罪嫌疑人提出因信赖专家学者、律师等专业人士、主流新闻媒体宣传或有关行政主管部门工作人员的个人意见而陷入错误认识的辩解，不能作为犯罪嫌疑人判断自身行为合法性的根据和排除主观故意的理由。

结合本案的情况来看，单九良作为泛亚有色金属交易所股份有限公司的实际控制人、董事长、总裁，是中国大宗商品行业领军人物，具有20年期货公司及现货交易所运营管理经验，可谓是金融市场里的"老手"了，知晓金融市场的相关法律法规以及操作规则。对其泛亚旗下"日金宝"产品收集投资者资金设立资金池，实际上控制、支配、使用客户资金，用于还本付息和其他生产经营活动等行为是否违反法律、行政法规、规章应当是非常了解的，因此有关方面认为单九良对非法吸收公众存款的行为具有犯罪故意并无疑问。

（二）对本案量刑的分析

根据当时法律规定，非法吸收公众存款罪的基准刑为 3 年以下有期徒刑，或者拘役并处，或者单处 2 万元以上 20 万元以下罚金，如果吸收存款的数额巨大或者有其他严重情节，则可以处 3 年以上 10 年以下有期徒刑并处 5 万元以上 50 万元以下罚金。根据《办理非法集资案件解释》第 3 条的规定，具有下列情形之一的，属于《刑法》第 176 条规定的"数额巨大或者有其他严重情节"：（一）个人非法吸收或者变相吸收公众存款，数额在 100 万元以上的，单位非法吸收或者变相吸收公众存款，数额在 500 万元以上的；（二）个人非法吸收或者变相吸收公众存款对象 100 人以上的，单位非法吸收或者变相吸收公众存款对象 500 人以上的；（三）个人非法吸收或者变相吸收公众存款，给存款人造成直接经济损失数额在 50 万元以上的，单位非法吸收或者变相吸收公众存款，给存款人造成直接经济损失数额在 250 万元以上的；（四）造成特别恶劣社会影响或者其他特别严重后果的。结合案情分析，无论是从吸收存款的数额、人数、造成损失来看，还是从社会影响来看，对以单九良为首的犯罪分子判处最高法定刑并无任何不妥。或许会有人觉得，本案造成了十分恶劣的社会影响，对数以万计的家庭造成了损害，在不考虑与职务侵占罪并罚的情况下，对这样的案件至多只能判处 10 年有期徒刑实在是不妥，难以实现刑罚对一般预防以及特殊预防的要求。本文也认为，就本案所造成的后果以及社会影响而言，仅对主要犯罪人判处 10 年有期徒刑确实难以体现本案的社会危害性，但是，对本案的量刑已经是当时本罪所涉及法律规定的最高刑期，我们也要尊重法律的规定，以期日后立法机关对本罪的量刑作出合理修改。

必须要面对的一个问题是，为什么对本案认定为非法吸收公众存款罪而非集资诈骗罪。在司法实践中，对与本案情形相似的案件认定为集资诈骗罪的情况并不少，近年来，也有许多 P2P 案件最后被认定为集资诈骗罪的案例。如果认定为集资诈骗罪，那么最多可以对单九良等行为人判处最多 15 年有期徒刑，15 年有期徒刑已经是行为人在仅被判处有期徒刑情况下的最高刑期。一般认为，集资诈骗罪与非法吸收公众存款罪区别的关键在于行为人是否具有非法占有的目的，如果行为人具有非法占有的目的则构成集资诈骗罪。《办理非法集资案件解释》第4条规定，以非法占有为目的，使用诈骗方法实施本解释第2条规定所列行为的，应当依照《刑法》第192条的规定，以集资诈骗罪定罪处罚。使用诈骗方法非法集资，具有下列情形之一的，可以认定为"以非法占有为目的"：（一）集资后不用于生产经营活动或者用于生产经营活动与筹集资金规模明显不成比例，致使集资款不能返还的；（二）肆意挥霍集资款，致使集资款不能返还的；（三）携带集资款逃匿的；（四）将集资款用于违法犯罪活动的；（五）抽逃、转移资金、隐匿财产，逃避返还资金的；（六）隐匿、销毁账目，或者搞假破产、假倒闭，逃避返还资金的；（七）拒不交代资金去向，逃避返还资金的；（八）其他可以认定非法占有目的的情形。集资诈骗罪中的非法占有目的，应当区分情形进行具体认定。行为人部分非法集资行为具有非法占有目的的，对该部分非法集资行为所涉集资款以集资诈骗罪定罪处罚；非法集资共同犯罪中部分行为人具有非法占有目的，其他行为人没有非法占有集资款的共同故意和行为的，对具有非法占有目的的行为人以集资诈骗罪定罪处罚。《全国法院审理金融犯罪案件工作座谈会纪要》也规定，对于行为人通过诈骗的方法非法获取资金，造成数额较大资金不能归还，并具有下列情形之一的，可以认定为具有非法占有的目的：（1）明知没有归还能力而大量骗取资金的；（2）非法获取资金后逃跑的；（3）肆意挥霍骗取资金的；（4）使用骗取的资金进行违法犯罪活动的；（5）抽逃、转移资金、隐匿财产，以逃避返还资金的；（6）隐匿、销毁账目，或者搞假破产、假倒闭，以逃避返还资金的；（7）其他非法占有资金、拒不返还的行为。但是，在处理具体案件的时候，对于有证据证明行为人不具有非法占有目的的，不能单纯以财产不能归还就按金融诈骗罪处罚。由于本案的裁判文书以及案件事实尚未完全公开，根据已知的事实来看，以单九良为首的行为人在吸收公众存款的过程中以及在后续的生产经营中并不存在上述文件所规定的能够认定具有非法占有目的的情形。当然，如果二审裁判确有错误，可以通过再审来改判，通过再审来加重被告人的刑罚根据目前的法律来看并不违反刑诉法中的"上诉不加刑原则"①。当然，这也只是为了加刑而加刑，可谓一种"下策"，应当期待通过立法上的完善来为本罪提供合理的量刑选择。

现已生效的《刑法修正案（十一）》对非法吸收公众存款罪进行了较大幅度的修改，修改后的条文为："非法吸收公众存款或者变相吸收公众存款，扰乱金融秩序的，处3年以下有期徒刑或者拘役，并处或者单处罚金；数额巨大或者有其他严重情节的，处3年以上10年以下有期徒刑，并处罚金；数额特别巨大或者有其他特别严重情节的，处10年以上有期徒刑，并处罚金。单位犯前款罪的，对单位判处罚金，并对其直接负责的主管人员和其他直接责任人员，依照前款的规定处罚。有前两款行为，在提起公诉前积极退赃退赔，减少损害结果发生的，可以从轻或者减轻处罚。"本次修改具有如下特点，首先，调高了非法吸收公众存款罪的法定最高刑，即将原来的3年以上10年以下有期徒刑的法定最高刑提升至10年以上有期徒刑，也就是说最多可以判处15年有期徒刑；其次，调整了非法吸收公众存款罪中罚金刑的规定模式，即将原来的限额罚金刑罚改为无限额罚金刑，这一修改对于实现个案量刑合理化具有重要作用；最后，本次修改增设了从轻、减轻处罚规定，即添加"有前两款行为，在提起公诉前积极退赃退赔，减少损害结果发生的，可以从轻或者减轻处罚"作为本罪的第3款，这一修改也可谓是充分利用既有刑罚体系下可以利用的制度资源，尽可能通过刑罚激励鼓励行为人退赃挽损②。如果"泛亚有色"案发生在当下，虽然关于"数额特别巨大或者有其他特别严重情节的"司法解释尚未出台，但参照之前司法解释的规定，可以毫无疑问地认为"泛亚有色"案完全符合"数额特别巨大或者有其他特别严重情节"的要求，因而可以判处10年以上有期徒刑，并处罚金。

① 当然，对于能否通过再审来加重被告人的刑罚在理论上存在较大争论，但是从法律的规定上来看是可行的。"上诉不加刑原则"适用于只有被告人一方上诉的二审案件，因此从目前的法律规定来看，通过再审的方式加重被告人的刑罚并不违法，但可能存在悖于法理以及侵犯人权等问题。
② 时延安、陈冉、敖博：《刑法修正案（十一）评注与案例》，中国法制出版社2021年版，第170页。

三、期待与展望

近年来，非法吸收公众存款类案件不断出现在公众视野中，一些企业和个人利用"投资""理财"等名义大肆吸收公众资金，给国家金融管理秩序以及投资人的财产权益带来了极大的损害。总体来看，这类案件呈现出以下特点：（1）从案发趋势来看，通过裁判文书网，以"非法吸收公众存款"为案由检索全国一审刑事案件，可以发现自2009年至2019年，此类案件数量呈不断攀升的势态。这也与最高人民检察院公布的情况一致，来自最高人民检察院的数据显示，2019年全国检察机关起诉非法吸收公众存款犯罪案件10384起、23060人，同比分别上升40.5%、50.7%。[①]（2）从作案手法上来看，此类案件多假借投资理财名义，利用互联网集资，集资模式、犯罪手段不断翻新，且呈现出网络化、专业化的发展趋势，表现为多层级集团化作案，具有较强的欺骗性，存在内外勾连作案的情况。[②]（3）从犯罪后果来看，此类犯罪系涉众型犯罪，往往波及面大、影响广泛，且由于通常是在资金链断裂后才案发，事前难以察觉。针对上述非法吸收公众存款罪的三个特点，结合"泛亚有色"案的实际情况，应当从建立健全公司、企业内部监管机制，强化政府监管以及宽严相济刑事政策三个角度加以应对，以期在日后减少类似的案件发生。

（一）建立健全公司、企业内部监督管理机制

从一个万众期待、前途无量的上市公司到对单位判处罚金，对直接负责的主管责任人员追究刑事责任的刑事判决，可以说这是公司内部的治理制度出了问题。有鉴于此，公司、企业应当建立一个较为全面的内部监督管理制度，近年来，在刑事法领域内广泛探讨的刑事合规制度就是一个比较不错的选择。根据《刑法》第30条以及第31条的规定，公司、企业、事业单位、机关、团体实施的危害社会的行为，法律规定为单位犯罪的，应当负刑

---

① 张璁：《加大对非法集资犯罪的惩处力度》，载《人民日报》2020年7月9日，第19版。

② 《最高检万春：涉众型金融犯罪持续高发 非法集资呈网络化发展趋势》，载凤凰网财经，https://finance.ifeng.com/a/20180712/16381241_0.shtml，2021年11月19日最后访问。

事责任。单位犯罪的,对单位判处罚金,并对其直接负责的主管人员和其他直接责任人员判处刑罚。在"泛亚有色"案中,法院对昆明泛亚有色金属交易所股份有限公司、云南天浩稀贵公司等4家被告单位以非法吸收公众存款罪分别判处罚金人民币10亿元、5亿元、5000万元和500万元,如此高额的罚金对于任何一个单位来说都不只是"挠痒痒"而已。一个完善的公司内部监督管理机制可以有效地遏制公司主管人员实施的犯罪行为,早发现、早处理,在前期通过内部机制将违法犯罪的危险消灭或者优化。建立一个有效的公司内部管理机制,仅仅依靠刑事法律是不够的,还应当结合《公司法》对公司制度进行相关设计,充分发挥监督管理制度的效力。此外,根据有关刑事合规的理论,"如果一个单位具有良好的合规计划且付诸实施,就可以认为该公司具有合理的内部治理结构和运营方式,就可以较好地阻却对该单位的刑事归责"①。倘若这一理论能够为司法实践所采纳,那么对公司、企业建立一个良好的监督管理制度会起到激励作用,本应因成立单位犯罪,对单位判处的高额罚金就会重新回到公司、企业的生产运营资金上,如此可为公司、企业提供一个良好的生产经营环境。

(二)加强政府监管,提高政府公信力

自2007年中国第一家P2P贷款网站成立以来,互联网金融出现井喷现象,影响范围不断扩大,交易数额成倍增长。然而,近10年以来,互联网金融投资领域出现的问题也与日俱增,"e租宝"案、"钱宝网"案以及本文讨论的"泛亚有色"案都深深地刺痛着公众的神经,社会公众对政府的监督管理手段提出质疑,而这些公司在设立与发展之初或多或少都与当地政府存在着关联,之后的案发则会自然地导致社会公众对政府公信力信任程度逐渐弱化,对此应当建立健全政府监管体系,运用高效的行政监管体制来预防风险、解决问题,从而提高政府公信力。

习近平总书记指出:"坚持在法治轨道上推进国家治理体系和治理能力现代化。"在社会治理中,应当运用国家制度管理社会各方面事务,运用制

---

① 参见时延安:《合规计划实施与单位的刑事归责》,载《法学杂志》2019年第9期。

度化的威力来应对来自社会各方面的风险及挑战。纵观本案，行政机关在监督管理上的缺失与本案的发生有着紧密的关联，倘若能够建立一个良好的政府监督管理机制来应对金融市场的种种乱象，则会有效地维护金融市场秩序的稳定性。对此，首先，应当建立健全政府的危机管理能力。互联网金融投资领域处于高速发展时期，在为社会公众带来便利的同时，也催生出一系列风险，而一般公众对此难有准确的判断，因而政府部门有责任对诸如金融市场等高风险领域加强监管，建立风险评估体系，以避免类似"泛亚有色"案的事件发生。其次，应当建立有效的行政监管制度，完善金融市场准入手续，金融机关在审批时不能过分注重形式审查，还应当进行实质上的审查，坚持"谁审批、谁监管、谁担责"的原则，发现问题立即行动，严控风险，从而扭转地方政商关系，提高政府公信力，更好地维护社会公众的利益。最后，要通过行政立法的方式促进行政法与刑事法之间的衔接，刑法作为部门法的保障法理应具有谦抑性，不到不得已不能动用刑罚措施予以制裁，从立法的角度来看，应当首先从行政法的角度对相关制度予以完善。在与刑事法的衔接上要考虑到程序与实体两个方面，从程序与实体两个方面来保障社会公众的权利与相关公司、企业的合法利益。

（三）刑事立法积极回应社会现状，贯彻落实宽严相济刑事政策

法律是管理社会的一套规则体系，刑法作为法律的一种，也具有管理社会的机能。在维护社会的稳定与发展上，通过刑事立法的方式增设新的犯罪规制或者改变原有的犯罪规制构成以回应公众对社会治理的需求，早已是常见的情形。从 1979 年《刑法》到 1997 年《刑法》期间，立法机关一共通过了 25 部单行《刑法》，增设大量犯罪规制以维护社会秩序。而这一段时期，我国正处于经历快速发展的时期，新型犯罪层出不穷，《刑法》自身无法发挥其作用，当然需要通过其他直接、有效方式来规制犯罪，这些单行《刑法》就是其例。《刑法修正案（十一）》对非法吸收公众存款罪的修改也是在回应金融市场乱象治理的需要。倘若金融市场的乱象还得不到有效的治理，那么不能排除《刑法》积极回应，再次提高本罪法定的情形。

当然，通过刑事立法来积极回应社会需要时也应当贯彻宽严相济的刑

事政策，合理运用《刑法》第 13 条"但书"的规定。2019 年《意见》也指出，办理非法集资刑事案件，应当贯彻宽严相济刑事政策，依法合理把握追究刑事责任的范围，综合运用刑事手段和行政手段处置和化解风险，做到惩处少数、教育挽救大多数。要根据行为人的客观行为、主观恶性、犯罪情节及其地位、作用、层级、职务等情况，综合判断行为人的责任轻重和刑事追究的必要性，按照区别对待原则分类处理涉案人员，做到罚当其罪、罪责刑相适应。重点惩处非法集资犯罪活动的组织者、领导者和管理人员，包括单位犯罪中的上级单位（总公司、母公司）的核心层、管理层和骨干人员，下属单位（分公司、子公司）的管理层和骨干人员，以及其他发挥主要作用的人员。对于涉案人员积极配合调查、主动退赃退赔、真诚认罪悔罪的，可以依法从轻处罚；其中情节轻微的，可以免除处罚；情节显著轻微、危害不大的，不作为犯罪处理。

（朱金阳）